교육심리학의 세계

박아청 · 최성열

창지사

책 머리에

인간은 태어나자마자 '교육'이라는 단어와 벗하면서 살아간다. 교육 없이는 사회적 인간으로 성장할 수 없기 때문이다. 또한, 자식을 키워 본 사람이라면 누구든지 '교육자'라고 말할 수 있다.

아동성격의 흉포화, 비행의 저연령화, 학교폭력과 집단괴롭힘, 입시전쟁의 격화, 학습부진아의 문제, 디지털기기 중독 문제 등이 점차 증가하여 교육의 세계는 긴급을 요하는 대응을 요청받고 있어 많은 교육의 현장에서 발생하는 문제들을 해결하지 않으면 안 된다.

그러나 이와 같은 시대야말로 현상에 휩쓸릴 것이 아니라 문제의 원점으로 되돌아가 체계적으로 사고하고, 혼란의 근원을 씻어 낼 필요가 있지 않을까? 본래 이러한 문제는 정치적·경제적·사회적 측면과 맞물려 있어 교육의 힘만으로는 정리되지 않는다. 그러나 최소한 교육심리학은 사고를 전개하는 축으로서 기능을 발휘하여 하나의 역할을 감당할 수 있을 것으로 생각된다.

『교육심리학의 세계』는 오늘날 교육현장에서, 교육심리학 영역에서 다루고 있는 문제들을 집중적으로 거론하여 발표된 연구논문들을 통해서 구체적인 사례를 들었다. 또한, 이에 대한 문제해결의 실마리를 제공하기 위하여 지금까지 논의된 점을 그 내용으로 다루었다.

이 책의 집필 목적은 교육심리학의 현상에 대한 정확한 이해를 돕기 위한 것이며, 지금까지 수행된 교육심리학적 연구논문들을 검토하고 종합·정리하려는 데 있다. 그러므로 이 책에서는 이른바 교과서풍으로 총화적 해설을 나열하기보다는 현재 우리 교육현장에서 일어나고 있는 교육적 문제들에 대해 교육심리학적 측면에서 집중적으로 조명해 보았다.

또한, 교육적 상황에서는 거의 상식이 된 교육심리학 용어, 원리, 법칙 등에 대한 해설을 과감히 줄였으며, 지금까지 축적된 교육심리학적 지식을 현장에 맞추어 설명하는 방식으로 진술하였다. 다소 교육평론적인 표현이 있다는 점을 양해해 주기 바란다.

교육심리학의 광범위한 문제들을 모두 다룰 수 없기에 현재의 주요한 문제로 범위를 좁혀서, 그것이 어떠한 방법, 절차에 대해 해명하려고 하는가에 초점을 맞추어 진술했다. 여기에서 다룬 교육 이벤트에 대한 교육심리학의 취급방법, 연구의 방식에 관해서는 관련 논문들을 중심으로 구체적이고 상세하게 분석을 시도하였다.

그러므로 보는 견지에 따라서는 공감을 얻지 못하는 결론을 도출한 것도 없지 않으리라 생각된다. 이에 대한 독자 여러분의 질책과 고언을 부탁드린다. 연구자 여러분의 의견과 관심을 기대한다.

끝으로 이 책의 출판을 허락해 주신 창지사 사장님께 감사드린다.

2018년 10월

저자 박아청 · 최성열

차 례

제 01 장

교육심리학의 세계

CHAPTER 01

교육심리학은 흔히 일반심리학에 대하여 특수 부분을 구성하는 심리학의 한 분야인 동시에 교육사회학 등과 인접하는 교육과학의 한 분야이기도 하다. 교육심리학의 이러한 이면성은 이 학문의 기본적 성격을 둘러싸고 있는 여러 가지 논의를 불러일으키는 원인이 된다.

우리가 교육학이라고 부르는 인간행동은 태고로부터 인류생활의 한 분야를 차지하고 있음을 부인할 수 없다. 인류가 세워 놓은 문화가 인간을 통하여 전승되고 오늘날까지 발전해 온 원인으로 교육의 힘을 무시할 수 없기 때문이다. 문화의 발전에 수반하여 각 문화는 그 시대의 교육내용으로서 포함되게 마련이다.

생산된 문화재란 교육의 수단과 방법에 이용되어 왔다. 거기에서 학문이 태어나고 그것이 분화됨에 따라 학문은 각 교육내용에 포함되는 한편, 어떤 특수한 학문은 교육의 방법에 공헌해야 할 것으로 기대되기도 한다. 교육과학이라고 불리는 학문도 문화역사 가운데서 필연적인 요청에 의하여 성립한 것으로 생각된다.

교육심리학은 이러한 흐름 속에서 교육에 관련된 학생 또는 교사에 대한 이해 등에 의하여 교육에 관여하는 하나의 지식체계를 구성해 왔다.

1 | 교육과 교육심리학의 관계

교육현장에서는 오래전부터 교육심리학에 관해 관심을 두고 있었다. 교육이라는 사상(事象)의 심리학적 기초를 밝혀 교육의 합리성을 높이려는 생각은 예부터 있었다.

예를 들면, 독일의 모이만(E. Meumann) 같은 학자가 교육학과 심리학의 결합을 시도하고 '아동으로부터'의 교육을 주장한 것에서 찾아볼 수 있다. 그는 모든 교육은 아동의 자연, 학습자의 발달단계에 맞추지 않으면 안 된다고 주장하고 교육에서, 특히 발달의 문제와 개인차의 문제를 중시해야 할 것을 시사하였다(박아청, 2011, p. 19).

박아청(2011)에 따르면, 손다이크(E. T. Thorndike)가 교육심리학의 문제로서 ① 인간의 생득적 성질에 대한 연구(제1권), ② 학습심리학의 문제(제2권), ③ 개인차 및 그 원인(제3권)을 제시하고 발달과 학습에 중점을 둔 이후, 교육의 진보와 함께 교육심리학은 단순히 발달이나 학습의 문제뿐만 아니라 교육상의 새로운 문제에 대해서도 연구하게 되었음을 알 수 있다(pp. 13-14).

교육심리학에서 취급하는 내용은 경우에 따라서 매우 넓은 것도 포함한다. 일반심리학과 교육심리학은 어떠한 점에서 다른가 하는 문제나 '교육심리학이 기초적 학문인가, 응용적 학문인가'와 같은 교육심리학의 성격을 어떻게 규정하는가에 따라 그 내용은 크게 달라진다(Gage & Berliner, 1998, p. 19).

교육심리학은 학습에 있어서 인간적 요인과 관련되어 있다. 즉, 심리학의 실험실에서 실험적 연구로부터 끄집어낸 개념이 교육에 적용되는 영역이다. 그러나 심리학의 이와 같은 개념이 교육에 적용 가능한가를 테스트하고 교사가 관심을 갖는 제목에 대한 연구를 완성하기 위하여 실험이 이루어지는 영역이기도 하다. 즉, 그것은 학습 및 교수 과정에 대한 연구이다.

이러한 생각에서 교육심리학은 어디까지나 응용과학으로서 학습의 일반적 법칙을 중심으로 교실에서 행해지는 학습에 관심을 갖는 것이라고 보았다. 그러므로 심리학자는 학습의 일반적인 면을 연구하는 것에 열중해야 할 것이고, 교육심리학자는 교실의 학습에 관심을 두어야 한다고 하였으며, 교육심리학을 '학교의 학습과 파지(把持, retention)의 성질, 조건, 결과, 평가에 관계되는 특별한 부분'으로 정의하였다(이성진, 1996, p. 30).

그러나 최근에는 많은 학문이 발전함에 따라 교육심리학에서 다루던 학문 영역을 벗어나 독자의 영역을 구성하는 경향이 나타나게 되어 교육심리학의 영역을 몇 가지 단순하게 구분하기가 쉽지 않게 되었다.

예를 들어, 학교수업과 학습을 집중적으로 연구하게 된 교육공학 분야나 교육학에서 매우 중요한 평가이론도 독자적인 학문 영역을 구축하고 있다. 그만큼 각 학문이 깊고 넓게 발전하고 있다는 것을 보여 준다.

이러한 결과로 교육심리학의 범위를 좁게 볼 것이 아니라는 입장이 대두된다. 즉, 교실을 학교라는 장소로 볼 것이 아니라 교수-학습이 의도적으로 일어나는 장소로 생각할 때, 가정과 사회 등 학습자들이 행동하는 모든 장소가 바로 교실이라고 볼 수 있다.

따라서 교육심리학은 학교 교실에서 일어나는 인간행동에 대한 것뿐만 아니라 교사와 학생 사이에 일어나는 모든 교수-학습 과정을 다루어야 할 것이다. 나아가서 교수(教授, instruction)와 학습에 관해서도 종래 생각해 왔던 것 같이 교사와 학생만을 생각할 것이 아니라 지도자와 선수, 간호부와 환자, 부모와 자식 간의 관계까지 그 범위를 넓혀 나가야 할 것이다.

그러므로 교육심리학의 학문적 성격을 다음과 같이 세 가지로 말할 수 있다(박아청, 2011, pp. 15-16).

첫째, 학문의 내용이다. 교육심리학 공유의 내용에 대한 견해는 "교육의 과정에 응용할 수 있는 것은 어떤 분야의 어떠한 사실이라도 포함된다."라는 것에서부터 "교실에 있어서 언어학습에 대한 특별한 내용만을 포함한다."라는 것에 이르기까지 매우 다양하다.

전자의 경우를 보면 심리학 이외의 다른 영역, 예를 들면 의학, 정신의학, 사회학, 문화인류학 등에까지 교육심리학의 내용이 제시되어 있다고 보는 입장이다.

둘째, 교육심리학의 연구와 개발과 관계되어 있다. 교육심리학이 응용적 성격을 갖고 있는 데는 의견이 일치하고 있으나, 그 영역 안에서의 연구방식에 대해서는 의견이 엇갈리고 있다.

하나는 교육심리학이란 공학적 과학이기 때문에 기초과학에서 끄집어낸 지식을 응용하는 것에 주로 관심을 갖고 있어야 한다는 입장이다.

다른 하나는 교육심리학 자체의 기초적 연구를 발전시켜야 할 학문으로 보아 타 분야의 지식을 응용하는 것보다 독자적 내용을 연구해야 할 것으로 보는 견해이다. 이는 교육심리학이 교육의 과정에 직접 관계되어야 할 것이며, 교육의 연구를 위해 특별히 개발된 실험의 기술과 그 바탕에 서서 기초적 연구를 수행해야 할 것을 주장하고 있다.

셋째, 교육심리학의 영역과 관계되어 있다. 이것은 교육의 과정에 있어서 어떠한 영역에 중점을 두는가에 따라 성격이 달라짐을 의미한다. 쉽게 말하면, 다음과 같은 두 가지의 방향에 따라 성격이 규정된다.

① 교육심리학은 학교 교실에서의 교수와 학습의 영역에 특별히 강조를 둔다.
② 형식적인 교육에 멈추지 않고 모든 연령 단계의 교육과정에 대해서도 관심을 갖도록 한다.

2 | 교육심리학의 기초이론

본래 교육이란 인간을 다루는 학문이다. 그러므로 인간을 어떻게 보느냐에 따라 학문의 방향이 달라지게 마련이다. 교육심리학이 교육에 있어서 심리학적 연구라고 볼 때 '인간'을 어떻게 보느냐에 따라 교육심리학의 방향이 결정된다. 인간에 관한 이해, 즉 인간관은 세계관, 역사관의 기초가 되고 모든 가치판단의 기준이 된다.

교육학자 및 심리학자는 인간행동과 교육을 생각할 때 그들 자신의 이념(철학)을 전제로 하여 교육이론을 전개하게 된다. 심리학은 인간행동에 대한 이해를 위한 몰가치적인 학문이라고 하지만, 교육을 대상으로 할 때는 상황이 달라진다.

인간교육은 기본적 철학, 즉 인간에 대한 철학적 이해 없이는 성립되지 않는다. 그러므로 오늘날 교육을 그대로 반영하고 있는 철학적 사조를 무시할 수 없다.

현대 교육심리학의 조류를 크게 분류해 보면, 일반적으로 현대 심리학자의 지적 유형을 행동주의(behaviorism), 인간주의적 심리학(humanistic psychology), 인지적 심리학(cognitive psychology)인 세 가지로 본다(Cronbach, 1977, pp. 29-55).

한편 매슬로(A. H. Maslow)는 현대심리학의 조류를 세 가지, 즉 행동주의이론, 정신분석이론, 인간주의적 심리학으로 보았다. 그는 인지적 심리학을 인간주의적 심리학에 포함시켜 이 세 번째 이론을 '제3세력의 심리학(the third force psychology)'이라 하여 종래의 행동주의와 정신분석이론은 자연과학의 방법만을 존중하며 지나치게 분석적인 경향을 띠고 있었다고 지적하고 인간이해에 대한 새로운 측면을 제시하고 있다(박아청, 1983, pp. 24-27).

1) 행동주의 심리학

행동주의의 기본 전제는 인간행동은 통제, 조작될 수 있으며, 교육은 바로 인간행동을 개발하는 것이라고 본다. 우리가 관찰할 수 있는 행동(behavior)에 연구의 중점을 두고 있다.

행동이 유일한 심리학의 주제가 되어야 한다는 관점은 1900년대 초기에 미국의 심리학자 왓슨(J. B. Watson)에 의해서 제시되었다. 그 이전에는 심리학을 정신적 경험이나 활동에 대한 연구로 정의하였고, 그 자료는 주로 내관(內觀 또는 內省, introspection)의 형태로 자기관찰을 하는 것이었다.

내관은 자기 자신의 지각과 감정을 매우 주의 깊게 관찰하고 기록하는 것을 말한다. 왓슨은 내관을 '쓸모없는 접근'이라고 생각했다. 또한, 심리학이 과학이 되려고 한다면 그 자료는 관찰 가능하고(what can be seen), 측정 가능해야(what can be recorded) 한다고 주장하였다. 그는 사람의 행동을 연구함으로써 심리학에 대한 객관적인 과학이 가능하다고 하였다.

왓슨은 금세기 심리학의 방향에 큰 영향을 끼쳤으며, 현대심리학의 형성에 지대한 공헌을 하였다. 그의 입장의 부산물인 자극-반응 심리학(stimulus-response psychology)은, 특히 스키너(B. F. Skinner)의 연구로 인간행동의 수정에 큰 영향을 미치고 있다. 자극-반응 심리학(간단히 S-R 심리학)은 행동적 반응을 일으키는 자극, 그러한 반응을 유지시키는 보수와 벌의 패턴 변화로 얻어지는 행동의 수정에 관심을 갖는다. 여기에서는 생체의 내부에서 무엇이 진행되고 있는가는 관심이 없다.

그러므로 행동주의 심리학에서는 인간행동의 통제에 대한 기술 개발에 역점을 둔다. 학생의 행동은 교수의 보수 또는 벌에 의해서 강화(reinforcement)되기도 하고 소거(extinction)되기도 한다.

2) 인간주의적 심리학

매슬로와 같은 인간주의적 심리학자들은 인간주의적 심리학을 다음과 같이 요약하고 있다(박아청, 1983, p. 36).

① 경험하는 인간(the experiencing person)에 관심을 집중시키고, 인간연구에 있어서 일차적 현상으로서 경험에 초점을 둔다.

② 인간 존재에 대하여 기계적 또는 환원적(reductionistic)인 의미로 이해하는 입장에 반대하고 인간의 질을 선택, 창의성, 가치 또는 자아실현으로서 이해하는 입장을 취한다.

③ 연구방법에 있어서 유의미 검증이 객관성에 일차적으로 중점을 두는 것에 반대하고, 연구를 위한 문제 설정에 있어서 의미를 중요시한다.

④ 인간의 존엄성과 가치에 대한 평가에 궁극적 관심을 가지며, 모든 인간의 잠재적인 선천성 계발에 흥미를 갖는다.

■ 교육의 궁극적 목표로서의 자아실현

매슬로의 심리학을 자아실현 심리학(self-actualization psychology)이라고 한다. 자아실현이란 말은 그의 철학의 기본 전제이다.

인간은 건강한 성장(wholesome growth) 과정을 통하여 실재(actualities)가 되는 가능성을 소유한다는 전제이다. 이것은 아리스토텔레스(Aristoteles)의 자아실현론과 일맥상통한다.

매슬로의 자아실현론은 궁극적 실현을 성취하는 가능성(또는 잠재성)으로, 본성적이며 선천적인 성질로 예측된다. 그러므로 그의 눈에 비친 정신적 질병이란 성장에 있어서의 어떤 결함 또는 실패, 완전한 인간됨(humanness)을 획득하는 것에 대한 무능력 또는 자아실현 완성의 실패를 말한다.

자아실현은 보는 측면에 따라 여러 가지로 그 정의를 내릴 수 있겠으나, 다음에서 제시하는 두 가지 내용은 반드시 포함해야 한다.

① 자아의 내면적 핵심을 수용하고 표현하는 것, 즉 잠재적 능력 및 가능성을 실현하는 것을 의미한다. 개인의 본질이 가진 가망성을 '완전히 발휘하는 것(full functioning)'이다.

② 자아실현이란 질병, 신경증, 정신병 또는 기본적 인간능력의 상실 혹은 감퇴 등이 가장 적게 존재해 있는 상태를 말한다.

3) 인지발달 심리학

인간의 인지과정이란 외계로부터 받은 정보를 변환하거나 의미를 부여하거나 기억하는 과정을 말하는데, 이들 정보처리의 과정에 대한 해명에 중점을 두는 심리학을 인지심리학(cognitive psychology)이라 한다.

교육학자들은 인지적인 것(the cognitive)과 정의적인 것(the affective)을 매우 다르게 본다. 전자는 이해, 해석 및 지적 분석으로 나타낼 수 있으며, 후자는 흥미 또는 감정 등을 의미한다.

비록 이 용어들이 다른 측면을 강조하고 있으나, 구별은 결코 수월하지 않다. 왜냐하면, 대부분 인간경험은 지적인 것과 감정적인 것을 동시에 갖고 있기 때문이다.

자아개념(self-concept)을 인간의 정서 발달의 중심적인 측면으로 보는데, 여기에서 말하는 '개념(concept)'도 결국 이해하는 것과 관련된 하나의 신호인 것이다.

한 인간이 자신을 알게 될 때 그는 자신이 무엇을 할 수 있으며, 타인이 자신을 어떻게 보고 있는지에 대한 어떤 시스템을 형성하게 된다. 그 시스템은 감정(emotion)을 수반한다.

그러므로 인간은 인식하며 판단하고 목표와 계획에 따라 활동할 때 단순히 시행착오(trial and error)의 반복이나 조건화(conditioning)의 조작에 의하여 무의식적으로 행동 변화를 일으키지 않음을 알 수 있다.

인간은 새로운 통찰(insight) 또는 이해(interpretation)를 발전시키거나 이미 보유하고 있던 것을 고치는 과정을 통하여 학습과정에서 자신과 환경에 대한 이해를 보다 깊게 하면서 성장해 간다.

인지이론가들은 자발적 발견을 통한 학습을 강조한다. 인간은 능동적으로 정보를 처리하기 때문에 매일 매일 환경과의 접촉을 통해 계속해서 새로운 사실(facts), 개념, 복잡한 통찰력을 발견해 간다.

이와 같이 발견을 통한 학습은 외적 요인에 의해 이루어지는 학습보다 더 의미와 가치가 있다. 왜냐하면, 발견학습(discovery learning)은 내재적 동기조건에 의해 일어나기 때문이다.

인지이론가들은 행동주의자들이 주장하는 접근성(contingency)이나 반복, 강화와 같은 요인이 학습에서 중요하다는 것을 인정한다. 그러나 이보다는 환경을 능동적으로 지각하고 탐구하는 것과 관련되어 있는 정신적 과정을 더 중시한다.

최근 인지발달심리학의 대표자로는 피아제(J. Piaget)와 브루너(J. S. Bruner)가 있다.

3 | 교육심리학의 대상

지금까지 교육목표를 성취하기 위한 작업, 즉 교육과정에 맞추어서 교육과 교육심리학의 관계, 교육심리학이 가진 학문으로서의 성격, 그것에 기초가 되는 인간행동에 대한 입장을 몇 가지로 살펴보았다.

그러면 교육심리학이 구체적으로 무엇을 연구 대상으로 하여 조직된 학문인지, 어떠한 구체적인 문제를 중심으로 하는지 의문이 일어날 것이다. 일반적으로 제시되는 항목을 보면 〈표 1-1〉과 같다(이신동, 1994, pp. 69-70).

〈표 1-1〉 교육심리학의 연구 대상

분야	연구 대상
학습과 교수	행동관리, 지적 발달 보완교육, 자아형성, 학습에의 인간주의적 접근, 개별학습, 학습프로그래밍, 학습장애, 학습위계, 완전습득학습, 방법론, 동기유발, 문제해결, 준비도, 사고과정, 연구법, 과제분석, 훈련의 전이
인간성장, 발달 및 인격	청년기, 정의교육, 적성, 태도, 아동발달, 카운셀링과 가이던스, 학습부진의 진단, 정서적 장해발달, 발달에 있어서 유전과 환경, 개인차, 지능과 IQ, 흥미, 정신건강, 소집단, 도덕과 윤리성 발달, 인격발달, 사회적·정서적 발달, 사회적 상호관계, 예외적 아동을 위한 특수교육
측정과 평가	책무성, 기술통계, 평가, 실험설계, 측정, 규범준거검사 대 기준준거검사, 정신측정, 연구방법론, 통계학, 검사 해석

출처: 이신동(1994).

4 | 교육심리학의 역할

교육심리학은 앞서 말한 바와 같이 교육의 여러 문제를 심리학적으로 연구하는 학문이다. 우리나라의 학교교육이 어떻게 행해지고 있는가를 보는 관점에 따라 교육의 문제가 어디에 있으며, 어떠한 문제가 일어나고 있는지가 분명히 나타나게 되며, 교육심리학이 연구해야 할 문제도 명확하게 된다.

여기에서 우리는 교육이 이루어지고 있는 과정 또는 절차에 맞추어서 교육심리학의 과제를 살펴보기로 한다(박아청, 2011, pp. 28-30).

1) 교육목표의 결정

교육의 목표는 국가나 교육위원회가 결정하거나 현장교사가 지도에 들어갈 때 구체적으로 지도목표를 정한다. 「교육기본법」이나 「학교교육법」, 「학습지도요령」 등으로 교육목표를 나타내는 것은 전자이고, 교육할 때 교사가 구체적으로 교수-학습 목표를 설정하는 것은 후자이다.

두 경우 모두 사회적 요청 또는 국가적 요구와 함께 학습자의 발달, 능력, 흥미 또는 관심 등을 고려하여 목표가 현실적이고 적절한가를 검토해 보아야 한다. 나아가서 새로운 목표가 필요하지는 않는가 등을 생각해야 한다.

이때 아동 또는 학생이 어떻게 발달하고 있으며, 어떻게 학습하는지, 어느 정도의 개인차가 존재하는지 등을 알지 못한다면 적절한 목표를 세울 수 없게 된다. 교육심리학은 이와 같은 문제점에 대하여 적절한 지견과 유익한 정보를 제공하는 학문이다.

2) 교육내용의 결정

교육목표가 정해지면 교육의 내용과 순서를 정해야 한다. 이른바 교육과정(教育課程)의 편성이 문제로 대두된다. 교육과정을 편성할 때 흔히 제기되는 문제는 다음과 같다.

(1) 교육과정의 조직

교육과정의 조직에는 두 가지 입장이 있다. 하나는 학습자의 일상경험이나 생활을 바탕으로 하여 교육과정을 편성해야 한다는 주장이다.

이것은 경험형(또는 생활중심) 교육과정이라고 하며, 학습자의 흥미와 자립활동을 불러일으키기는 쉬우나, 자칫 잘못하면 통일성을 잃어버리고 단순화·체계화에 실패하게 된다.

다른 하나는 이론적으로 조직된 학문의 체계를 중요시하고 이것을 어린이의 발달에 적응시켜서 교육과정을 편성해야 한다고 하는 주장이다. 이것을 교재형(또는 교과중심) 교육과정이라고 말한다.

이 형은 체계적이긴 하나, 과학은 경험이나 생활로부터 추상되는 것이기 때문에 그것에 바탕을 둔 교육과정은 일반 학습자에게는 지나치게 어려워서 그들의 흥미를 불러일으키는 것이 곤란하거나 사회생활에 적응할 수 있는 능력을 충분히 주지 못하는 약점이 있다.

교육심리학은 이와 같은 교육과정의 편성에 필요한 학습자의 발달, 특히 학습능력의 발달에 대해서 명확하게 밝히지 않으면 안 될 것이다.

(2) 교육과정에 있어서 범위와 연속

교육의 목적 및 목표를 달성하기 위해서는 구체적인 교육내용을 어떤 범위(scope)에서부터 취할 것인가, 어디에서부터 학습을 시작해서 어디에서 마치도록 해야 할 것인가, 어떠한 순서로 학습하도록 해야 할 것인가 하는 교육내용의 범위와 연속(sequence) 또는 전후의 관계가 문제가 된다.

즉, 교육의 내용을 어떻게 택하고 학습자의 발달 정도에 맞게끔 난이도를 조정하는가, 가르치는 순서를 어떻게 할 것인가 등이 문제가 된다. 특히 '충실한 학교생활', '기초적 · 기본적 내용'을 중요시할 때 문제가 심각해진다.

3) 교육방법의 결정

교육목표를 달성하기 위한 교육내용이 결정되었다면 다음에는 그것을 실현하기 위한 가장 적절한 방법을 모색한다.

예를 들면, 교과지도에 있어서 학습자가 어느 정도의 발달을 하고 있는가, 이미 어느 정도의 학습이 되어 있는가, 즉 준비도는 어떤가, 그것을 학습하는 데 필요한 능력과 적성을 갖추고 있는가, 어떤 학습흥미를 갖추고 있는가 등을 밝히고 그것을 기초로 교수방법을 선정하는 것이다.

아동의 개성과 능력에 맞춘 교육이 중요시되는 현대교육에 있어서 이를 위해서 효율적인 교수방법을 갖춘다는 것은 극히 필요한 조건이다.

이 단계에 있어서 수업(학습)의 전제조건을 확인하거나 적성에 맞는 지도법을 선정할 때 교육심리학은 크게 도움을 주게 될 것이다.

4) 교육효과의 평가

교육을 행하는 경우에는 그 과정(過程)에 있어서도 학습자의 학습의욕은 어떠한가, 학습 방식, 진도의 정도는 어떤가 등을 항상 염두에 두고 효과적으로 교육을 진행해 나가야 한다.

또한, 교육 또는 교수에 의해 목표가 어느 정도 달성되었는지 밝혀야 한다. 즉, 피드백해야 한다. 이것은 교육목적 및 교수목표, 교육과정, 교수방법의 개선에 도움을 주며, 아동의 지도에도 크게 유익을 가져다준다.

교육효과(또는 결과)에 대한 정확한 정보가 많으면 많을수록 교육상의 여러 가지의 결정이 잘 이루어질 것은 두말할 나위 없다.

이러한 교육효과에 대한 평가를 간단히 교육평가라고 하는데, 이 문제도 역시 교육심리학의 중요한 연구 영역인 것은 이미 앞에서 언급한 바다.

5 | 교육심리학의 연구방법

1) 교육의 과학적 연구방법

과학적 연구를 할 때 그것이 심리학적 연구만을 의미하는 것이 아님은 두말할 나위 없다. 그러나 심리학이 인간이해를 목표로 하는 학문이고 인간의 행동을 연구 이상으로 하는 하나의 과학이기 때문에 그 주요한 영역은 앞 절에서 검토한 바와 같이 교육문제와 밀접하게 관련되어야 한다.

따라서 심리학은 지금까지 발전시켜 온 이론이나 방법에 바탕을 두고 아울러 교육문제 해결에 직접 관계있는 유력한 교육의 과학적 연구라고 볼 수 있을 것이다. 그러므로 그와 같은 연구의 축적에 의해 얻어진 교육이나 지도에 관한 이론과 방법을 체계화하고 조직화함으로써 교육심리학의 새로운 발전을 기대할 수 있을 것이다.

(1) 과학적 연구의 출발점

일반적으로 과학적 연구의 출발점은 탐구심에 기초한 의문이나 문제점으로부터 시작한다. 예를 들면, 어떤 성질의 학습과제가 아동의 동기를 높이는 데 더 효과적일까 하는 문제가 있다.

집단학습의 경우 어떻게 구성한 집단이 일반적으로 효과적이겠는가 또는 학생의 교사에 대한 동일시(identification) 정도와 학습성적과의 관계는 어떠한가 하는 의문이 생길 것이다.

이와 같은 의문이나 문제가 최초로 생기는 것은 어떻게 해서 일어나는가? 그 자체가 심리학적으로는 하나의 중요한 연구과제로 볼 수 있는데, 대체로 다음과 같은 두 가지의 과정이 있다고 생각된다.

하나는 연구자나 이론가의 숙고로부터 생기는 것이고, 다른 하나는 실천상 중요한 것에 대한 관찰로부터 생기는 것이다. 그러므로 이러한 의문이나 문제에 대한 해결은 그것에 관련된 새로운 문제나 의문을 야기한다고 생각할 수 있다.

(2) 가설의 설정

이와 같은 의문이나 문제로부터 과학적 탐구가 시작되지만, 그 제1보는 그들이 의문이나 문제를 가설(hypothesis)로 설정하는 것이다. 가설은 변인 사이의 의존관계를 말하는 것으로서, 어떤 변인의 변화가 다른 변인을 변하게 할 것을 예측하려는 것이다.

이 경우 변인(變因, variables)은 양이나 정도에 있어서 서로가 다른 관찰 전 사상(事像)을 분류하기 위한 카테고리(category) 또는 요인(要因, factor)을 말한다.

예를 들면, '아동의 자아강도, 수행불안과 학교수업 적응과의 관계'에 관한 의문인 경우 이것을 '아동의 자아강도 및 수행불안이 낮은 아동은 그 수업 적응도가 높을 것이다.'라고 가설을 세울 수도 있을 것이다(김세영, 2016).

이 가설에서 하나의 변인은 '아동의 강도, 수행불안'이고 '모든 아동의 강도와 수행불안의 정도는 같지 않다.'라는 전제가 있다. 또 다른 하나의 변인은 아동의 수업 적응 효과이다. 즉, '아동의 강도가 높고 수행불안이 낮으면 그의 수업 적응도와 높은 상관을 보일 것이다.'라는 예측이 이 가설의 요점이다.

(3) 변인의 축적

가설이 설정되었다면 다음 단계는 가설의 테스트이다. 즉, 가설은 거기에 서술된 변인 간의 상호관계를 관찰하는 것에 의해 검증되어야 한다.

관찰은 변인의 측정에 지나지 않는다. 측정은 체계적인 방법의 소산이며, 어떤 변인이 측정된다는 것은 그 변량을 기술하는 수단을 갖는다는 것을 의미한다.

측정의 절차에는 타당성, 신뢰성 및 표준화라는 세 가지의 요건이 있다. 타당성(validity)은 절차(또는 수속)에 의해 측정하고자 하는 것(행동)을 실제로 측정하고 있는가 하는 문제로서 어떠한 측정 절차이든 간에 반드시 검토해야 할 일반적 원칙이다.

신뢰성(reliability)은 측정 절차의 정확성(accuracy) 또는 안정도(stability)에 관한 문제로서 어떠한 경우에도 측정의 결과로부터 추출되는 결론은 측정도구의 정확도와 관련시켜야 함은 두말할 필요 없다.

측정절차의 세 번째 요건은 그것에 표준화(standardized)되어 있어야 한다는 것이다. 즉, 측정의 조건이 항상 일정하게(constant) 유지되어야 한다. 만일 측정 조건이 변한다면 행동에 있어서 나타나는 차이는 그 측정방법에 원인이 있을지도 모른다.

2) 연구조사의 실태

경험적 관찰을 한다는 것은 우리가 관심을 가진 대상에 관한 자료를 수집한다는 말이 된다. 자료를 수집할 때는 무엇보다도 '누구'를 대상으로 하여 어떤 '상황조건(setting)'에서 무슨 방법으로 '어떻게' 관찰할 것인지를 구상하고 계획할 필요가 있다.

연구조사의 설계를 한다는 것은 어떤 접근(approach)방법을 사용하는 것이 조사목적에 부합하며, 현실적으로 가능한가를 계획하는 것이다. 교육심리학이라고 해서 다른 행동과학 또는 사회과학에서 사용되는 접근법과 크게 다를 것이 없다. 그러므로 행동과학에서 광범위하게 사용되고 있는 가장 대표적인 접근방법 세 가지만 정리하여 제시하려고 한다(박아청, 1982, pp. 65-93).

(1) 표본 조사

연구의 대상을 전부 관찰·연구할 수 있으면 다행한 일이나 실제로 교육학에서 다루는 대상이 '여러 인간'이기 때문에 그렇게 할 수 없는 경우가 많이 있다.

불가능한 것은 아니지만, 시간, 경비, 인적 자원 등 실질적인 어려움이 따른다.

여기에서 우리는 일부만을 관찰하게 되는데 이것을 표본(標本, sampling)추출에 의한 관찰 또는 표본조사(sample survey)라 한다.

이렇게 표본을 추출하는 본래 집단의 전 대상자를 모집단(population 또는 universe)이라 부른다. 그런데 골라낸 표본은 될 수 있는 대로 그 모집단을 충분히 대표해 줄 만한(representative) 부분이 되도록 뽑아야 한다.

흔히 무작위(無作爲) 또는 무선표집법(無選標集法, random sampling)이라 하는데, 처음부터 연구자의 편견이나 연구상의 특별한 혜택이 개입되지 않게 하는 동시에 모든 사례에 표본으로 뽑힐 기회를 골고루 주는 방법이다.

표본조사는 비교적 많은 사람을 대상으로 상당한 양의 자료를 한꺼번에 수집할 수 있고, 정보수집의 방법이 좀 더 체계적이며 객관성이 높다는 점이 다른 방법보다 유리하다. 그러나 추출된 인간의 행동 또는 감정, 의식밖에 다룰 수 없다는 약점이 있다.

실제로 구체적인 자료수집은 직접 조사 대상자를 만나 일정한 조사표에 의거하여 질문을 통해 자료를 모으는 면접법(interviewing)과 연구 대상자 자신이 직접 기입하는 질문지법(questionnaire)에 주로 의존한다.

(2) 현장조사 및 사례연구법

현장연구는 글자 그대로 교육현상이 일어나고 있는 학교현장에서 이루어지는 연구를 말한다. 현장에서 직접 조사하고 연구함으로써 생생한 현실을 이해할 수 있는 점이 이 조사법의 큰 장점이다(박아청, 2006, pp. 109-120).

그런데 한꺼번에 여러 현장을 또는 현장에 있는 여러 대상자를 동시에 연구하는 것이 실제로는 불가능에 가까우므로 특정한 사례만을 대상으로 하게 된다. 그러므로 이것을 사례조사 또는 사례연구(case study)라고도 한다.

현장조사 또는 현장연구는 실험실적 연구의 결과를 복잡한 조건하의 현장에 있어서의 실천사태에 적용하기 위한 유력한 연구방법으로서 특징지을 수 있다.

이 밖에도 이 방법은 그 자체가 실천활동사태를 통해 복잡한 사회적 행동이나 집단적 행동의 역동성(dynamics)에 관한 과학적 자료를 얻는 데 뛰어난 연구방법이라고도 말할 수 있다.

하지만, 관찰의 정확성과 객관적 타당성이 문제가 될 수 있고, 자료의 정밀성이라든가 체계성에 제한이 있으며, 많은 수의 대상을 한꺼번에 관찰할 수 없을 뿐만 아니라, 선택된 사례가 반드시 전형적이라는 보장이 없으므로 연구의 결과를 일반화시키는 데는 문제점이 있다.

(3) 실험법

과학적 방법의 목표는 변인 간의 관계를 결정하는 것에 있다고 말할 수 있는데, 이를 위한 가장 유력한 수단은 실험적 방법(experiment)이다. 실험에서는 관심의 초점이 되는 대상 변인 이외의 요인이 작용하지 않도록 통제하고 원인과 결과가 되는 변인 간의 관계를 보다 명백히 확인하려고 한다.

이 목적을 달성하려면, 우선 변인이 다른 어느 변인을 좌우하는가를 결정할 필요가 있다. 다음, 이 특정 변인의 작용을 방해하는 다른 주요인의 영향력을 제거하든가 적어도 통제할 수 있어야 한다.

그리고 실험적 처치(experimental treatment)를 함으로써 원인이 되는 독립변인(independent variable)이 종속변인(dependent variable)에 어떤 기대하는 바의 효과를 주는지 검토하게 된다. 실험을 구성할 때 실험자는 종속변인에 대한 여지를 없애기 위하여 다른 여러 변인의 영향을 통제하게 되는데, 이것을 실험적 통제(experimental control)라고 부르며, 여기에서 피험자를 무작위로 선택하는 방법과 통제군(control group)을 준비하는 방법이 일반적으로 잘 이용된다.

실험의 목적은 실험집단에 실험처치를 한 뒤 통제군과 비교함으로써 독립변인의 효과를 보다 정확하게 확인하려는 것이다. 따라서 변인의 효과를 좀 더 정확하게 측정할 수 있다는 장점이 있다.

그러나 실험적 통제와 처리과정이 독단적(arbitary)이며 자연스러운 실제 세계에서는 사상(事象)을 좌우하는 변인이 훨씬 많고 복잡함에도 불구하고, 행동의 모든 작용을 간단히 실험적으로 조작하기란 그리 쉬운 일이 아니다.

많은 학자는 실험법의 이러한 약점을 보충하기 위하여 여러 가지의 대안을 제시하고 있으나, 실험실이 아닌 교실에서의 실험에는 결코 완전무결한 실험디자인은 존재하지 않는다.

제 02 장

개인차의 문제

CHAPTER 02

교육은 반드시 집단으로 다룰 필요가 없다. 그런데 일반 학교는 사회성을 함양한다는 긍정적인 의미로 대부분의 경우 집단으로 행해진다. 거기에서 우리는 소수의 교사가 수많은 학생을 상대로 교육을 행하는 모습을 본다. 이러한 경우 결코 잊어서는 안 될 것은 학생에게 개인차가 있다는 것이다.

교사가 동일한 행동을 하거나 같은 정보를 제공해도 학생은 학력, 적성, 성격에 따라 다르게 반응한다. 정보의 수용 속도가 빠른 학생이 있는가 하면 느린 학생도 있다.

어떤 학생은 정보 속의 A라는 차원을 실마리로 하는가 하면 다른 학생은 B라는 차원을 힌트로 사용한다. 교사의 언동에 비판적인 학생이 있는 반면에 동경을 표현하는 학생도 있다.

이렇게 학습과 개인은 모두 각기 개성을 소유하고 있으며 태도가 다르다. 교사가 효과적인 교육을 행하려면, 각 학생의 개인차를 알아야 한다. 인간의 개인차에 대한 성질을 밝혀냄으로써 보다 효과적인 학습지도가 가능하게 된다.

이러한 의미에서 개인차의 이해는 교육심리학의 중요한 부분을 차지한다. 여기에서는 인간의 개인차에 대한 연구의 배경과 개인차를 형성하는 측면을 살펴보려고 한다.

1 | 개인차 연구의 배경

1) 개인차에 대한 관심의 역사적 고찰

역사적으로 일찍부터 개인차에 대하여 교육과 관련해서 많은 관심을 가져왔다. 인류의 현명한 스승들의 수많은 가르침은 개인차를 고려한 것이었다. 동양의 공자, 서양의 플라톤(Platon), 동서양의 교착지였던 팔레스타인에서 그리스도의 가르침이 그러했다. 그때그때의 대상에 따라 같은 질문이라도 거기에 관한 해답은 달리하였다.

오늘날 개별화된 수업이나 교수의 개별화라는 이야기도 이미 옛날 위대한 스승들은 그 원리를 이해하고 있었다고 볼 수 있다(장언효, 1997, pp. 19-23).

그런데 인간이 개인차에 관심을 가지고 이를 과학적으로 증명해 내고, 그것을 수량화하려고 시도한 것은 비교적 최근의 일이다. 인간의 신체적 기능, 즉 밖으로 나타나 보이는 현상에 대해서는 수량화가 이미 실시되었으나, 인간의 정신현상을 수량화하는 것은 불과 150년 전만 하더라도 생각할 수 없는 일이었다.

인간의 개인차에 대하여 관심을 가진 여러 학문 분야가 있었으나, 인간의 개인차를 과학적으로 분석하고 접근해 보려는 연구는 주로 심리학의 공헌이라고 할 수 있다.

인간의 개인차를 과학적으로 처리하여 기록한 것은 천문관측에 관계한 일이었다고 말한다. 1796년에 영국 그리니치 천문대에서 관측자 조수로 일한 키네브록(W. Kinnebrock)이 보고한 항성 지표의 시간 등이 대장의 관측치보다 항상 10분의 8초 정도 늦다는 것이 발견되었다. 이로 인해 그는 무능하다고 해직되었다.

그러나 그 후 20년이 지난 1822년에 시간적인 자극에 대한 인간의 반응시간(RT)에는 개인차가 있으며, 누구의 관측이 가장 정밀도가 높은가 하는 것은 문제가 되지 않는다는 사실이 발견되었다.[1)]

19세기 영국의 저명한 우생학자였던 갤톤(F. Galton)은 인간의 개인차에 대하여 특별한 관심을 가지고 개인차를 규명하는 데 크게 공헌하였다. 그는 인간의 유전에 관심의 초점을 두고 유전이 인간의 신체적·정신적 특성에 미치는 영향을 연구하였다.

그는 실험실을 설립하고 그곳에서 많은 사람의 신체적 구조와 특성을 측정하였다. 이 측정을 위하여 창안한 측정방법과 도구, 해석방법은 후에 개인차 연구에 획기적인 공헌을 하였다.

19세기 후반에 들어서면서 생물학적인 측정이 성행하게 되었으며, 심리학은 하나의 독립된 과학으로서 체계를 수립하였고 경험과학으로서의 심리학 연구도 시작되었다. 따라서 인간의 제 특성에 대한 측정이 널리 행해지게 되었다.

앞서 언급한 갤톤의 측정은 테스트로서 정리된 형태를 갖추고 있지는 않았지만, 그 이후의 지능검사에 큰 영향을 주었다. 이뿐만 아니라 측정치를 일종의 편차치로 환산하거나 피어슨 적률상관계수와 매우 흡사한 직선회귀에 의해 상관분석하는 방법은 정신측정학의 개척자 역할을 하였다(Cronbach, 1977, pp. 155-178).

---

1) 이 이야기는 흔히 인용되고 있는데 최초의 출처가 분명치 않다. 여기에서는 크론바흐(L. J. Cronbach)의 문헌(Cronbach, 1970, p. 157)에서 인용한 것이다.

2) 개인차의 기본적 배경: 유전과 환경의 관계

흔히 개인차의 기본적 배경은 크게 두 가지로 나누어진다고 보고 있다. 하나는 유전(nature, heredity)이고, 다른 하나는 환경(nurture, environment)이다.

유전과 환경의 문제는 고대 그리스시대까지 소급될 정도로 오래된 문제이다. 어떤 이는 유전은 중요시할 것이 못 되고 오직 환경만이 중요시되어야 한다고 주장한다.

그것은 엄격히 말하면 개인차가 생기는 배경으로서의 유전을 무시하기보다는 이미 결정된 것을 이야기하는 것은 헛수고에 지나지 않으므로 후천적인 대책에 중점을 두는 데서 오는 것이라고 할 수 있다.

1860년대에 멘델이 유전에 관한 법칙을 발표한 후에 심리학자들은 인간의 모든 유전에 대하여 매우 열성적으로 연구하기 시작하였다. 그들은 인간의 신체적 특성뿐만 아니라 정신적인 특성 대부분도 유전법칙을 따른다고 생각하였다.

유전중심 생각은 특히 1900년대부터 1920년대에 들어서면서 더욱 강조되었고, 환경적인 작용은 크게 역할을 못 한다고 보았다.

그러나 1930년대에 들어서면서 유전을 중요시하는 전통에 대한 반작용으로 환경 요인을 강조하는 주장이 일어났다. 환경론과 유전론은 1930년대에 심리학계에서 가장 핵심적인 논쟁이었다.

1930년대에 일어난 환경과 유전에 대한 논쟁은 특히 심리적 특성 가운데서 퍼스낼리티나 도덕성보다도 지능을 중심으로 한 것이었다.

환경론을 주장하는 사람은 지능이란 유전에 의하여 결정된다고 보기보다도 환경에 있어서 학습된 경험에 의해서 결정된다고 주장하였고, 한편 유전적인 요인을 강조하는 사람은 지능이란 환경에 의해서 직접 영향을 받는 것이 아니라 그것이 보다 유전적인 요인에 의해서 결정된다고 주장하였다.

이러한 유전론자와 환경론자의 주장의 기본적 가정은 현재 우리가 발견할 수 있는 개인 간, 집단 간의 차이는 환경적인 요인 또는 유전적인 요인에서 원인을 발견할 수 있다는 것이다.

지금까지 환경적인 요인을 강조하는 사람이나 유전론자가 그들의 이론을 뒷받침할 수 있는 많은 연구를 해 왔지만, 대부분은 확정적인 결론을 우리에게 제시하지 못하고 있다.

왜냐하면, 같은 자료이거나 동일한 대상을 중심으로 해서 이루어진 연구이지만, 그 결과에 대한 해석은 그들 자신의 이론에서만 보아 각기 다른 결론을 내리고 있기 때문이다. 상이한 대답이 나올 수밖에 없다.

여기에서 우리는 지금까지 진행되어 온 유전과 환경 논쟁을 다음과 같은 세 가지 유형으로 구별할 수 있다(박아청, 2011, pp. 59-64).

(1) '어느 것이냐' 식의 논쟁

1930년대에 일어난 유전과 환경의 논쟁은 어느 것이 인간의 성장·발달에 영향을 주는가 하는 것이었다. 인간행동이 전적으로 본능에 의해서 나타나거나 전적으로 학습된 형태로 나타난다는 생각이다.

즉, 독립된 작용을 한다는 견해이다. 그러나 오늘날에는 유전이냐 환경이냐 하는 식의 논쟁은 무의미한 것으로 보고 있다. 즉, 이것 아니면 저것 식의 이야기는 의미가 없다는 것이다.

이러한 질문은 물에서 산소가 중요한가 아니면 수소가 중요한가 하는 것과 같다. 분명히 산소 없이는 물이 만들어지지 않으며, 수소 없이는 물이 성립되지 않는다. 그러므로 오늘날에는 이러한 식의 논쟁은 이미 없어졌다고 보고 있다.

(2) '얼마의 비율이냐' 식의 논쟁

두 번째 유형은 어느 것이 중요하냐가 아니라 전체 변량, 즉 인간의 성장·발달에 있어서 환경과 유전이 각기 어느 정도의 비율로 작용하느냐의 논쟁이다. 유전과 환경이 각각 독립적인 작용을 하지만, 인간의 행동에는 이들이 함께 가산적으로 나타난다는 입장이다.

'독립가산적(independent contribution)'인 영향을 가지는 것을 인정하고, 그 정도에 대한 논쟁이다.

예를 들어, 지능결정에 있어서 유전과 환경 중 어느 것이 더 중요한가는 더 이상 문제시하지 않는다. 어느 정도의 작용을 하는가 하는 그 비율에 대한 것이 논쟁의 주제가 된 것이다.

즉, IQ 검사의 결과에서 보는 지능의 수준이 유전에 80%, 환경에 20%를 의존하고 있는가, 아니면 60%가 유전에, 40%가 환경에 의한 것인가 하는 논쟁이다.

이러한 생각을 갖게 된 것은 그동안 행해진 많은 연구결과에서 결국 인간의 지능을 결정하는 데 있어 단순히 유전적 요인만 작용하는 것도, 환경적인 작용만 있는 것도 아닌 유전과 환경이 다 같이 인간의 심리적인 특성을 결정지어 주는 데 작용한다는 결론에 도달하였기 때문이다.

환경과 유전이 같이 작용한다는 생각에 또 하나의 문제가 일어나게 되는데 그것은 환경이 어느 정도의 비율을 차지하느냐의 문제이다.

그러므로 두 요인의 비율은 각 이론 중 어느 쪽을 더 높게 잡느냐에 따라 정해진다. 이때 기본적인 가정은 두 개의 요인이 일정한 내용을 가지고 결합되어서 작용하나, 두 개의 요인의 결합은 다분히 부가적인 형태로 작용한다는 것이다.

'얼마의 비율인가'에 대한 논쟁에서 주로 사용된 연구방법은 쌍생아에 대한 연구이다. 일란성 쌍생아를 출생 직후에 분리하여 각각 다른 환경 속에서 양육하였을 때 이후에 그들의 지능에 차이가 있으면 그것은 환경적인 영향으로 보고, 둘 사이의 지능이 비슷하면 유전적인 요인이 높은 것으로 하였다.

그러나 이것도 유전과 환경 논쟁에 결정적인 해답을 제시하지 못하였다. 그것은 앞에서도 말한 바와 같이 동일한 대상을 각각 다르게 연구하였을 때 그 결과는 달리 나올 수밖에 없기 때문이다.

2,500명이나 되는 쌍둥이 고등학생에게 국가학력고사를 실시하여 그들의 퍼스

낼리티, 태도 및 흥미를 알아보았다. 그리고 그들의 부모를 대상으로 학생의 유아기, 아동기, 가정환경에 대해 광범위한 질문조사를 행하였다.

이 연구에서 그들은 일란성쌍둥이와 이란성쌍둥이 간에는 유의한 차이가 있음을 발견하였다. 그런데 전체적으로 볼 때 이 연구는 열렬한 유전론자도 아닌 중도의 입장을 제시하였다.

(3) '어떻게' 식의 논쟁

오늘날 많은 심리학자는 '얼마의 비율이냐' 식의 논쟁도 '어느 것이냐' 식처럼 결국 아무런 생산적인 결과를 낳지 않았다고 보고 있다. 그들은 유전과 환경이 서로 관련되어 있는데 한 요인의 영향(공헌)이 다른 한 요인에 영향을 미친다는 것이다.

즉, 상호작용(interaction)하고 있다고 생각한다. 환경과 유전이 부가적인 형태로 결합하여 작용하는 것이 아니라 두 요소가 상호작용한다는 것이다.

환경적인 요인이 미치는 영향의 성질이나 범위는 유전적인 요인의 정도에 달려 있고, 반대로 유전적인 요인이 작용하는 성질이나 범위는 환경적인 요인이 어느 정도 작용하느냐에 따라서 각각 다를 수 있다고 보는 것이다.

환경론자는 다음과 같이 주장한다.

우리는 한 개체(organism)를 하나의 본질로 보고 환경(environment)을 다른 본질로, 즉 분리된 것으로 보는 데 익숙해졌다. 그래서 우리는 이 두 가지가 어떻게 함께 될 수 있는지 의문을 제기하였다. 그러나 생물학적인 견해에서 볼 때 이 둘은 결코 분리될 수 없다. 전적으로 그 반대이다. 한 개체는 그것이 환경과 관련이 있거나 일치하지 않는 한 존재할 수가 없는 것이다(Ridley, 2003, p. 35).

이 유형에 속한 과학자는 환경과 유전이 인간행동을 어떻게 산출시키는가에 관심을 둔다. 그들은 이 두 가지 요인이 서로 얽혀 있는 것으로 본다. 사람 가운데 유전적으로 병에 약한 사람은 있으나, 병이 전염되는 것은 환경 요인에 의한다.

반대로 모두가 병균에 공격을 받더라도 병에 전염되는 것은 유전의 작용에 의

한다. '얼마의 비율이냐' 식의 논쟁으로부터 이 두 가지 경우를 본다면 각기 상이한 대답이 나올 것이다.

이렇게 생각할 때 유전과 환경의 공헌을 정확한 퍼센트로 산출한다는 것은 불가능하다고 할 수 있다. 그러므로 유전과 환경은 각기 다양한 의존적인 관계 속에서 상호작용을 한다고 볼 수밖에 없다.

2 | 개인차의 측면

유전과 환경에 대한 논쟁은 그 해결점을 찾을 수 없으므로 논쟁에는 의미가 없다고 한다. 그러나 문제를 그냥 내버려 둘 수는 없다. 왜냐하면, 여기에 관한 깊은 연구는 교육의 실제에 크게 영향을 주고 있기 때문이다.

특히 개인 간의 차이에 대한 것보다는 집단 간의 심리적 특성의 차이가 바로 개인 간의 차이로 연결되는 것이기 때문에, 그 차이의 배경을 알아보는 것은 교육적으로 의의가 매우 크다고 할 수 있다.

여기에서는 개인차를 낳게 하는 두드러진 계기를 성별, 연령별, 인종 간, 사회계층별 차이로 고찰하고자 한다.

1) 성차

남녀 간의 차이, 즉 성차(sex difference)는 개인차를 수량적으로 논하기 이전부터 오랜 인류의 역사를 통해 깊은 근원적인 의미를 가지고 있다. 학력, 적성, 퍼스낼리티, 흥미와 가치관, 정서적 경향 또는 인지 양식 등에 대한 남녀 간의 차이에 관한 많은 연구는 분명히 차이가 있음을 말해 주고 있다(정옥분, 2014, p. 211).

특히 성차에 관한 많은 연구 중 지능에 관한 연구를 찾아보면 각기 그 결과가 상반되기 때문에 어느 쪽이 더 우수하거나 열등하다고 말하기가 쉽지 않다.

스탠포드 - 비네 지능검사(Stanford-Binet intelligence scale)를 적용해 본 결과, 일반적으로 남성이 IQ 점수는 3~4점 높게 나타나고 있으나 개인지능검사와 웩슬러 지능검사(WISC와 WAIS)에 의하면 총점에 있어서 차가 나타나지 않으며, 학교에서 비교적 많이 사용되는 집단지능검사에서는 오히려 여성이 우위를 나타내고 있다.

IQ로 표현되는 지능에 있어서는 남녀 간 큰 차가 나타나지 않는다고 하더라도 모든 연구에서 공통적으로 나타나고 있는 현상의 하나는 지능을 구성하고 있는 하위 능력에 차이를 보인다는 것이다.

아동기에서의 언어적 능력은 여성이 우위인데, 수리적인 능력에 있어서는 남성이 우세하다. 남성은 여성보다 공간지각력이 뛰어나며 단순한 기억력이나 수공력은 여성이 뛰어나다고 한다.

그러나 지각 속도는 여성이 남성보다 월등하게 우수하다. 지금까지 행해진 수많은 연구결과를 종합해 볼 때 지능 전체를 보았을 때는 차이가 없었다. 다만, 세부 영역면에서는 남녀의 차이가 있을 수 있다고 말할 수 있다.

이 밖에도 남녀 간의 성격, 가치관, 흥미에 대한 차이를 보고하는 많은 연구가 있으나, 남성과 여성이 나타내는 차이는 생득적으로 남녀 간에 차이를 이루고 있다기보다는 환경적인 작용에 의하여 특징이 형성된다는 점에서 공통점을 찾을 수 있다.

바꾸어 말하면, 성차에 의한 것은 생득적인 소산이라기보다는 사회문화적 환경의 소산이라고 보는 견해이다. 성차를 유전과 환경과의 상호작용의 결과로 보는 사람은 성에 대한 의식 자체도 사회의 영향이라고 하면서 출생 후 남녀 간의 능력 차이도 사회적 환경의 유산으로 본다.

이렇게 볼 때 남자는 대체로 힘이 있고 여자는 없는 것 등의 차이가 있는 것도 사실이지만, 그것도 보는 입장에 따라 성 차이지 힘의 차이가 아닌 것으로 볼 수 있다.

그러므로 지적인 측면에서 또는 정서적인 측면에서는 비록 취향의 차이가 있더라도 능력 자체에는 차이가 없는 것이 오늘의 심리학자들의 공통된 견해라고 말할 수 있다(정옥분, 2014).

2) 연령별 차이

기억력, 사고력 같은 것은 연령이 높아짐에 따라 감퇴한다든가 상실한다는 이야기를 듣게 된다. 일반적으로 인간의 발달에는 청년기를 중심으로 절정에 도달하다가 차츰 수그러진다.

그러나 이것은 인간의 능력을 전체적으로 보았을 경우이지 부분적으로 볼 때는 그렇지 않다. 예를 들어, 지능의 경우를 보면 20세 전후까지 계속 상승하는 것이 중년기까지 대략 평행선을 유지하게 되며, 그 후 50세를 넘어서부터 약간 하강 상태를 보이다가 70~80세에 이르러서는 현저한 저하를 나타낸다.

그러나 하위능력에 이르러서는 오히려 50세가 넘어서 상승되는 모습도 보인다. 연령이 증가함에 따라 쇠퇴하는 것은 일반적인 경향에 불과한 것이며, 거기에는 현저한 개인차가 있음을 알 수 있다.

3) 인종 간 차이

IQ 점수에서 종족 간의 차이를 둘러싼 논쟁은 유명한 유전·환경 논쟁과 밀접하게 관련되어 있다. 1969년에 *Harvard Educational Review*에 기재된 젠센(Jensen)의 논문 「How much can we boost IQ and scholastic achievement?(IQ 및 학

업성취를 어느 정도로 올릴 수 있는가?)」가 발표되자 학계는 물론 매스컴까지 유전·환경 논쟁에 휘말려 들었다.

왜냐하면, 젠센이 가장 일반적으로 사용되는 지능검사에서 흑백 인종 사이의 IQ 점수가 평균 15점의 차이가 나며 이런 차이는 종족의 유전에 의한 것이라고 주장하였기 때문이다.

많은 심리학자는 지능에 있어서 종족의 차이가 존재한다는 그의 주장에 반박하였다. 그런데 많은 심리학자가 그 결과를 재음미해 보니 경제적으로 불리했던 남부의 흑인이 북부의 흑인보다 더 낮은 점수인 것을 발견하였다.

더욱더 흥미로운 것은 펜실베이니아주, 뉴욕주, 일리노이주와 같은 북부 출신의 흑인이 미시시피주, 아칸소주와 같은 남부 출신의 백인보다 평균적으로 더 높은 점수를 받았던 사실이다. 이것은 북부 출신의 흑인이 남부의 백인보다 더 우월한 환경의 기회를 가졌던 까닭이라고 간주하였다.

이외에도 인종 간의 흥미, 태도, 퍼스낼리티 등에 관한 차이를 논하는 연구가 많이 있으나, 우리는 결과를 쉽게 받아들이기 힘든 요소가 많음을 알고 있다.

무엇보다도 대표적인 집단을 선발하기 어려운 점도 있지만, 각 인종에게 가장 공평할 만한 척도를 제작하기란 거의 불가능에 가깝다. 즉, 문화에 영향을 받지 않은 테스트 또는 척도를 제작하고 문화와 관계없이 테스트를 실시한다는 것은 불가능하다는 것이다.

이런 점에서 오늘날에는 인종의 특징을 논하는 연구는 찾아볼 수 있으나 인종 간의 차이를 말해 주는 연구는 거의 찾아볼 수 없다(박아청, 2011, p. 71).

4) 사회계층별 차이

직업별 또는 사회계층별로 본 지능 차에 관한 연구는 정신측정운동이 시작된 후 오늘날까지 계속되고 있다. 비교적 대규모로 행해진 연구를 보면 제2차 세계대전

중에 미국에서 실시한 연구를 들 수 있다(Brown & French, 1979, pp. 255-273).

군대에 입대하는 젊은이에게 지능검사(AGCT)를 실시해 본 결과, 그들이 군대에 오기 전에 가졌던 직업과 유의한 관계가 있음을 보여 주었다. 이것은 각종 직업에 따르는 정신 능력의 차이를 말해 준다고 할 수 있다.

유명한 젠센의 논쟁도 사회계층과 인종적 차이를 논한 것이었다. 그는 사회경제적으로 지위가 낮은 아동과 높은 집단의 아동에게 베푸는 교육의 정도가 달라야 할 것을 주장하였다.

1966년에 4천 개 이상의 학교와 50만 명 이상의 학생을 대상으로 연구한 이른바 콜만(Coleman) 보고서는 학생들이 소속한 사회계층과 학업성취와의 관계가 매우 관련되어 있음을 제시해 주었다(Kacy, 2016).

이외에도 부모의 사회계층, 직업에 따라서 아동의 지능 또는 학업이 의의 있게 차이가 있음을 보고한 연구가 많다.

그렇다고 해서 우리는 부모의 사회경제적 능력 여하에 따라 아동 또는 학생의 능력이 결정된다고 결론을 내릴 수는 없다. 왜냐하면, 부모의 사회계층 또는 직업 자체가 단순하게 결정되는 것이 아니기 때문이다.

그러면 부모의 직업 또는 소속된 계층과 아동의 지능이 상관있게 보고되는 이유는 어디에 있는 것일까? 정원식(2005)은 이러한 문제에 대해 심리학자들은 대체로 두 가지 가설로서 해결하려 한다고 본다.

하나는 인간의 정신능력을 측정하는 현존해 있는 모든 심리검사는 사회계층으로 보아 하층에 속하는 어린이에게 불리할 뿐만 아니라, 그들의 참다운 잠재능력을 측정해 낼 수 없다는 가정이다.

즉, 현재까지의 연구결과는 척도 자체가 하위 사회계층의 어린이에게는 불리하였으므로 계속적으로 그들의 잠재능력을 과소평가한 결과가 되었다. 만일 이 가설이 사실이라면 앞으로의 문제는 척도를 비교적 공평하게 되도록 개선하는 것이 될 것이다.

다른 하나의 가설은 능력과 발달에 있어서 초기 경험의 중요성을 강조하는 입장이다(Bee et al., 1984, pp. 783-803).

특히 지적 능력의 발달에 있어서는 어렸을 때의 경험이 직접 작용한다는 증거가 드러남으로써 결국 사회계층별 차이는 어릴 적에 공평한 경험이 주어지지 못한 데서 오는 것이라고 해석하는 입장이다.

제 03 장

인간발달에 대한 이해

CHAPTER 03

교육심리학이 효과 있는 교육적 행동을 행하기 위한 심리학적 지식체계를 의미하는 것이라고 한다면, 학습자의 발달에 관한 심리학적인 이해는 보다 효과 있는 교육적 행동을 위한 교육자가 갖추어야 할 필수조건이다.

그러기에 발달의 연구는 교육심리학 가운데 중요한 영역을 차지하고 있다. 교육은 인간의 발달과 분리해서 행해지는 것이 아니라 인간발달 속에서 행해지는 것이다. 그러므로 교육적 행동이 효과적으로 이루어지기 위해서는 학습자의 발달단계에 맞추어서 분화한 행동이 이루어져야 할 것이다.

어떠한 발달에 있어서 어떠한 교육을 행하여야 할 것인가는 각 발달단계에 있어서 학습자의 심리적 특성과 의미를 함께 이해할 때 비로소 가능하게 된다.

인간은 수태 후 약 280일간의 시일이 지나 출생하고, 유아기, 아동기, 청소년기, 청년기를 지나 약 20년이 되어서야 경제적·사회적으로 자립할 수 있게 된다.

자립에 이르기까지의 각 발달단계는 인간이 인간답게 되는 데 필요한 신체적·정신적 기능이 점차 형성되어 가는 단계이며, 각 단계는 그 자체의 의미를 갖는데, 이는 인간 특유의 것이다.

교육의 목표는 세계의 각 문화와 시대에 따라 다르나 목표를 실제로 교육적 행동으로 옮길 때는 학습자의 각 연령 인간으로서의 의미에 맞추도록 해야 한다. 이러한 의미에서 볼 때 인간발달의 이해는 교육심리학의 중심적인 문제임이 틀림없다.

1 | 유아기의 발달

생후 약 2년간을 유아기(infancy)라고 한다. 이 기간의 한 가지 특징은 유아가 능력 추구를 끝없이 전개하고 있다는 것이다. 유아는 환경과 상호작용함으로써 행동을 개시하는 데 막대한 양의 에너지를 소모한다.

그러는 가운데 그들은 넓은 가능성을 확장하고 완성해 나간다. 동시에 다른 가족과 함께 지내는 데 필요한 여러 가지의 통제를 받게 된다. 예를 들면, 배변훈련(toilet training)을 받게 되고, 식사와 취침시간을 알게끔 훈련받는다.

여기에서는 유아기에 일어나는 몇 가지 변화에 대하여 교육심리학적으로 의미가 큰 몇 가지 사실을 집중적으로 살펴보려고 한다.

1) 신체적 성장

일반적으로 유아의 성장은 매우 규칙적이며 그 과정에는 순서가 있다. 그러면서도 출생 후 20여 년간은 삶이 결코 순조롭지 않다.

4~5세 무렵까지는 키의 성장률이 급격히 저하된다. 사실 3세에서 5세 사이에 일어나는 성장의 2배가 1세에서 3세 사이에서 일어난다. 5세 이후 성장률은 청년

기의 성장폭발(growth spurt, 사람에 따라서 이를 '청년기 성장분출(成長噴出)'이라고도 함)이 일어나기 전까지 일정하게 이루어진다. 사춘기에 다시 성장의 가속화가 일어난다.

보통 여아는 청소년기에 이르기까지는 남아보다 약간 작은 편이다. 그러나 약 11세를 전후로 여아의 성장이 급속도로 빨라져 약 14세를 정점으로 남아를 추월하게 된다. 이때 여아의 키는 거의 완성된다.

이와 같은 현상은 테너(J. M. Tanner)와 같은 발달심리학자가 보고하는데, 어느 민족에게서나 대체로 비슷한 현상을 보인다고 하였다. 이때 나타나는 성장의 특징은 그 자체가 갖는 자아 안정성 또는 목표 추구성이라고 할 수 있다(MacDonald, 1986, pp. 101-124).

이러한 사실은 유아의 조건이 정상으로 되돌아갈 때 정체된 성장을 위하여 적절한 보상조치를 취하고 있음을 보여 준다.

신체의 각 부분은 다른 비율로 성장한다. 스케몬(R. E. Scammon)에 따르면 정상적인 신체 조직에는 그들의 현저한 발달적 변화가 있음을 주목하여 태아기(prenatal period)를 중심으로 출생 전의 발육과 출생 시의 발육 상태와의 관계를 백분비로 산출해 보면 신체 각 조직의 차이 있는 발육곡선을 작성할 수 있음을 보고하였다(Miller, 2018, pp. 415-420).

그에 따르며, 임파선형(淋巴腺型, limphoid system: 림프샘, 분비샘)은 청년기의 초기에 발달이 현저하며 이후에 쇠퇴한다.

신경형(nervousystem: 뇌와 각부, 척추, 시각기관, 머리의 용적 등)은 6세까지 성인의 약 80%가 발달하며 이후부터는 완만하게 된다.

일반형(골격, 내장, 체중) 등은 유아기와 청년기에 현저하게 발육하고 있음을 보여 준다. 특히 내장조직이 골격조직과 같은 속도로 자라는데 유아기와 사춘기 때 두 번 성장폭발이 일어난다.

이에 비해 신경조직은 4세까지 다른 어떤 조직보다 급속히 성장한다. 뇌의 무게는 출생 시에는 성인의 4분의 1 정도이며 6개월이 되면 거의 50%가 되고, 2년

6개월이 경과할 무렵이면 75%, 10세가 되면 95%가 된다.

생식선형(生殖線型, reproductive system: 고환, 난소, 자궁 등)은 청소년기까지는 완만하다가 그 이후부터 급속한 발달을 나타내고 있다.

2) 유아와 어머니의 상호작용

생후 6개월이 되면 유아는 어머니에 대하여 특별한 반응을 나타내게 된다. 다른 사람이 방을 나가면 아무런 표정을 보이지 않다가도 어머니가 나가면 울기도 하고 뒤를 좇아가려고 한다. 또한, 울 때 남이 달래면 그치지 않던 아이가 어머니가 안아 주면 언제 울었느냐는 듯이 곧 멈춘다.

이처럼 어머니라는 특정한 대상에 대해서 특별한 반응을 보이게 되었다는 것은 유아가 어머니에 대하여 '이 사람이 나의 보호에 누구보다도 책임을 지고 있는 사람이다.', '이 사람과 함께 있으면 괜찮다.', '이 사람과 나 사이에는 특별한 커뮤니케이션의 회로가 설치되어 있다.'라고 생각하는 것이다.

아동심리학자 볼비(J. Bowlby)는 유아가 어머니에 대하여 품는 이러한 애정을 동반한 마음의 연결을 애착(愛着, attachment)이라고 불렀다(정옥분, pp. 18-25).

이 애착이란 '유아 자신과 어머니의 모습(figure) 간의 정의적인 연결(bond) 또는 결합(tie)'이라고 말할 수 있다. 이들 어머니의 뒤를 좇아가려는 애착이 형성되어 있는 것을 나타내는 구체적인 행동을 애착행동이라고 불렀다.

볼비는 유아는 성인과의 접근, 접촉을 추구하는 생물학적 경향을 갖고 태어난다는 전제에서 출발한다. 유아의 성인에 대한 접근, 접근욕구 행동은 학습에 의해 획득한 것이 아니라 생득적이라고 본다.

자신의 생명을 자기 힘으로 유지할 수 없는 유아에 있어서 약탈(유괴), 내어 버림 등의 위험으로부터 자신의 몸을 지키는 데 가장 확실한 방법은 강력한 성인의 옆에서 보호를 받는 것이다.

따라서 유아가 이러한 경향을 지니고 출생한다는 것은 인간이란 종(species)의 보존을 위해서 인간 내부에 조직된 생물학적 기구라고 생각한다.

한편 성인의 편에서도 유아에게 접근하고 보호하려고 하는 생물학적 경향을 가지고 있다고 가정한다. 특히 어머니에게는 이러한 경향이 강하다고 생각한다.

이와 같은 행동경향은 유아가 접근, 접촉을 구하여 내보내는 신호(signal), 울음, 미소, 중얼거림(babbling)에 의해 한층 활성화되는 특성을 갖고 있기 때문에 유아가 갖고 있는 접근, 접촉을 추구하는 행동(proximity-seeking behavior)과 합치하여 양자 간에는 활발한 상호작용이 일어나게 된다.

어머니와의 상호작용이 많으면 많을수록 어머니의 얼굴이나 모습은 낯익은 것이 되고, 유아는 눈에 익은 것에 가까이하려는 내재적 경향을 나타내어 어머니의 얼굴을 자주 주시(응시)하게 된다.

유아가 어머니를 많이 주시하면 할수록 어머니는 유아 쪽에 가까이하여 말을 걸기도 하고, 가볍게 등을 두드리기도 하며 안는 횟수가 실제로 많아진다. 이와 같은 행동의 결과는 통제시스템으로 피드백되므로 유아의 어머니에 대한 시각적 관심이나 응시는 점차 증대해 가게 된다.

물론 이러한 것은 시각적 주의에 관해서만이 아니라 청각적 주의에 관해서도 말할 수 있다. 유아는 본래 여성의 높은 음성을 좋아하는 경향성을 가지고 있다.

그러나 그 가운데서 특히 어머니의 음성에 많이 반응하게 되어 가는데, 이것도 유아가 어머니와의 상호작용을 반복하는 가운데, 귀에 익은 어머니의 음성에 보다 쉽게 반응하게 되어 가기 때문이다. 어머니는 그것에 유발되어 유아에게 말을 걸거나 반응을 유도하는 것이 필연적으로 많게 된다.

반응이 유아에게 어머니의 음성에 관심을 점차 강하게 하는 것처럼 서로(상호)가 강화하면서 어머니와 자녀 상호작용을 경험하고, 그것을 피드백하면서 마침내는 어머니와 타인을 변별하고, 어머니에 대한 지향을 강하게 만들어 가는 것이다.

3) 어머니-자녀 상호작용 과정에 미치는 요인

지금까지 유아에 대한 어머니의 영향을 주로 검토하였다. 한편 어머니의 행동도 자녀의 행동에 따라 영향을 받고 있음을 생각하지 않을 수 없다.

트레바르텐(Trevarthen, 1979)은 어머니와 유아의 상호작용에 대해 상세한 분석을 시도하고 있다. 유아와 어머니가 서로 마주 보게 하여 어머니의 행동을 거울에 비추어 양자의 모습을 녹화한 것을 1초마다 분석하였다(박아청, 2011, pp. 105-106에서 재인용).

이에 의하면 약 10초 동안에 유아는 두 번 활발하게 되고 각각 3초 동안 계속하다가 세 번째에는 1초쯤 활발하지만, 곧 시선을 돌리고 상호작용을 끝냈다.

이 과정을 더욱 자세히 살펴보면 양자의 시선이 마주치면 어머니는 유아의 주의를 끌려고 말을 걸고, 이에 대해 유아는 미소로 응답한다. 어머니는 아이가 즐거워하고 있는 것을 알면 그 발성, 손의 놀림에 대해 자기 자신도 머리를 흔들거나 뒤로 제치거나 하면서 말을 걸고 응답한다.

유아의 흥분이 지나치다고 생각되면 어머니는 유도를 줄이고, 반대로 흥분이 가라앉는 징후가 보이면 활발하게 유도를 하여 행동을 조정하면서 어머니-자녀 상호작용이 지속되어 가게 한다.

이렇게 해서 어머니-자녀 상호작용은 끊임없이 변화함에도 불구하고 최초가 극히 중요하다고 생각한다. 즉, 시작이 잘되지 않으면 점차 악순환될 가능성이 크고, 반대로 시작이 잘되면 그만큼 나중 상호작용의 전개에 유리하게 작용한다고 보았기 때문이다.

이러한 모델에 의해 어머니-자녀 상호작용의 발달을 검토하여 어머니-자녀 각각의 특징이 상대에게 어떠한 영향을 미치는지 생각해 볼 필요가 있다.

(1) 유아의 기질

신생아에게 수유를 중단하면 큰 소리로 우는 아이가 있는가 하면 눈을 똑바로 뜨고 조용히 주위를 살피는 아이도 있다.

이와 같이 하나의 자극에 대한 반응의 강도, 속도 등은 사람에 따라 다른데, 태어날 때 가지고 태어난 특징을 기질(temperament)이라 한다.

기질을 지표로 하여 브랜젤톤(Branzelton)이 고안한 「신생아 행동 평정척도」가 있다.

예를 들어, 양육행동을 통하여 유아를 안는 기회가 많다. 이때 유아가 기분 좋게 기대는 것 같이 안기는가, 아니면 몸이 굳은 채 기분 좋지 않게 안기는가는 양육자에 대한 아이의 인상에 따라 다를 것이다(Nugent, 2011).

실제로 브랜젤톤의 척도에서는 '안기 쉬움'에 관해 평정하는 항목이 포함되어 있다. 양육행동을 통해서 쌓이고 쌓이는 '유아의 인상'은 그 후 양육자의 아이에 대한 접근방식에 영향을 주게 될 것이 틀림없다. 즉, 유아의 행동이 어머니의 행동에 영향을 준다는 것이다.

이 척도를 사용한 연구에서는 생후 3일째에 제3자에 의해 객관적으로 보여진 신생아의 기질적 특징보다도 어머니가 본 '내 아이의 인상'으로서의 기질적 특징이 생후 3개월의 시점에서의 어머니 – 자녀 행동과 많은 관련이 있다고 한다(박아청 · 이기영 · 최성열, 2003).

(2) 어머니의 성격

한편 유아의 기질적 특징이 같다고 하더라도 어머니의 성격에 따라 받아들이는 방식과 대응의 방식이 다르게 된다.

예를 들어, 어머니가 정서적으로 안정되어 있다면 생활리듬이 불규칙적으로 잘 우는 유아에 대해서도 천천히 여유 있게 대응해 갈 수 있을 것이다. 어머니 자신이 자라난 가정이 경제적으로 안정되어 있다면 유아가 생후 4개월 시점에서 어머니는 '키우기 쉬움'을 느낀다고 한다(박아청, 2011, p. 108).

이것은 어머니의 생육사가 양호하다면 어머니에게 안정된 성격이 형성되어 나아가서 유아에 대해서도 여유를 가지고 섬세하게 대할 수가 있음을 의미한다.

(3) 어머니의 감수성

유아가 나타내는 신호나 요구를 잘 읽고 받아들이는 능력을 감수성(sensitivity)이라 한다. 어머니 - 자녀 상호작용의 전개에는 적절하게 유아에게 되돌려 주는 것이 요점이다.

이와 같은 능력에는 어머니 자신의 성격만이 아니라 정서적 안정의 뒷받침이 되는 남편과의 관계, 가족근친자로부터 물심양면의 원조, 나아가서는 어머니의 그때까지의 육아경험과 관련된다.

만일 이들 뒷받침이나 원조가 없다면 심리적 스트레스로부터 감수성을 가지고 '내 자식'에게 적절한 유도를 하거나 응답할 수가 어렵게 될 것이다.

감수성이 높은 어머니는 적절한 자극을 적절하게 제시하여 유아의 반응이 표출되기 쉬운 환경을 준비할 수가 있다. 따라서 유아는 능동적으로 행동하는 기회가 많게 되고 물적 · 인적 환경과의 교섭이 조장된다.

그 결과, 유아는 자기가 환경에 대하여 영향을 미칠 수 있다는 자신감을 가질 수 있게 된다.

말을 하기 전까지는 우는 것이 유아가 발신할 수 있는 유일하고 주요한 신호이다. 유아의 우는 소리는 양육자의 주의를 환기하고 정서적인 응답을 불러일으킨다. 출산 후 모자실에 함께 있었던 어머니와 자녀, 각자 별도의 방에 있었던 어머니와 자녀에 대한 이후의 어머니 - 자녀 관계를 비교한 연구는 흥미롭다(손상희 · 최성열 · 유연옥, 2014, pp. 347-363).

자녀와 어머니가 함께 시간을 보냈던 경우 입원했을 때부터 어머니는 아이의 울음에 따라 아이가 무엇을 요구하고 있는가를 때로는 이해하기도 했고, 퇴원 후 1개월 무렵이 되어서는 전원(어머니들)이 이해할 수 있다고 대답했다.

이에 비해 어머니와 아이가 따로 있었던 경우는 아이가 왜 우는지 그 원인을 알 수 없다는 어머니가 퇴원 후 1개월이 지나도록 있었다는 것이다.

또한, '요구를 알게 된 후에 그것에 잘 대응하고 있는가?' 하는 점에 대해서도 거의 같은 경향을 보였다. 육아불안 가운데 가장 많은 것이 어린아이의 울음에 관한 것이다. 초기부터 어머니-자녀가 접촉하는 것은 유아의 욕구를 이해하고 그것에 대응해 가는 데 큰 효과가 있다고 말할 수 있다.

어머니와 함께 시간을 보낸 경우는 입원 시에 벌써 직접 수유할 기회가 많다. 이것은 모유의 분비를 촉진시키게 하고, 출산 후 1개월이 된 시점에서도 모유양육을 계속하게 한다고 지적하고 있다(이인학·박지은·최성열, 2010, 81-91).

(4) 가족 간의 어머니-자녀 상호작용

가정 내 자녀의 수가 적을수록 어머니와 접촉할 기회가 많다. 아이 대부분은 부모가 함께 생존해 있는 가정에 태어난다. 거기에는 이미 형제가 있는 경우도 있다.

어머니는 유아에 비해서 능력과 기능이 뛰어나기 때문에 위에서 아래 방향으로 '유아의 능력'에 맞추어서 접촉한다. 그것은 비대칭적인 '수직관계'이다. 여기에 비해 동년배의 동일한 능력, 기능을 갖춘 또래관계는 대칭적인 '수평관계'이다. 형제자매는 '수직'과 '수평'의 관계가 섞인 '비스듬한 관계'이다.

오늘날 형제 수가 감소되어 있지만, 형제의 존재가 어떤 형태로든지 영향을 주는 것은 사실이다. 그 반대로 형제관계가 어머니-자녀 상호작용에도 영향을 준다고 생각할 수 있다.

예를 들어, 두 번째 자녀를 대상으로 한 연구에는 생후 6개월에 어머니와 잘 지내고 있는 아이는 9개월이 되었을 때 형제 또는 또래와 접촉하는 것이 많다는 경향을 밝히고 있다(이인학·박지은·최성열, 2010, pp. 81-91).

2 | 아동기의 발달

인생에 있어서 아동기는 2세에서 사춘기(思春期, puberty)가 되기까지의 기간을 말한다. 이 시기를 사람에 따라서는 전기(초등학교 3년까지)와 후기(초등학교 4년 이후 사춘기까지)로 나누는 경우와 전기(초등학교 2년까지), 중기(초등학교 3·4학년), 후기(초등학교 5학년 이후 사춘기까지)로 나누는 경우가 있다.

이 기간에 아동은 행동의 레퍼토리를 확충시켜 간다. 결과적으로 그들은 집단생활의 폭넓은 관계 속으로 통합해 가게 된다. 그렇게 함으로써 아동은 그들 문화 속의 사상과 감정을 수용하고 그 과정에서 중요한 역할을 감당하며, 사회는 다음 세대로 그 자체를 영속시켜 간다. 아동이 학교에 다니게 되면 하루 중 많은 시간을 가정과 가까운 이웃으로부터 떠나 있게 된다. 이와 같은 새로운 상황에서 교사는 그들에게 영향을 미치는 주요한 원천이 된다.

1) 아동양육의 실제와 기술

지금까지 행동과학은 아동의 성격과 행동을 형성하는 데 관계되는 여러 가지 아동양육법에 대하여 크게 관심을 표명해 왔다. 이러한 관심의 배경에는 부모의 모든 행동은 의도적이든 아니든 자녀의 사회적·정서적 발달을 형성하는 데 한 부분으로서 작용한다는 가정이 깔려 있다.

이 묵시적인 가정은 크게 두 가지로 그 흐름을 나누어 생각할 수 있다. 한 가지는 프로이트(Freud)의 정신분석학적 접근에서 나온 것이고, 다른 하나는 왓슨과 같은 초기행동주의자의 사상에 근거를 둔 것이다.

인생에 있어서 나타나는 성격은 이미 아동기, 즉 5~6세 때 형성된 퍼스낼리티의 표면적 물결에 지나지 않는다고 보는 것이 프로이트의 견해이다. 정신분석학파의 이론에 따르면 모유공급(breast feeding), 연장된 보육, 정신적인 이유(weaning), 자아요구적 보육법(self-demand nursing schedule), 느린 배변훈련 및 빈번한 어머니의 보살핌은 아동이 정서적으로 건강한 퍼스낼리티를 갖도록 촉진시킨다고 한다(Case, 1990, p. 34).

아동을 외상체험(外傷體驗, trauma event)이나 정서적 압박에 상처받기 쉬운 매우 연약하고 민감한 존재로 본다.

아동양육에 대한 왓슨의 행동주의적 모형은 부모가 원하는 아동이 어떠한 형태이든 가능하다는 것을 전제로 하고 있다. 그의 유명한 말에서 우리는 그의 극단적인 환경론적 입장의 면모를 볼 수 있다.

> 나는 한 걸음 더 나아가 다음과 같이 말하려 한다. 나에게 12명의 정상적인 유아를 데리고 오라. 그리고 그들을 양육할 나 자신에게 구체화된 세계를 주어라. 그러면 나는 그들 중 누구에게나 내 마음대로 선정한 전문가의 유형, 즉 의사, 변호사, 예술가, 기계공은 물론, 거지나 도둑까지도 그들의 재능, 기호, 경향성 또는 능력, 취향 그리고 어느 종족에 속해 있든 간에 관계없이 훈련시킬 수 있음을 보증하겠다.
>
> – Watson, J. B. (1930), p. 82.

왓슨의 견해에 따르면 아동에게는 엄격한 부모가 요구된다. 왜냐하면, 엄격한 계획에 맞추어 아동은 식사, 수면, 우는 것 등에서 나쁜 습관을 고칠 수 있으며, 성격 가운데 부적응적 요소를 제거할 수 있기 때문이다.

정신분석학적 입장과 행동주의적 모형과는 상이점이 있음에도 불구하고 이 두 가지 입장은 모두 아동발달에 있어서 부모의 역할이 중대함을 공통으로 인정하고 있다. 아동이 행복하고 성공적이며 정신적 결함으로부터 자유롭게 되는 것은 전적으로 부모가 적절한 시기에 적절한 일을 하게 함으로써 가능한 것이라고 보았다.

나아가서 이 이론은 아동이 사회적으로 부적응하게 되고, 정서적 문제로 괴로워하게 되거나 하면 부모는 오로지 그들 자신을 탓해야 할 것이라고 지적한다.

그러나 발달심리학자들은 아동이 종래 생각해 오던 바와 같이 상처받기 쉬운 존재도 아니며 그들이 믿었던 것처럼 그렇게 순응성(malleability)이 있는 것도 아니라는 사실을 인정하게 되었다.

예를 들면, 캐간(Kagan)과 그의 동료들의 연구에서 대부분의 아동은 탄력성이 강하며 놀라운 적응력을 나타내는 사실을 알 수 있다. 그 외 다른 연구에서도, 예를 들면 정신분석이론에서 크게 강조하고 있는 배변훈련이 나중의 퍼스낼리티 특성과는 관계가 없는 것으로 나타났다.

그리고 모유로 자란 아동과 우유로 자란 아동과는 후기 행동에 아무런 차이를 보이지 않았다는 연구결과도 나타났다(Kagan & Kagan, 1987, pp. 132-136).

이상에서 제시한 연구에서 볼 때 부모는 아동의 발달에 거의 영향을 미치지 않는 것으로 보이나, 이러한 연구결과는 부모의 양육행동 또는 태도에 있어서 극히 일부분인 것이지 전체적인 부모의 행동에 대한 것이 아닌 이상 아동의 발달에 미치는 부모의 영향력을 무시할 수는 없다.

부모의 영향의 요인은 우리가 보는 한둘이 아닌 더 복잡하고 많은 요소를 포함하고 있음을 알아야 한다.

아동의 발달에 부모가 어떠한 형태로 영향을 미치는가에 관한 많은 연구가 있다. 지금까지 발달심리학자에 의하여 밝혀진 바에 따르면 부모-자녀 관계(parent-child relationship)에서 온정감(warmth)이 중요하다는 사실이 많은 연구를 통해서 밝혀졌다(이기영 · 고윤희 · 최성열, 2004, pp. 303-314).

부모, 특히 어머니가 자녀에게 애정을 보이고 놀이를 같이하는 것이 자녀의 사회적 · 도덕적 성숙에 크게 영향을 줌을 발견하였다. 그리하여 연구자들은 부모가 자녀를 사랑해 주고 그들과 함께 즐거워하는 것이 어린아이의 후기 생활에 있어서 그들의 도덕적 · 사회적 성숙을 크게 촉진시킨다는 결론을 내렸다.

2) 언어의 발달

1세 반에서 3세에 걸쳐서 아동은 모국어의 기초를 습득한다. 4세까지 약 1천 개의 어휘를 획득하고 거의 정확한 문장을 만들 수 있다. 6세경이 되면 어휘 수는 현저하게 늘어서 대화를 할 수 있게 된다.

그러나 아직도 문법적으로는 어색한 표현을 많이 한다. 학자에 따라 또는 지역에 따라 다르게 제시되고 있으나, 7세를 기준으로 했을 때 약 2천5백 개에서 약 3천 개의 정도의 어휘 수를 가진다고 보고 있다(손문석, 1983).

아동기에는 아동이 언어를 지식의 소통도구로 인식하고 학습 도구로서 사용하게 된다. 아동은 자신이 익힌 글을 읽고 다시 글을 만들고 쓰기도 한다.

그러나 큰 소리를 내어 읽지만, 곧 잊어버리기도 한다. 읽기 능력은 이때부터 발달하므로, 보통 이 시기에 정규 학교교육을 시작한다. 주로 이 시기에는 소리를 내어 읽으나 경우에 따라 지능지수가 높은 아동은 소리를 내지 않고 묵독하기도 한다.

9세 무렵이 되면 한 가지 내용(줄거리)이 담긴 긴 이야기를 즐겨 읽게 되고 문장의 의미에 대한 이해도 빠르게 된다. 언어 능력의 발달은 각 학년에 따라 특수한 능력 구조를 갖게 된다.

저학년에는 문자력, 3~4학년에서는 발표력과 문법 능력, 고학년에서는 독해력 등이 발달하게 된다. 대체적으로 언어 능력에는 언어 이해, 추상·추리 능력, 관념형성의 유창성, 단어의 유창성, 표현의 유창성, 문법의 예민성, 구두발표 능력, 발음 능력 등을 들 수 있다.

또한, 저학년에서는 개인적 행동이나 경험이 이야기의 주제가 되는데 고학년에서는 타인과 사회에 대한 화제가 주로 된다.

여기에 이들의 사회화 과정을 볼 수 있다. 저학년에서는 아동이 직접 보고 들은 것이 주가 되는데 학년이 높아짐에 따라 라디오, 신문, 서적으로부터 간접 경험한 것이나 추상적인 문제가 주제로 취급되는 경향을 보인다.

언어발달은 지능의 차, 남녀의 차, 가정환경 및 출생순위와의 관계, 지역(도시와 농촌)의 차, 부모의 사회적·경제적 지위 등에 크게 좌우됨을 알 수 있다.

3) 언어발달과 부모와의 관계

최근 연구는 부모의 언어적 상호작용(verbal interaction)이 아동의 언어적·개념적인 능력의 발달을 촉진시킨다고 시사한다.

나이 많은 아동과 이야기할 때보다도 나이 어린 아동과 이야기할 때 어머니는 간단한 말을 많이 쓴다. 아동은 그렇게 함으로써 언어의 규칙을 쉽게 이해하게 된다.

헤스(Hess)와 시프먼(Shipman)은 가정과 실험실에서 어머니와 취학 전의 아동을 관찰하였다. 그 결과 언어적 상호작용의 양과 언어의 사용에 대하여 가정 간에는 차가 있음이 밝혀졌다.

부모의 언어량이 아동의 언어를 자극한다는 것을 시사하였다.

여기에서 생각할 수 있는 점은 부모가 무엇인가 한다는 것은 아동에게 어떤 특별한 의미를 가져다준다는 것이다. 설명해 주거나 방향을 제시해 주는 어머니의 아동은 인물 그림을 어떤 범주로 분류하는 과제에서 성적이 좋았으며, 분류의 범주에 대하여 명확하게 설명할 수가 있었다.

말을 별로 사용하지 않는 어머니의 아동은 자기의 활동을 예상하거나 해결방법을 찾아낸다거나 실수를 피하는 것과 같은 과제해결 능력이 어머니와의 상호작용에 의해 직접 영향을 받고 있음을 보여 주고 있다(Hess & Shipman, 1987).

베른슈타인(Bernstein)은 대인적 활동에서 언어를 강조하는 것이 반성적 자아개념(反省的 自我槪念, reflexive self-concept)을 만든다고 시사하고 있다.

즉, 언어의 사용은 사회관계를 지배하고 있는 암묵의 원칙을 명확하게 하여 많은 역할을 생각하고 여러 가지 각도로 검토하는 데 크게 도움이 된다. 대인적 활동에서 언어 사용이 제한되면 반성성(또는 숙고성, reflexiveness)의 발달이 장해를 받게 되는 경우가 많다.

한편 베른슈타인은 기능획득의 분야에서 언어의 의미를 강조하는 것이 자율성을 제한시키고 수동적인 학습태도를 키운다고 지적하고 있다(Campbell, 1990, pp. 538-549).

이렇게 보면, 자녀의 인지에 영향을 미치는 부모의 사용 언어가 가정에 따라 다름을 알 수 있다. 부모와 자녀와의 상호작용의 양식, 언어적 상호작용을 만들어 내는 구체적 생활 장면이 자녀의 사회적 역할의 파악 양식이나 학습과제의 양식, 가족 내에서의 입장을 이해하는 것 등에 영향을 미친다고 볼 수 있다.

3 | 부모의 훈육에 관한 연구

어린이를 훈육하는 과정에 대해서 부모는 어떤 행위가 정말 나쁜 것인지를 강조한다. 그 자체가 어린이의 도덕적 규칙의 내용을 형성하기 시작한다.

그리고 그것에 덧붙여 부모는 특수한 훈육의 방법을 사용한다. 장래 행동에 대해 영향을 주는 의미에서 이들 훈육의 방법을 평가하는 경우 다음 네 가지 요소가 중요하다고 생각된다(박아청, 2011, pp. 168-169).

① 훈육의 방법은 어린이가 무엇이 금지된 행위인가를 생각하거나 좋지 않은 행동을 억제하거나 할 때 도움이 될 것

② 훈육은 장래 어떠한 행위가 바른 것인가를 알려 주기 위함이며, 받아들일 수 있는 행동의 형태를 나타낼 것

③ 무엇이 올바르며 무엇이 잘못되고 있는가에 대해서 그 이유를 분명히 이해

할 수 있게 할 것

④ 잘못된 행위를 한 경우에 희생자에 대한 동정을 지니는 능력을 키울 수 있도록 할 것

이상을 요약하면 아동기는 초기의 도덕적 규칙이 계속 발달하는 시기라고 말할 수 있다. 학습이론은 행동을 억제하고 강화하는 외적 보상구조(external reward structure)의 적절성을 지적한다.

인지이론은 도덕성 발달의 초기 단계를 특징짓는 것으로 인지적 미성숙을 지적한다. 정신분석이론은 부모와의 동일시와 양심의 발달과의 관계에 주목하고 있다.

양심의 발달에 관한 연구는 초자아 형성과정에 대한 프로이트의 생각을 검토하고 있다. 부모의 훈육에 관한 이론과 연구는 도덕성 발달에 있어서 자기 자신의 행동이 다른 사람에게 어떠한 의미가 있는지를 이해시키고자 하는 시도의 결과라고 지적하고 있다(박아청, 2011, p. 120).

어린이의 도덕적 행동은 사실 어린이의 판단, 보상구조의 이해, 부모와 동일시, 타자에 대한 공감 등이 통합된 것으로 생각해도 좋을 것이다.

제 04 장

초기 경험

CHAPTER 04

1 | 인간의 초기 경험에 관한 연구

지금까지 초기 경험의 연구는 대부분 동물을 피험체로 하였다. 연구의 통제조건이 엄밀하여서 동물을 대상으로 실험할 수밖에 없었다. 그러면 인간에 있어서의 초기 경험의 영향은 어떠한 것일까? 동물을 사용한 연구에 따르면, 원숭이나 유인원 같이 고등 단계가 될수록 출생 후의 영향이 크다는 사실이 알려졌다.

따라서 인간에게도 초기 경험이 감당하는 역할은 헤아릴 수 없을 정도로 클 것을 예측할 수 있다. 이러한 예측의 근거가 되는 두 가지 사실을 넓게 생각해 보자.

1) 미숙성의 가능성

인간은 동물과 다른 점이 많다. 그 가운데 하나가 발달해 가는 모습이 다르다는 점이다. 예를 들어, 대개의 포유류 동물은 태어날 때 이미 어미의 모습과 비슷한데 그것은 신체의 각 부위의 비율이 어머니의 그것과 비슷하다는 것에 비해 인간은 근원적으로 다르다는 것이다(Clarke & Clarke, 1986, pp. 34-38).

예를 들면, 송아지의 모습을 확대하면 황소가 된다. 그러나 인간은 그렇지 않다. 아기를 그대로 확대한 모습과 어른의 모습을 비교하면 짐작이 갈 것이다.

인간은 팔다리의 운동기관이 확고하게 되어 다른 고등 포유류의 어린 새끼처럼 어머니의 품을 떠난 자립의 상태에 이르기까지는 출생 후 약 1년이 필요하다. 스위스 동물학자 포트만(Portmann)은 이와 같은 인간을 이차적 유소성(留巢性, secondary altricial)이라 부른다(Portmann, 1982).

태아는 성장한 머리의 크기와 어머니의 골반 넓이와의 관계로 인해 생리적으로 조산된 상태에서 태어난다고 보아, 다른 동물은 태생기에 진행되어야 할 발달이 출생 후 자궁 밖에서 1년에 걸쳐서 발달된다고 하여 출생 후 1년을 '자궁 외 태아기'라고 불렀다.

이것은 유아가 태내와는 비교할 수 없을 정도로 다양한 출생 후의 환경 속에서 각 개인의 경험에 의해 자극과 반응의 연결을 형성해 간다는 것을 말한다. 인간은 종으로서 고정된 행동양식을 초월한 가변성(可變性)에 풍부한 행동양식을 형성해 가는 것이다.

초기의 자극작용은, 특히 완전한 도상에 있는 신경계에 주어지는 것만큼 매우 중요한 것으로 볼 수 있다.

임계기

임계기(臨界期, critical period)란 생체 발달의 비교적 초기에 있어서 어떤 자극(경험)이 주어질 때 그 효과가 가장 크게 나타나는 시기를 말한다. 즉, 그 효과가 가장 강하게 나타나는 시기이다. 최적기(optimal period) 또는 민감기(sentive period)라고도 한다.

2) 신생아에게서 볼 수 있는 것

두 번째로 유아는 우리가 일반적으로 생각하고 있는 것 이상으로 환경의 정보를 취하는 존재라는 것이다. 1960년대 이후 급속하게 발전해 온 신생아나 영유아의 지각과정에 관한 연구는 인간이 인생의 초기에 무엇을 경험할 수 있는지를 알려고 하는 정보를 축적해 왔다.

그 연구의 선구자 역할을 한 미국 발달심리학자 판츠(R. L. Fantz)에 의하면 신생아조차도 환경을 확실하게 볼 뿐만 아니라 선택적으로 정보를 수취하고 있다는 것이다. 사람의 얼굴의 모양이나 패턴이 있는 도형을 그렇지 않은 것보다 훨씬 주시한다는 것이다(Cohen & Cashon, 2003, pp. 65-89).

그러면 선택성을 결정하는 것은 무엇일까? 하나는 앞서 논의한 판츠의 실험에서 나타난 바와 같이 사람의 생김새나 어느 정도 복잡한 패턴에 대한 시각적 호감과 같은 생득적인 경향이다. 즉, 보는 것이 보는 것을 점차 활발화해 간다고 하는 학습의 과정이 존재한다는 것이다.

출생 후 반년이라는 인생 초기에 있어서 영유아의 지각 발달을 이해하기 위해서는 '자극작용의 최적수준이론'을 제시할 수 있다. 이것은 각 발달시기에 있어서는 자극을 받기 위한 최적 수준의 자극량이 있고, 이 자극량은 발달에 따라 증가한다는 것이다.

이 이론은 영유아에게 주어지는 자극이 단순히 물리적 환경으로서 거기에 존재하는 것이 아니라, 영유아가 지금 어떠한 자극을 가장 잘 받아들이는 상태에 있는가 하는 영유아 쪽 조건과의 상호작용을 통해서 생각해야 할 것을 시사한다.

2 | 영유아기의 초기 경험의 중요성

인간의 생애 주기 가운데 가장 짧지만, 가장 빠른 성장이 이루어지는 시기는 영유아기다. 특히 태아기의 마지막 3개월부터 생후 첫 2년은 뇌 성장 급등(brain growth spurt) 시기라고 불릴 만큼 뇌가 생애 초기에 놀라운 속도로 성장·발달한다. 생애 초기에는 뇌 발달의 가능성과 취약성 모두에 민감하고, 주 양육자 및 교사와 더불어 주변 환경과 맺는 지속적으로 따뜻한 관계와 긍정적인 경험은 튼튼한 뇌 구조 형성에 영향을 미친다(Piontelli, 1992, p. 31).

기존의 연구들도 영유아기가 뇌 발달에 결정적 시기가 된다는 점에 기반을 두고 있지만, 뇌의 인지적인 측면을 향상시키기 위한 프로그램 개발 및 효과에 대한 연구가 대부분이다. 인지적으로 우수한 영유아, 다시 말해 인지적인 자극이 많은 환경에서의 경험만이 건강한 뇌 발달을 만드는 것이 아니다. 과도한 조기교육으로 인해 우리의 미래인 영유아의 정신건강에 적신호가 켜져 있을 수 있다.

그러므로 태어나자마자 학생으로 살아가는 우리나라 영유아의 정신건강에 좀 더 주의를 기울일 필요가 있다. 뇌 발달을 인지발달의 측면만 바라보고 이야기해서는 안 된다. 감각운동기와 전조작기를 거치는 영유아에게는 그에 맞는 양육이나 보육, 교육이 이루어져야 한다.

가정구조 및 사회구조의 변화로 인해 점점 더 어린 월령의 영유아가 보육 또는 교육기관에 맡겨지고, 가정에서 보내는 시간보다 가정 밖에서 더 많은 시간을 보내게 되는 경우도 증가하고 있다. 맞벌이 부모는 직장과 육아를 병행하기 힘들어 가정 내 스트레스 지수가 올라가고, 이는 다시 자녀양육 태도에 영향을 미친다.

또한, 기관에서도 교사 대 유아의 비율이 높아지고, 조기교육의 열풍으로 실외에서 뛰어놀아야 할 나이에 책상 앞에 앉아 있는 유아의 수가 점점 더 늘어나고 있다. 그러므로 영유아기 뇌 발달의 양상과 중요성을 토대로 영유아가 가정과 보육·교육기관에서 받는 스트레스를 최소화하고 보다 긍정적인 경험을 할 수 있도록 도와주어야 할 것이다.

아울러 가정 내 스트레스 감소 및 부모의 적극적인 참여를 지원하며, 보육·교육현장 교사의 역할의 중요성을 깊이 인식해야 할 필요성이 있다.

3 | 영유아기 경험이 뇌 발달에 미치는 영향

뇌 구조의 기초는 인생 초기에 만들어지는데, 구조를 구성하는 신경세포인 뉴런(neuron)은 출생 전에 시작되어 성인기에 이르기까지 약 1천억~2천억 개가 형성된다. 또한, 만 5세 이전에 성인의 90%에 달하는 뇌 발달이 이루어진다. 건축가가 집을 지을 때 기반을 튼튼히 다지고 시작하는 것과 마찬가지로, 초기에 만들어지는 뇌 구조가 튼튼한지 약한지에 따라 이후 개인의 삶이 달라질 수 있다. 즉, 생후 초기 경험에 따라 뇌 발달은 긍정적인 성장의 기회나 구조적인 취약성을 가지게 된다(송명자, 1987).

적절한 영양소를 제공해 주고 반응적인 양육자와의 사회적 상호작용은 뇌가 다양한 환경에서 잘 기능할 수 있도록 해 주는 반면, 적절한 감각적·정서적·사회적 경험이 없으면 뇌 발달에 중요한 기본 역량이 형성되는 데 어려움이 있을 수 있다. 생후 첫 3년 동안 영유아가 다양한 감각적 자극을 받아들이는 경험을 통해 시냅스(synapse)가 만들어지는데, 뇌는 가소성(可塑性, plasticity)이 있어 경험에 따라 변할 수 있다.

또한, 계속해서 시냅스가 증가하는 것이 아니라 시냅스 가지치기라고 부르는 과정을 통해 자극받지 않은 뉴런과 시냅스는 퇴화한다.

이처럼 뇌 발달은 유전자와 환경이 상호작용하면서 이루어지기 때문에 건강하고 긍정적인 뇌 발달을 가져올 수 있는 환경이 필요하다고 할 수 있다. 가정이나 보육·교육기관에서 영유아가 갖는 초기 경험은 미래의 뇌 기능을 위한 발판을 만들어 준다.

영유아는 특히 양육자와의 안전하고 신뢰적인 관계 속에서 보살핌을 받으며 세상을 탐색하고 학습해 나간다. 이러한 사회적 상호작용을 통해 영유아의 뇌는 세상이 '나'를 어떻게 대하고 반응하는지에 대한 인식을 구축하는 것이다. 이렇듯 어린 시절의 경험은 뇌의 구체적인 구조를 결정짓고, 이에 따른 뇌 발달은 신체, 언어, 인지, 사회, 정서발달의 근간이 된다고 볼 수 있다.

하지만, 핵가족화와 맞벌이 부부의 증가 등 여러 요인으로 인하여 양육의 모습이 다양해지는 지금 가정에서 일찍 독립을 경험해야 하는 영유아가 늘고 있는 추세이다. 이에 따라 영유아에게 보다 안정된 가정, 보육 및 교육 환경이 필요한데 영유아, 부모 및 교사를 위한 지원전략을 살펴보는 것은 영유아의 건강한 뇌 발달을 위한 열쇠가 될 수 있다.

4 | 영유아의 건강한 뇌 발달을 위한 지원전략

가족 구성원이나 주변 사람들의 도움을 언제든 받을 수 있었던 과거와 달리 요즘에는 주 양육자가 홀로 영유아를 돌보거나 맞벌이 부부의 증가로 기관 입학 연령의 하향화가 나타나고 있다. 개인적 또는 환경적 이유로 인해 부모의 높은 스트레스 지수와 학업중심의 교육과정은 영유아에게 스트레스가 되는 상황으로 이어지기도 한다.

건강한 두뇌 발달을 위해서는 다양한 감각적 자극도 필요하지만, 과도한 스트레스로부터 영유아를 보호해야 하며, 심각한 역경을 겪고 있는 영유아로부터 획기적인 결과를 얻으려면 성인을 지원해야 한다.

건강한 발달에 있어 일반적이고 필수적인 긍정적 스트레스(예: 새 학기의 시작)와 달리, 가정이나 보육·교육현장에서 때때로 일어나는 과도한 조기교육, 영유아 학대, 연속적인 방임, 우울증과 같은 양육자의 정신적 질환은 영유아에게 많은 영향을 미치고 스트레스 지수를 높인다. 이와 같은 극심한 스트레스는 스트레스 호르몬인 코르티솔(cortisol)의 분비를 촉진하고, 주의력, 작업 기억력, 실행기능, 정서 조절 및 학습에 중요한 전두엽 피질, 편도체, 해마의 발달에 부정적인 영향을 미친다.

개인차가 있어 이러한 역경에 직면한 모든 영유아가 이후의 삶에 부정적인 영향을 받는다고 할 수는 없지만, 자신의 생각과 감정을 충분히 말로 표현하지 못하는 영유아를 위해 성인의 역할이 더욱 중요하다. 여기서 성인은 영유아를 양육하고 교육하는 부모와 교사가 된다. 따뜻하고 반응적인 양육자는 스트레스로부터 영유아를 보호해 주는 방패가 되어 준다(신연희·정현희·최성열, 2010, pp. 143-149).

여러 연구결과도 역경 속에서 잘 자란 아이들에게는 최소 한 명의 부모나 양육자, 교사, 다른 성인과의 안정적이고 반응적인 관계가 있었음을 보여 준다.

다시 말해, 긍정적인 경험, 지지적인 관계, 적응하는 기술은 영유아로 하여금 '회복력(resilience)'을 갖게 해 준다. 여기에서는 인지적 측면의 초기 경험, 즉 조기교육의 필요성에 초점을 두는 것이 아니다.

그 대신, 영유아가 겪는 스트레스를 최소화하여 모든 영유아가 양질의 가정 및 보육·교육 환경에서 보다 긍정적인 초기 경험을 할 수 있도록 영유아, 부모, 교사를 위한 지원전략을 제시하려고 한다(이경민, 2009, pp. 165-181).

영유아에게 있어 생애 초기 경험은 세상에 대한 인식을 형성하는 토대가 된다. 현대사회에 들어 다양해진 삶의 모습은 가정 내·외적으로 많은 변화를 가져왔는데, 이러한 변화는 삶의 기초를 다져 가는 영유아에게도 영향을 준다. 영유아가 생애 초기에 직면하는 여러 상황 또는 경험은 새로운 대상이지만, 반복되는 상황이나 경험은 곧 영유아의 일상이 되고 삶이 된다.

그러므로 영유아가 경험하는 모든 것이 긍정적으로 작용할 수 있도록 힘써야 한다.

어느 정도의 스트레스는 발달에 있어 필요하지만, 영유아가 놀이하고 학습하며 생활하는 모든 공간에서 마주할 수 있는 스트레스에 잘 대처할 능력을 발달시킬 수 있도록 지원해 주는 것이 중요하다.

이를 위해 영유아는 선택적 주의집중 활동(예: 다른 아이들이 풍선 가지고 노는 것에 신경 쓰지 않고 도형 색칠하기)과 자기정서조절 활동(예: 크게 심호흡하기) 등에 참여하며 자기조절 전략을 발달시켜 갈 수 있다. 이러한 전략은 영유아가 기관에서뿐만 아니라 가정에서 발생할 수 있는 스트레스 상황을 극복할 수 있도록 도와주기 때문에 뇌에 긍정적인 회로가 연결되기를 기대할 수 있다.

파쿨렉 외(Pakulak et al., 2017)는 유년기에 자기조절을 잘하는 영유아는 그렇지 않은 영유아보다 이후 성인기에 더 건강하고, 약물에 의존하는 비율이 낮으며, 더 나은 경제적 환경을 가질 수 있다고 언급한다(Neville, Pakulak, & Stevens, 2015, pp. 166-170).

국내에서도 영유아의 스트레스를 감소시켜 줄 수 있는 다양한 프로그램이 개발 및 적용되어 왔다. 여러 유형의 신체활동이나 음악 감상, 전통놀이, 동화를 활용한 주제극 활동, 자연체험 활동 등을 활용한 프로그램이 소개되고 있고, 효과도 유의미한 것으로 나타났다. 또한, 유아중심의 놀이치료 기법을 통해 유아의 자기 회복력을 증진시킨 결과를 밝혀낸 연구도 있다(안선미 · 최성열, 2010, pp. 305-322).

따라서 외상 후 스트레스와 같이 일반적인 경우보다 스트레스 정도가 높은 영유아의 경우 집중적인 심리치료 프로그램이 효과적일 것이다. 이와 같은 활동이 실제 유아교육현장에 도입되어 실행된다면 영유아의 일상적인 스트레스 감소에 긍정적인 영향이 있을 것으로 사료된다.

가족구조의 변화와 맞벌이 부부의 증가 등으로 인하여 부모 역시 가정 내·외적으로 스트레스를 받는 상황이 발생하는데, 이는 자녀에게 직·간접적으로 영향을 미친다. 특히 어머니의 높은 양육스트레스는 자녀와 상호작용할 때 일상적인 양육행동에 반영되어 나타나고 영유아의 여러 발달영역에 영향을 준다(이원영, 1983).

그러므로 부모가 자녀와의 긍정적인 상호작용이 뇌 발달에 중요하다는 것을 이해하여 자녀의 연령에 맞는 의사소통을 하고, 자녀의 정서 상태를 보다 잘 인식하여 정서조절 능력을 지원해 주며, 부모의 적극적인 참여를 도모하여 기관과의 연계성을 높이는 것이 중요하다.

다양한 부모교육, 부모훈련, 부모개입 등의 프로그램은 주 양육자인 어머니 스스로가 자기관찰을 통해 자신의 양육방식을 이해하게 되고 자녀의 성격 또한 함께 이해하게 되어 긍정적인 변화의 기회를 가질 수 있게 도와줄 것이다(함정숙, 1981).

이 밖에 어머니와의 안정애착을 형성한 영유아의 경우 회복력이 높아 스트레스에 직면했을 때 효과적으로 대응할 수 있다는 연구결과도 있다(배지아·도현심·박보경·김민정, 2016, pp. 111-125).

애착의 질은 주 양육자(주로 어머니)의 양육태도와 관련이 깊다. 양육스트레스가 낮을수록, 사회적인 지원이 많을수록 어머니-자녀 사이의 애착은 더욱더 안정적이다.

인생 초기 발달단계부터 세상에 대한 신뢰감과 심리적인 안정감을 가지고 성장할 수 있도록 부모가 자녀와의 상호작용 방식을 들여다보고 긍정적인 방향으로 이끄는 것이 필요하다. 이에 따라 영아의 애착을 증진시킬 수 있는 프로그램이나 상담, 부모교육은 효과적인 지원전략이 될 수 있다(이인학·박지은·최성열, 2010, pp. 83-88).

시냅스를 통해 뇌에 들어오는 정보의 종류나 강도에 따라 다양한 신경전달물질이 다른 신경세포로 전달되는데 도파민(dopamine)이나 세로토닌(serotonin)과 같은 신경전달물질은 영유아의 건강한 뇌 발달에 매우 중요한 물질이다.

도파민은 주의력을 조절하고 즐거움 느낄 때 분비되고, 세로토닌은 내적 스트레스를 조절하며 스트레스로 인한 공격성, 충동성 등을 조절하는 호르몬인데 이들은 영유아가 무엇인가에 집중해서 몰입하고 놀이에 자발적으로 참여하는 경우에 특히 잘 분비된다.

보육 및 교육기관에서 영유아가 놀이를 하며 보내는 시간은 하루 일과의 대부분을 차지할 만큼 놀이는 건강한 뇌 발달에 중요하고, 필요한 요소라고 볼 수 있다. 영유아의 놀이는 재미있고, 자발적이며 내적 동기에 의한 것이다. 또한, 영유아는 놀이를 통해 또래와의 상호작용을 배우고, 내용지식을 습득하며, 세상에 대한 이해를 증진시켜 나간다(유은주 · 최명숙 · 최성열, 2010, pp. 707-732).

따라서 보육 · 교육기관에서 영유아가 경험하는 놀이는 주제 영역에 따라 교사에 의해 미리 계획되거나 맞춰지기보다 영유아의 흥미를 중심으로 시작되고, 또래 및 교사와의 상호작용을 통해 발전시켜 나갈 수 있도록 안내되어야 한다.

이를 위해 교사는 영유아가 순수한 놀이, 즉 누군가에 의해 계획되거나 만들어지지 않고, 스스로 하고 싶어 하며, 풍부한 상상력과 함께 누구의 간섭을 받지 않고 스스로 하는 놀이를 할 수 있도록 이끌어 주는 역할을 수행할 수 있다. 또한, 교사가 직 · 간접적으로 안내하는 놀이는 영유아를 주체자로 하고 학습 목표를 향한 교사의 조심스러운 안내를 특징으로 삼는다.

안내된 놀이에서 교사의 즉각적이고 의미 있는 피드백은 영유아로 하여금 자연스럽게 새로운 지식을 습득할 기회를 얻게 해 준다. 이러한 전략을 사용함으로써 교사는 영유아기 놀이의 중요성과 영유아의 삶에 놀이가 미치는 영향에 대한 인식을 증진시킬 수 있다.

또한, 교사가 주도하는 활동이 아닌, 영유아가 주체가 되어 즐겁게 놀이하며 보다 긍정적인 경험을 한다면 이에 따른 효과 역시 긍정적일 것이다(박영주 · 전주성, 2018, pp. 143-166).

더 나아가 영유아마다 관심 분야와 경험 등이 다르므로 교사는 이러한 다양성을 존중하는 교수-학습 과정을 구성해야 한다. 특히 교사는 도전적이면서도 따뜻한 환경에서 영유아가 선택할 수 있는 기회를 제공하고 자신의 정서에 대해 자유롭게 이야기하여 학습성 무력감이나 과도한 스트레스를 경험하지 않도록 이끌어 주어야 한다(신연희 · 정현희 · 최성열, 2010, pp. 143-158).

스트레스가 많은 상황에서 영유아의 뇌는 고차원적인 기능을 수행하지 못하기 때문에 교사는 영유아의 긍정적인 뇌 발달이 이루어질 수 있는 환경을 마련하는 것이 중요하다(이인학 · 박지은 · 최성열, 2010, pp. 81-91).

학습성 무력감

학습성 무력감(學習性無力感, learned helplessness)이란 무력감이 학습된 것을 말한다. 보통 이상의 학습 능력(지능을 말하는 경우가 많다)을 갖추고 있으면서도 어떤 요인에 의해 학습 능력에 알맞은 학력을 동반하지 않은 학습자는 학습성 무력감을 가지고 있다고 한다.

한때는 정신지체아처럼 학습 능력이 지체되어 있음으로써 생기는 학업지체아(學業遲滯兒, slow learner)의 개념과 혼동되었으나, 지금은 구별하고 있다.

5 | 초기 경험의 지적 발달

1960년대 이후의 초기 경험의 영향에 관한 연구는 주로 사회경제적 계층에 따른 환경의 차이가 지능발달 및 학업성취에 미치는 영향에 관한 것이었다. 이 연구들은 하류계층의 빈곤에서 오는 적절한 지적 자극과 경험의 결여를 문화실조(文化失調, cultural deprivation)로 규정하고 이러한 실조가 아동의 지적 발달에 미치는 지속적 영향을 강조하였다.

초기 경험의 중요성에 관한 연구는 블룸(Bloom, 1964) 등의 이론체계로 집약될 수 있다. 지적 발달의 약 50%가 수정에서 4세 사이에 이루어진다는 블룸(1964, p. 88)의 주장에서 볼 수 있듯이, 아동의 지적 발달은 환경 변화에 따른 경험의 성격에 의해 촉진 또는 억제될 수 있다.

그리고 이러한 경험은 생애 초기에 일어날수록 효과가 크며, 초기 경험에 의한 효과는 이후의 지적 발달을 촉진 또는 저해하는 누적적 가치를 지니며, 적절한 지적 경험을 제공하는 초기 환경이 아동의 지적 발달에 필수적이라고 주장하였다.

이와 같은 일련의 연구결과의 이론체계 위에서 초기 경험이 지적 발달에 미치는 영향의 중요성은 일견 이론의 여지없이 수용되는 것으로 보였다.

그러나 이른바 헤드스타트(Head Start Project)의 효과에 대한 부정적 평가가 보고되고 젠센(Jensen, 1969)의 '유전가능비(heritability)'에 따른 논란이 제기됨에 따라, 초기 경험의 중요성에 대해 새로운 측면에서 검토되기 시작하였다.

새로운 접근은 지적 발달의 가소성에 대한 이론적 탐색을 비롯하여 지나치게 거시적이고 일반적인 접근방법에 대한 비판에 이르기까지, 종래의 연구에서 고려하지 못했던 다양한 측면에 대한 관심을 포함하는 것이었다. 새로운 연구들을 통하여 제기된 문제를 다음과 같이 세 가지로 정리할 수 있다(송명자, 1987).

첫째, 초기 경험의 결정기(決定期, critical period 또는 임계기[臨界期])적 중요성에 대한 비판과 개인차의 문제를 중심으로 하는 가소성의 이론적 쟁점, 둘째, 환경의 제 요인, 부모-자녀 상호작용 및 지적 활동의 양상을 포함하는 초기 경험의 구체적 내용에 관한 미시적 분석, 셋째, 지적 발달의 측정준거의 타당성 및 방법론적 문제 등으로 집약될 수 있다.

여기에서는 첫 번째의 가소성의 이론적 쟁점을 다루려고 한다.

1) 초기 결정기의 문제

동일한 경험이 생의 특정 시기에 주어졌을 때 다른 시기보다 더 큰 영향을 미칠 수 있다는 결정기 개념이 초기 경험에도 그대로 적용되는가의 문제는 매우 중요한 의미가 있다.

유아기의 경험이 지적 발달에 최적의 효과를 보이며 이 시기에 적절한 경험이 결여되면 지속적인 결함이 나타나므로 지적 발달을 촉진하기 위한 각종 프로그램은 유아기 이전에 제시되어야 한다는 블룸 등의 주장은 초기 결정기의 존재를 강조하는 입장이다.

초기 경험에 절대적인 중요성을 부여하는 입장에 반하여, 레르넬(Lerner) 등은 인간발달은 어느 시기나 유사한 정도의 가변성을 지니므로 초기 경험만이 지적 발달에 중요성을 갖는 것이 아니라 전 생애에 걸친 계속적인 경험이 고르게 영향을 미친다는 생애발달적 관점을 제시하였다(Lerner, 1984).

브라운 외(Brown et al.)는 초기의 경험이 반드시 효과적인 것은 아니라는 점을 지적하고 있다. 그에 따르면, 경험이 소기의 효과를 거두려면 아동이 어느 정도의 선행기술을 가져야 하며 연령의 증가와 더불어 경험의 효과는 더욱 커지므로, 실제로 지적 발달의 최적기는 성인기라고 볼 수 있다(Brown et al., 1983).

한마디로 생애발달적 측면에서 볼 때, 지적 발달은 일상생활을 통한 장기적 경험에 의해 촉진되는 것이므로 초기 경험의 중요성을 지나치게 강조하거나 각종 프로그램에 의해 발달 초기에 일시적으로 의도적 경험을 제공함으로써 급격한 지적 변화를 기대하는 것은 잘못된 일로 받아들여지고 있다.

인간의 전 생애에 걸친 발달과정에서 초기 경험이 갖는 의미에 관해서는 앞으로도 연구되어야 할 많은 문제점이 남아 있는 것으로 생각된다. 특히 앞에서 언급한 초기 경험의 결정기적 중요성 여부는 유아교육의 가치와 직결되는 문제이므로 상반되는 두 입장에 관한 보다 많은 정확한 자료가 요구된다.

예를 들어, 유아기의 경험이 성인기에 미치는 영향 등 초기 지적 경험의 효과가 지속될 수 있는 범위와 시기 및 양상 등에 관한 종단적인 연구들이 이루어져야 할 것이다.

2) 개인차의 문제

동일한 초기 경험이 아동의 특성에 따라 지적 발달에 상이한 영향을 미칠 수 있음은 일찍부터 논의되어 온 문제이다. 헌트(Hunt)는 '일치(problem of the match)'의 개념을 통해 초기 경험의 양과 질은 유아의 준비도를 고려하여 제공되어야 한다는 사실을 지적하였다(Hunt, 1982, pp. 15-56).

동일한 부모-아동 상호작용 양상도 유아의 생득적 기질(temperament) 차에 의해 지적 경험으로서의 의의가 달라짐을 시사한 연구가 많다.

기질

기질(氣質, temperament)이란 인생 초기에 나타나는 성격특성의 태세(set), 유전적 요인으로 결정되는 특성으로서 성격의 기초가 된다.

스칼과 웨인버그(Scarr & Weinberg)는 입양이 아동의 지적 발달에 미치는 연구에서 입양 후의 동일한 환경 혜택도 아동의 기질, 성격 등 생득적인 개인차에 따라 그 효과가 달라짐을 밝히고 있다(Scarr & Weinberg, 1983, pp. 260-267)

이와 같은 개인차의 개념은 성별, 문화권의 차이로 확장되었다. 예를 들어, 어머니의 기대 정도, 아버지의 관여도, 장난감 활용 등의 동일한 경험이 여아보다 남아에게 더욱 의미 있는 영향을 미친다는 사실이 밝혀졌다. 문화화의 정도, 지역 등에 따른 개인차의 연구도 이루어졌다.

또한, 어머니의 역할을 중심으로 하는 가정환경의 영향이 각 나라의 문화적 특성으로 인하여 아동의 지적 발달에 지속적인 효과가 달리 나타난다는 사실도 입증되었다.

아동 개개인의 특성에 적합한 지적 경험을 제공하기 위해서는 우선 각 연령 단계가 갖는 인지발달상의 특징을 보다 정밀하게 분석하여 적합한 경험 내용을 구상할 필요가 있다. 예를 들면, 피아제의 인지발달이론은 일반적으로 지나치게 거시적인 단계이론으로 소개되고 있으나 실제로 구체적인 각각 기능의 미시적인 발달과정도 이 이론의 틀 안에서 분석 가능할 것으로 보인다(Piaget, 1977, pp. 17-42).

제 05 장

아동 · 청소년의 발달

CHAPTER 05

1 | 성장 가속의 현상

지금 세계적으로 아동·청소년은 성장과 발달하는 과정에서 가속현상을 보이고 있다. 특히 아동이 청소년기에 돌입하면서 나타나는 현상이다(안용수·이기수·남종현·강윤구, 2009, p. 159). 성장은 일반적으로 급격히 성장하는 유아기, 성장률이 완만하게 감소하는 유년기, 청소년기의 사춘기 성장 가속기(adolescent growth spurt)의 순서로 진행되며, 성장 단계의 시기는 개인차가 심하다.

일반적으로 청소년기는 인간의 성장과 발달 과정에서 일정 기간을 지칭하는 말이다. 특히 '사춘기'는 청소년기에 신체적·정신적 발달이 급격하게 이루어지는 시기임을 고려하여 지칭한다.

한자로 '思春期(사춘기, 영어로는 puberty, 즉 성숙기 또는 적령기[適齡期])'란 말 그대로 '생각이 봄처럼 시작한다.'라는 뜻이다. 모든 만물이 봄에 생기를 발하고 새로운 힘을 나타내듯이 생각하고 느끼는 마음(정신)이 살아 움직이기 시작하는 시기임을 말한다.

어머니 몸에서 시작된 육체적 생(生)뿐만 아니라 이제는 정신적 생(生)이 시작됨을 알리는 것이다. 그런데 생각이 움트기 시작하고 정신적인 기능을 발휘하기 시작하는 것도 따지고 보면 육체적인 발육과 성장에서 비롯된다.

그러므로 사춘기에 시작되는 정신기능을 이해하고 이들의 바람직한 지도를 위해서는 이들의 육체적인 성장과 발달을 살펴보아야 한다.

사춘기는 몸도 마음도 어린이에서 성인으로 급속하게 변해 가는 시기이다. 이 시기에 몸에는 두 가지의 큰 변화가 일어난다. 하나는 지금까지보다 급속한 성장이 보이는 것이고, 다른 하나는 성(性)의 분화와 발달이 일어나는 것으로 장래에 성인이 되었을 때 자식을 생산하는 생식기능이 일어날 수 있도록 준비를 갖추어 가는 일이다.

이와 같은 현저한 변화가 일어나기 때문에 사춘기에는 자기의 몸 상태에 관심을 갖게 되고, 또래의 몸과 비교해 보기도 한다. 만일 자신의 발육이 다른 또래에 비해 늦거나 극단적으로 빠를 경우 불안이나 걱정을 초래하고 심하면 강한 우울증에 빠지기도 하며, 때로는 자살을 시도하는 경우도 있다.

여자아이 사이에서는 특히 유방의 발육, 음모(陰毛)의 발생, 월경의 개시, 체형의 변화 등에 신경을 많이 쓰게 되고, 남자아이는 성기의 크기, 음모의 발생, 신장의 변화 등에 관심을 집중하는 경향이 있다.

그러나 사춘기의 몸의 발육에는 큰 개인차가 있어서 모든 인간이 각기 그 연령에 맞게 발육하는 것은 아니다. 발육이 빨리 일어나는 사람이 있는가 하면 늦게 시작하는 사람도 있다. 발육 기간이 짧은 사람이 있는가 하면 긴 사람도 있다. 그리고 몸의 부분에 따라서도 발육이 일어나는 모습이 다를 뿐 아니라 형태도 사람에 따라 다르게 나타난다.

사춘기에는 정신의 발달도 몸과 마찬가지로 급속하게 진행되므로 매우 불안정한 시기이다. 몸에 대한 불안과 걱정을 품게 되는 경우가 많으며, 그렇게 될 수밖에 없는 시기이다.

성장, 성숙, 발달

성장이란 신체적으로 키가 커지거나 몸무게가 늘어나는 등의 양적 변화 현상을 뜻한다.
성숙은 신체적인 변화 중에도 기기, 앉기, 서기 등과 같은 운동기능이라든가, 피부가 외부의 자극에 민감하게 변동되거나 눈동자의 움직임이 활발해지는 등의 감각기능과 내분비선의 변화에 의하여 생기는 신체기능이 유능하게 되는 것을 의미한다. 예를 들면, 아기가 기기, 앉기, 서기 등의 운동기능을 할 수 있게 되고 눈동자를 전보다 활발히 움직일 수 있게 되며, 피부가 외부의 자극과 접할 때 더 민감하게 받아들이는 감각기능의 변화는 곧 성숙이 된다.
발달이란 아기가 말을 할 수 있게 되고, 보존개념이 생기게 되며, 기쁘거나 슬플 때 이런 감정을 표현할 수 있게 되는 심리적·정신적 변화를 말한다.

따라서 자신의 몸에 대해서 단순히 불안만 품을 것이 아니라 인간으로서 성장하는 데 어떠한 일을 겪어야 하는지, 정상적인 발육은 어떠한 모습으로 나타나는지 등 자신의 몸에 관해 충분하고 정확한 지식을 갖는 것이 중요하다.

이 시기에 일어나는 급격한 신체의 변화에는 눈에 띄는 것이 있는데, 당사자가 이 변화를 어떻게 받아들이는가는 주위의 눈과 상호관계의 요인도 포함되어 다양하게 나타난다. 당황 또는 불안이 심적 외상(外傷)이나 자기혐오, 부정(否定)으로 혹은 희망을 간직한 자기수용, 긍정의 성질을 띤 것으로 나타난다.

중추신경계의 발달을 토대로 하면서 골격, 근육계(筋肉系)나 내장의 여러 기관의 발달이 완성되어 가고 운동·순환·면역·생식기능이 최고의 수준에 도달하는 가운데 청년은 자신의 신체로부터 솟아오르는 힘, 열정, 충동적인 에너지를 어떻게 받아들이고 그것을 해방시켜 가는 경로를 찾을 것인지의 문제에 절박하게 부딪히게 된다.

신체는 아동기까지와 같은 단순히 양적으로 변화하는 연속적인 신체와는 이질의 것이 되고, 자기 자신 속에서, 주위와의 관계 속에서도 억제하기 힘든 긴장이나 불안에 휩싸인다. 즉, '신체 아이덴티티(identity)'의 급격한 변동 체험이 나타나는 것이다.

1) 몸의 발육

사춘기에 몸의 발육이 이루어지는 모습은 아동기보다 빨라지는데, 신장이나 체중의 증가가 눈에 띄게 보인다. 여자아이는 남자아이보다도 1~2년 빠르고 8~9세 무렵부터 발육의 급속한 진전이 나타나며, 남자아이와의 사이에는 성차를 보이게 된다.

신장(身長)이나 체중의 증가는 초경이 발현하기 전부터 급속하게 나타난다. 월경이 발현한 후는 급속하게 감소하고, 초경 후 1~3년 사이에 발육이 대체로 완성되는 것이 일반적인 현상이다.

신장의 발달 속도에서 본다면 발육 속도의 절정에서 평균 1.24년이 늦게 월경이 시작되고, 체중은 발육 속도의 절정에서 평균 0.63년이 늦게 시작된다고 한다(안용수 외, 2009, p. 160).

신장은 남자아이는 17세까지, 여자아이는 14세까지 계속 증가하고 그 이후에는 멈춘다. 체중은 남자아이는 신장과 동일하게 17세까지, 여자아이는 신장보다 2년 늦게 16세까지 계속 증가하고 그 이후는 옆으로 퍼지는 경향이 있다.

이처럼 초경의 발현 시기와 몸의 발육, 신장의 증가 간에는 밀접한 관계가 인정되는데, 이것은 사춘기가 되면서 갑자기 분비가 많아지는 성호르몬이 성기의 발진을 더욱 촉진시킴과 동시에 몸의 발육에도 큰 영향을 미치기 때문이다.

몸의 전반적인 발육과 함께 체형(體形)도 발육하고 변화한다. 예를 들어, 어깨 폭이나 허리 폭은 9세 무렵까지는 남녀 모두 똑같이 성장하기 때문에 성차가 보이지 않다가 여아의 허리 폭은 10세 무렵부터 사춘기의 급증이 일어나서 남아보다 큰 값을 나타내게 된다.

14세 무렵이 되면 남자아이가 급증을 보이는데 그 이후에는 남자아이가 여자아이보다 뚜렷하게 큰 값을 나타내게 된다. 한편 여자아이는 허리 폭이 10세 정도부터 급증을 시작하고, 10~14세에서는 남자아이를 훨씬 앞지른다. 12세 정도가 되면 남자아이의 발육도 왕성하게 되어 여자아이를 따라잡게 되어 15세 이후에는 남자아이와 여자아이의 값은 거의 같은 수준이 된다.

그 결과, 여자아이는 어깨 폭에 대한 허리 폭의 비율이 커지게 되어 남녀의 체형에 대한 차이가 분명해진다. 이와 같이 주로 골격의 성장에 동반하는 발육 외에 피하지방이나 근육의 발육도 체형 변화에 큰 역할을 한다. 여아의 경우 일반적으로 피하지방이나 근육의 현저한 발육이 신장 발육의 절정 후에 시작되고 초경 발현 이후에 왕성하게 된다.

그리하여 남녀의 체형의 차이는 12~13세 무렵부터 명확하게 되어 여자아이는 급격하게 둥글게 된다.

(1) 성기의 발달

여성의 성선(性腺)이 있는 난소에는 다수의 난세포(卵細胞)가 각기 난포(卵胞)라고 하는 주머니 속에 포함되어 존재하고 있다. 난포의 수는 태어날 때는 약 2백만 개 정도인데 그것이 10세 무렵에는 2만 개 정도로 감소한다(안용수 외, 2009, p. 163).

그러나 아동기에 난소가 전혀 활동하지 않는 것은 아니다. 난포 가운데는 발육을 시작하는 것도 있다. 그 발육하는 정도는 극히 적고, 많은 것은 지름이 겨우 0.5㎜ 정도의 크기밖에 도달하지 않으며, 지름이 2~3㎜ 이상인 것은 없고, 모두가 그 정도의 단계에서 발육이 멈추고 소멸해 버리고 만다.

발육을 시작한 난포에서는 여성호르몬인 난포호르몬이 분비되는데, 그 정도의 발육 단계에서는 난포에서 호르몬 분비가 극히 적어서 성기나 몸에 대해 작용을 발휘하는 데까지 이르지 못한다. 이런 의미에서 아동기의 난소는 기능적으로는 정지한 상태라고 생각할 수 있다. 난포의 발육과 소모가 무엇 때문에 아동에게 일어나는가에 대해서는 아직 밝혀진 것이 없지만, 아마도 성기의 발육에 대해서 어떤 역할이 있는 것이 아닌가, 장래에 일어나는 보다 고도의 수준인 난포발육에 대한 준비가 아닌가 정도로 생각하고 있을 따름이다.

대개 9~10세가 되어 사춘기에 접어들면 난포의 발육은 이전보다도 고도의 단계에 도달하게 된다. 즉, 지름 2~3㎜ 정도의 단계를 넘어 더욱 발육한 다음에 발육이 멈추고 소멸한다. 그러므로 난포호르몬의 분비는 증가하고 성기의 작용이 나타나 그 발육이나 2차 성징의 발현이 촉진되게 된다.

이러한 상태를 얼마 동안 지속한 후, 사춘기의 중간 무렵(약 12~15세)이 되면 몇 개의 발육하는 난포 가운데 한 개가 다른 난포를 쫓아버리고 더욱 급격하게 발육하여 마침내는 지름이 10~15㎜까지 성숙한 난포에 이르게 된다.

따라서 난소의 무게는 아동기에도 조금씩 증가하는데, 경우에 따라서는 10세 무렵부터 증가가 현저하게 된다. 모양도 처음에는 길쭉한 방추형을 갖추고 있지만, 사춘기에 이르러서는 크기가 급격하게 증가하여 원형 또는 아몬드형이 된다.

자궁은 난소에서 분비되는 난포호르몬의 작용에 의해 발육하므로 10세 무렵까지는 중량의 증가가 매우 적지만, 10세 이후는 급격하게 증량된다. 길이는 9세에는 4㎝ 정도이지만, 15세 때는 5.5㎝ 정도가 된다.

질(膣) 역시 10세 무렵에서 현저한 발육이 보인다. 아동기에는 좁은 관 모양을 이루고 있지만, 10세 정도가 되면 얇고 건조하던 점막이 두껍게 되어 습윤하게 되며 분홍색을 띠게 된다. 초경(初經)이 발현할 무렵이면 점막은 더욱더 두껍게 되고 이와 함께 탄력성이 증가하여 넓게 된다.

외음(外陰)은 7세 무렵까지는 태어날 때와 거의 같으나 소음순은 편평하고 얇다. 8~9세가 되면 전체가 부드럽고 두껍게 되고 소음순이 발육하여 크게 된다. 마침내 그 부분에 지방질이 침착하여 두껍게 되고 대음순도 지방의 침착에 의해 크기가 증가하고 동그랗게 되어 소음순과 질의 입구 부분을 둘러싸게 된다.

나아가서 초경 무렵이면 소음순은 깊이가 없게 되어 얇게 보이게 되고 피지선의 분비가 증가하며 음모가 출현한다. 질의 내용액의 증가와 외음순의 분비로 습윤하게 된다. 발육 초기에는 소음순이 발육하지만, 대음순은 발달하지 않기 때문에 소음순이 크게 보인다. 이 때문에 어머니가 비정상이 아닌가 하고 걱정하여 상담하려고 병원에 데려가는 경우도 있다.

소음순이 둥글게 되어 혹처럼 보이기도 하고 코끼리 귀처럼 넓어지는 경우도 있는데, 대부분 대음순이 발육하면 없어지므로 걱정할 필요가 없다.

(2) 월경

월경은 사춘기에 성 기능이 발육해 가는 과정에서 나타나는 많은 변화의 하나로서, 최초의 월경, 즉 초경은 사춘기의 변화가 분명하게 나타나는 징후이기 때문에 본인에게 있어서나 주위 사람에게 있어서도 극적인 사건이다. 심리적으로 큰 영향을 주고, 그것에 대해 사회적·문화적인 요소도 추가된다. 한편 사춘기의 발육과정을 아는 중요한 목표이기도 하다.

초경은 문화가 진전됨에 따라 영양의 개선 등에 의해 저연령화되고 있다. 월경에 대한 고전적인 견해는 기후, 풍토, 지역에 따라서도 그 시기가 다르다고 하였다. 예를 들어, 알래스카의 에스키모 여인은 초경의 시작이 평균 14.42년인 데 비해, 건조한 아프리카의 나이지리아 여성은 14.22년이라는 것이다(송명자, 1995, pp. 53-67).

테너(Tanner)에 따르면, 홍콩에 있는 중국 여성이 초경을 시작하는 평균 연령은 14.22년이며, 쿠바 여성은 유럽의 여성에 비해 빠르다고 하였다. 우리나라의 경우 2014년 진행된 서울시 인구조사를 보면 서울시 내 여자아이들의 평균 초경 연령은 11.7세이다.

개인적으로는 초경의 연령에는 큰 차이가 있는데, 빠른 경우는 10세 무렵, 늦은 경우는 15세 정도로 큰 폭을 보이고 있다. 이 범위 안에 들면 빠르든 늦든 걱정할 필요가 없다. 다만 16세가 되어서도 월경이 없는 경우에는 의사에게 상담하는 편이 좋을 것이다.

월경의 발현에 대한 심리적 반응에도 큰 개인차를 보이고 있는데, 월경을 성숙이 나타나는 것으로 밝게 받아들이는 사람이 있는 반면에, 월경의 발현에 의해 우울적인 감정이 나타나거나 남성에 대한 과도한 공포심을 품게 되는 경우 때로는 마음이 약해지고 불행을 느끼거나 걱정하고 수치심을 느끼는 등 부정적으로 받아들이는 사람도 있다.

초경을 맞이한 때의 감정은 이후의 월경통의 발현과 관계가 있다. 부정적으로 받아들이는 태도를 취한 사람은 월경통을 호소하는 경우가 많다. 이것은 임신이나 출산 등 여성으로서의 기능을 받아들이는 심리적 태도에도 깊은 관계를 가지고 있다.

따라서 여성으로서 일생의 성생활을 건전하고 행복하게 보내기 위해서는 월경이 건강하고 생리적인 징후라는 것으로 여기고 밝은 태도를 취할 필요가 있다. 즉, 월경을 하기 싫고 병적인 것 또는 여성에게 부담이 되는 현상, 부끄럽거나 싫어하는 현상이라고 보는 어두운 견해를 가져서는 안 된다.

그런데 월경에 대해서는 고대사회로부터 죄악을 나타내는 전설이 있으며, 많은 타부가 만들어져 오늘날에도 꼬리를 이어 가고 있다. 이처럼 월경에 대해서는 미신적인 생각이 그대로 답습되고 있기 때문에 아직도 '더럽힘', '저주' 등과 같은 느낌이 주를 이루고 있는 부정적인 태도를 갖기가 쉽다.

초경을 맞이할 때 가까운 주위 사람들에게서 받은 사회적 가치관이 초경의 경험을 밝은 것으로 또는 어두운 것으로 받아들이는 데 중요한 영향을 미친다. 그러므로 어머니의 월경에 대한 생각, 초경을 맞이한 때의 태도나 이야기 방식이 매우 중요하다. 어머니가 월경을 밝게 받아들일 경우 아이 역시 기쁨과 기대를 갖고서 초경을 맞이하게 된다. 그러나 그것이 이와 반대일 경우 소녀는 이유도 모르는 출혈에 결코 기쁨을 느낄 수 없을 것이다.

종래에 가졌던 월경에 대한 편견을 없애는 것으로 월경을 고통스러운 일로부터 즐거운 사건으로 바꿀 수가 있고, 장래의 여성은 월경의 '저주'로부터 해방되어 그것에 의해 여성의 열등감에 종지부를 찍을 수 있을 것으로 생각된다.

초경 후에는 월경주기가 발현한다. 처음에는 월경주기가 정상이 아닌 경우가 많고, 주기마다 변동도 매우 심하다. 특히 초경 후 1년 이내에 현저하다.

또한, 기초체온 등을 재어 보면 배란에 따른 정상적인 월경주기가 아니라 무배란(無排卵)의 주기인 경우가 많다. 호르몬을 재어 보면 배란 후에 생기는 황체의 움직임이 불완전한 주기가 많다.

즉, 초경 후의 월경주기에는 무배란의 주기나 배란이 있어도 황체의 움직임이 나쁜 주기가 많다. 초경 후 수년이 경과함에 따라 점차 이러한 비정상적인 주기가 줄어들고 정상적인 배란성 주기가 된다.

그러나 18세 무렵이 되어서도 무배란의 주기는 30% 정도가 나타나고 주기가 순조롭지 않은 경우가 많다. 월경이 시작되고 나서 성인과 같은 배란성의 주기가 완전히 확립되기까지는 수년이 필요한 것이 보통이다.

그러므로 사춘기의 월경은 성인에서는 병적으로 보이는 무배란의 주기나 황체의 움직임이 불완전한 주기가 발육 단계의 과정이며, 생리적으로 존재하는 것이 특징이다. 초경 후 4년 정도까지는 월경주기의 불순이나 단기간의 무월경이 있다고 해도 특히 걱정할 필요가 없을 뿐 아니라 치료할 필요도 없다.

다만, 무월경이 4개월 이상 계속되는 경우나 이상한 출혈이 끊이지 않는 경우 초경 후 4년 이상이 지나도 월경이 매우 불순한 경우에는 의사와 상담하는 것이 좋다.

월경을 기록해 두는 것은 매우 중요한 일이다. 월경의 상태는 건강의 척도이고, 그 기록이 자기의 건강을 관리하는 데 매우 큰 도움이 될 뿐 아니라 월경에 동반하는 몸의 변화를 알고 생활의 리듬을 조정하거나 피임에도 도움이 되기 때문이다.

특히 월경이 불순한 사람 등은 기초체온을 재어 기록해 두면 자신의 월경 상태를 정확하게 알게 되고 의사에게 상담할 때 기록한 것을 지참하면 진단에 크게 도움이 된다.

(3) 2차 성징의 발달

남녀의 몸에는 7~8세가 되기까지는 성기를 제외하고는 차이가 보이지 않는데, 점차 성차가 나타나게 되고 10세 이후가 되면 현저한 차이가 나타난다. 여자아이는 피하, 특히 흉부, 둔부 등에 지방의 침착이 증가하고 골반은 발육하여 여성형의 골반이 되고 허리둘레가 둥글게 되는 등 체격의 변화가 나타난다.

유방이 발육을 개시하고 음모나 겨드랑이에 털이 나타난다. 이러한 변화는 성기 이외의 기관이 성호르몬에 반응하여 일어나는 것이며 2차 성징(性徵)이라고 말한다. 외견적으로는 성 기능의 발달을 유추할 수 있는 중요한 징후이다.

피하지방은 7세 무렵부터 증가하여 지방의 축적이 남자아이보다 현저하게 증가하며, 8세 무렵에는 전체적으로 둥근 모양의 몸이 되어 외견상으로도 남자아이와 차이가 명확하게 나타난다. 국소적인 지방(脂肪)의 침착(沈着)이 얼굴, 가슴, 유방, 하복부, 둔부, 대퇴부 등에 증가하고, 어깨나 장딴지 등에도 증가하여 팔이나 다리도 부드러운 곡선적인 윤곽을 만들게 된다.

테너(Tanner)는 유방의 발육을 5단계로 나누었다. 1단계는 유두만 솟은 평평한 가슴이라면 2단계는 유방과 유두가 솟아오르고 가슴 멍울이 생기며 유륜이 확대된다. 3~4단계도 유두와 유륜이 튀어나와 유방 위의 2중 융기를 형성하며 5단계에는 발육을 완료한 성인의 모습을 나타낸다.

체모의 발생도 다섯 가지 발육 단계로 제시되어 있다. 음모의 발생은 대개 체모의 발생에 계속해서 일어나는데, 초경 후에 발생하는 경우가 많다.

골반은 10세 무렵까지는 거의 남녀의 차이가 나타나지 않지만, 11세 무렵부터 여자아이에서 이 발달이 현저하게 되어 골반의 크기나 모양의 남녀 차이가 명확하게 나타나게 된다.

이상과 같은 2차 성징의 발현은 신장, 체중 등의 전신적인 발육이나 성기의 발육, 월경의 발현 등과 병행해서 일어나고, 그러면서 대체로 일정한 순서에 따라 발현한다. 일반적으로 말해서 초경이 빠른 여자아이는 신체적 발육도 빠르고 유방의 발육도 빨리 일어난다는 것이다.

초경이 늦은 아이는 2차 성징의 발현도 늦다. 우리나라 여자 중학생을 대상으로 유방발달을 조사한 연구를 보면 개인차가 매우 심하게 나타남을 볼 수 있다. 유방발육을 보면 유두가 나오는 가장 빠른 시기는 10년 5월이고 16년 9월에 비로소 융기하는 학생도 있음을 알 수 있다(안용수 외, 2009).

이것은 극단의 사례이지만, 평균적으로는 14년 6월인 것을 볼 수 있다. 유방의 융기는 고등학교 1학년에서, 완전한 성숙은 고등학교 2학년에서 이루어진다고 볼 수 있다.

한국 여성의 2차 성징 중 유방의 발달은 10년 5월부터 시작되며 유방 성숙이 이루어지는 연령은 16년 3월이고, 18세가 되면 대부분 여성의 유방 성숙이 끝나는 것으로 볼 수 있다. 이상과 같이 사춘기에는 외견상으로도 신체 내부에 있어서도 생물학적으로 현저한 변화가 일어난다.

또한, 사춘기에는 타인 또는 사회와 자기와의 관계에 눈을 뜨고, 정체성을 확립하는 시기이기도 하다.

특히 신체 변화를 자기의 일부로서 어떠한 위치에 두는가가 주요한 테마가 된다. 어떤 이유로 자신의 신체를 긍정적으로 받아들이지 않게 되었을 때는 혼란이 일어나게 된다.

그 결과, 자기를 지탱하기 위한 신체 이외의 가치를 발견하려고 노력하기도 하고, 신체를 자기의 이상에 맞도록 치장하려는 행동이 나타난다. 후자는 보디빌딩(body building)과 최근 유행하고 있는 다이어트 또는 미용성형 등과 관련이 있다. 자기의 정신과 신체의 타협은 사춘기의 커다란 과제라고도 할 수 있다.

2 | 벌어지는 개인차

아동·청소년기의 신체 발달에서 나타나는 또 하나의 특징은 개인차가 크다는 것이다. 특히 성장이 폭발하는 시기에 개인차가 크다는 것은 같은 연령이라도 신체적인 상태가 매우 다르다는 것이다. 이른 시기에 성장의 폭발이 시작된 조숙한 청소년과 비교적 늦은 시기까지 폭발을 시작하지 않은 늦은 청소년과는 어떠한 심리적·행동적 차이를 보이는가?

성숙의 빠르고(조숙[早熟], early maturation) 느림(만숙[晩熟], late maturation)이 청소년의 성격과 적응에 어떠한 영향을 주는지를 검토한 아바씨(Abbassi)는 일반적으로 남녀 모두 신체적 성숙이 빠른 사람이 안정된 행동을 취하고 자기를 수용하며, 타인에 대해서도 우수한 사회적 태도를 가지고 있다고 보고하고 있다(Abassi, 1998, pp. 507-511).

특히 조숙한 남자아이에게서 이러한 경향이 현저하다고 했다. 즉, 성숙이 빠른 남자 청소년은 또래에 비해 리더가 되기 쉽고, 동아리 활동이나 사회적 활동에 대하여 적극적으로 참여하는 경향을 보였다.

이에 비해 느린 청소년은 자기가 다른 사람들보다 늦다는 것에 불안을 느끼게 되고 열등감이나 부적응적인 행동을 취한다. 그러나 이러한 경향은 청소년기에만 머무는 것이 아니라 나중에 성인이 되어서도 느린 사람이 자제심이나 사회성의 면에서 조숙한 청소년보다도 뒤떨어지는 모습을 보이며, 남에게 원조를 청하는 경향이 강하다고 보고된다.

한편 성숙의 빠름과 느림이 청소년의 퍼스낼리티에 어떠한 영향을 미치는가에 대해 남녀 차가 있다고 한 보고도 있다. 17세의 남녀를 성숙이 빠른 집단과 느린 집단으로 나누어 각각의 퍼스낼리티를 비교한 고든(Gordon)에 따르면, 남자의 경우 성숙이 빠른 청소년은 심리적 압력에 직면했을 때 열등감이나 거부적 감정을 가지거나 반역적 · 지배적으로 되어 과대보상을 하는 경향이 강했다고 한다.

이에 대해 여자의 경우에는 성숙이 빠른 청소년이 사회적으로 불리한 면을 갖는 경우가 많다. 즉, 또래 가운데 평균보다도 평판이 나빴다. 성숙이 느린 청소년 쪽이 또래에게 인기가 있고 리더가 되는 경우가 많았다(Gordon, 1973).

더욱이 쿨카르니(Kulkarni)의 보고에 의하면 10~11세의 이른 연령에서 초경을 맞이한 여자 청소년은 어른이 되어서는 보수적이고 무비판적이며 안정적이고 타인을 믿기 쉬우며 사회적으로 또래에게 의존적인 것에 비해, 14세 이후 비교적 늦은 시기에 초경을 나타낸 여자아이는 어른이 되어서는 지배적이고 공격적이며 비판적이고 새로운 경험을 바라며, 타인에 대하여 회의적이고 자기통제에 결함이 있는 경향이 강하다고 하였다(Kulkarni, 2000, pp. 53-57).

이상에서 볼 때, 성숙이 빠르고 느림은 남녀에 따라 다른 영향을 미친다고 추측할 수 있다. 이 문제에 관하여 이춘재 외는 성숙이 느린 여자 청소년은 같은 남자아이가 맛보는 것과 같은 사회적 지위의 낮음을 경험하지만, 그 곤란성은 남자아이 정도가 아니라고 한다(이춘재 · 오가실 · 정옥분, 1991, pp. 89-102).

왜냐하면, 신체가 작은 여자아이에 대하여 사회의 편견이 적고, 스포츠도 남자아이만큼 중요하지 않기 때문이다. 더욱이 '남자 같다'라는 평을 듣는 여자아이일지라도 '여자 같다'는 평을 듣는 남자아이보다 사회적 지위가 그다지 불안정하지 않다고 지적한다. 이것은 남녀의 사회적 성 역할에 대한 사회적 위치가 다르기 때문일 것이다.

그런데 성숙의 빠르고 느림은 개인의 의지에 의하여 그 진도를 자유롭게 바꿀 수 없다. 타율적으로 정해진 것이다. 나아가서 자신이 남자로서 태어날 것인가, 여자로서 태어날 것인가도 개인에게는 선택의 여지가 없는 숙명적인 것이다.

최근에 나타나는 현저한 발달 가속 현상은 그 배경에 많은 개인차를 만들고 있음을 간과할 수 없다. 전체적으로 성숙이 저연령화되고 있지만, 청소년 각 개인을 살펴보게 되면 성숙의 빠름과 느림을 알 수 있다.

앞에서 언급한 바와 같이 성숙의 빠름과 느림이 청소년의 심리적·행동적인 부분에 많은 영향을 미친다면, 개개인 청소년에게는 그때그때 자신의 발달 상태에 대해 어떻게 적응해 가는가가 필요할 것이다.

이를 위해서는 남성으로서 또는 여성으로서 성숙하는 것에 대해 사회적 성 역할에 포함되어 있는 편견에 머물지 말고 긍정적으로 자기를 대응시키는 태도가 필요하다고 하겠다.

3 | 신체상과 자아의 발달

1) 신체상

청소년기의 신체발달은 자아에 대한 생각, 즉 자아개념의 기본적 틀을 제공하는 그 개인의 신체상(身體像, body image)에 절대적인 영향을 준다. 신체상이란 자신의 신체에 대한 감각, 느낌, 태도 등을 포함하는 정신적 표상을 의미한다. 이때 형성된 신체상은 평생에 영향을 미친다.

청소년기 성장이 이루어지는 동안 청소년은 자신의 신체적 변화에 큰 관심을 보이며 신체상을 형성하게 된다. 6천5백 명의 청소년을 대상으로 한 연구에 의하면, 청소년은 자신의 신체적 발육과 매력을 낮게 인식하는 경향이 있음을 알 수 있다. 남자아이는 자신이 너무 여위었다고 지각하는 반면에 여자아이는 살쪘다고 지각하는 경향이 높다(보건교육포럼, 2010).

그러나 전체적으로 남아가 여아보다 긍정적인 신체상을 갖고 있다. 우리나라 청소년의 신체상도 남아가 여아보다 긍정적인 것으로 보고되어 있다.

신체상에 대한 관심은 청소년기에 가장 높으며, 이 시기에 신체상의 긍정적 평가도는 학업성취도 및 심리적 행복감과 정적인 관계를 갖는다. 청소년기 신체상의 형성에는 여러 가지 요인이 작용하지만, 자신의 신체에 대한 부모의 평가가 10대 청소년의 신체상 형성에 가장 큰 영향을 미친다. 청소년기에 시작된 자신의 신체상에 대한 관심과 불만은 그 정도가 낮으나 성인기에도 지속된다.

송명자(1995) 교수의 소개에 의하면 10개국 5,938명의 10대 청소년을 대상으로 한 연구에서 미국과 독일의 청소년이 자신의 외모와 신체적 조건에 대해 가장 긍정적인 신체상을 갖고 있으며, 대만과 방글라데시의 청소년이 가장 낮은 신체상을 갖고 있는 것으로 밝혀졌다고 한다.

76%의 미국 청소년이 자신의 외모와 신체가 자랑스럽다고 보고하고 있으며, 82%의 독일 청소년이 자신이 잘생기고 매력적이라고 생각하고 있다.

반면 대만과 방글라데시 청소년의 약 50% 이상이 다른 사람이 자신의 신체를 매력적이지 않다고 지각하는 경향이 있었다는 것이다. 대만의 청소년은 자신의 성적 매력에 대해서도 59%가 부정적인 반응을 보였으며, 성을 금기시하는 경향이 10개국 중 가장 높았다고 한다.

2) 자아의 발달

자아개념

자아개념(自我槪念, self-concept)은 자신의 신체적 특징, 능력, 성격 등을 본인이 어떻게 인지하고 있는가로 비교적 연속적인 자기 자신에 관한 생각을 말한다. 개인의 행동을 결정하는 중요한 요인이다.

어린이는 출생과 함께 어머니로부터 신체적으로 떨어져 외계와 직접 접촉하기 시작한다. 자기가 호흡하고, 입으로 영양분을 섭취하고 스스로 체온을 조절하여 살아가기 시작한다. 영아기 초기 어린이는 아직 자기 혼자서는 생명을 유지할 수 없고 도움이나 보살펴 주는 어머니에게 의존하는 무력한 존재이다.

그러나 의식 이전의 체감이나 자세감각, 운동감각에 있어서 자신의 몸 전체를 내부에서 느끼는 신체적 자기(physical self) 또는 신체아(身體我, body ego)는 태어날 때부터 이미 있는 것이라 생각된다. 이것이 자아(자기)의 신체적 기초이다.

신체아는 주로 자신의 몸 상태를 느끼는 내수용 감각(interceptive sensation)과 자신의 자세나 근육운동을 느끼는 자기수용 감각(proprioceptive sensation)으로 되어 있다. 그리고 외부로부터의 자극에 대한 외수용감각(exteroceptive sensation)이 끊임없이 작용할 필요가 있다.

성인을 대상으로 한 외부로부터의 자극을 일체 박탈해 버리는 감각박탈실험(sensory deprivation)에 의하면, 인간은 외부 자극이 전혀 없는 상태에서는 환청이나 환시 등 환각을 일으키거나 신체아를 상실하여 자신의 몸이 자기가 아니라는 것처럼 느끼는 이인체험(離人體驗, depersonification)을 한다.

이인체험

이인체험(離人體驗, depersonification)이란 자아의식이나 지각의 실재감이 희박해져 현실감각이 변화 또는 상실된 상태를 경험한 것을 말한다. 이인증(離人症)이란 자기가 낯설게 느껴지거나 자기로부터 분리, 소외된 느낌을 경험하는 것으로 자기 자신을 지각하는 데 이상이 생긴 상태를 말한다.

이인증 장애란 이인증이 반복적·지속적으로 나타남으로써 명백한 고통을 느끼거나 사회생활 또는 대인관계에서 문제가 발생할 정도일 때 진단할 수 있다. 대개 10대에 시작되고 15~30세 사이에 많이 발생한다.

'내가 있는 것을 실감할 수 없다.', '밖의 경치가 살아 움직이는 것 같은 인상을 받을 수 없다.', '무엇을 보더라도 실감을 느낄 수 없다.' 등을 호소하는 주관적인 체험으로, 주로 신경증, 우울병, 조현병에 생기고 이 증상이 단독으로 나타나 그것만을 지속하는 경우도 있다.

유아와 어머니는 신체적으로는 떨어져 있지만, 어머니도 유아도 서로가 자신과 별개의 존재라고는 느끼지 않고 생리적·심리적으로도 일체적이다. 어머니와 유아는 공생(共生, symbiosis) 상태이며, 유아의 자기 범위와 비자기(타인)의 범위는 분명히 구별되어 있지 않은 자타미분화적 상태라고 볼 수 있다.

외계는 시각이나 청각, 촉각과 같은 외부로 향한 외수용적 감각에 의해 태어날 때부터 외부에 있는 것으로 지각되는데, 외계의 사물은 처음에는 자기로부터 독립된 것이라고는 인식되지 않는다. 외계는 자기와 밀착한 것으로 느끼고 있으며, 외계의 지각 자체가 자기의 상태에 좌우되는 것이다.

유아는 수면과 각성을 포함하는 몇 개의 생리활동 상태를 자발적이고 주기적으로 반복하는데, 특히 생후 몇 개월까지는 이 상태가 외계의 자극에 대하여 어떻게 반응하는가를 결정하는 것에 큰 역할을 하는 것으로 알려졌다. 상태 자체도 외계로부터의 자극이나 어머니의 작용에 의해 변화되어 간다(이원영, 1983).

어머니는 유아의 상태를 살펴보면서 유아가 요구하고 있는 돌봄을 베풀거나 얼굴과 얼굴을 마주 보면서 웃음으로 정동적인 커뮤니케이션을 한다. 어머니는 누구나가 그와 같은 대인적인 감수성(sensitivity)이나 응답성(responsiveness), 양호성(nurturance)을 잠재적으로 갖고 있어서 어린이에 대해 자연스럽게 그것을 발휘한다.

이때 어머니는 유아의 상태나 흥미, 활동, 반응을 끊임없이 감시하면서 유아의 활동에 동조하려고 매우 시간을 잘 맞추어 자신의 활동을 개입시켜 상태를 조절하고 있다.

유아기 동안에 어린이는 사람에 대해서 상호 주체적인 상호작용에 의해 어머니나 다른 사람과의 사이에서 자타를 분화시켜 나 – 당신 관계를 만드는 한편, 자기와 밖의 세계를 분화시켜 외계에 의도적으로 작용하는 행위 주체로서의 자기와 영속적으로 존재하고 일정한 속성을 지닌 대상 세계를 성립시킨다.

'자타의 분화'와 주체 – 대상과의 '주객의 분화'가 반드시 동시에 진행된다고는 볼 수 없으나 평행적으로 진행되며 발달한다.

피아제에 의하면 아기의 모든 지각 방식은 감각과 행동(sensori-motor activity)

을 통해서 일어난다. 처음에는 신체나 감각적인 관계 그리고 환경적인 대상에 대한 의식이 없다가 나중에는 대상과 자기를 의식하게 되고 물체를 잡거나 목표물을 향해 움직이거나 소리와 행동을 모방할 수 있게 된다(Piaget, 1977).

한편 외계에 작용하는 주체인 자기 쪽도 외계나 물건과 미분화로 경계가 분명하게 인지되어 있지 않다. 자기와 대상은 진행 중의 감각운동적 활동 속에서 미분화되고 연결된 상태에서 양극으로 분화하여 형성되어 가는 새로운 주체와 대상의 관계로 통합된다.

자기는 주위 세계나 물건에 대해서 의도적으로 작용할 수 있는 행위주체(agent)로서 그와 같은 행위에 의해 세계나 물건을 아는 주체로 형성된다. 물건에 작용하여 그 결과를 아는 경험은 자기가 어떤 행위에 의해 물건에 효과를 미치고, 어떤 반응이나 변화를 불러일으킬 수 있다고 하는 인식을 낳는다.

그것은 자기의 활동이 결과를 예상하여 행해지는 의도적인 행위가 된다는 것이다. 어린이는 행위-결과의 인과관계나 수단-목적 관계 속에 수단으로서의 자기 행위를 위치설정하고 목적을 가진 행동을 하게 된다.

어린이는 우선 자기 행동이 원인이 되어 밖의 세계에 효과나 변화를 일으킬 수 있다는 것을 학습하고, 그것을 즐거워하며 그 즐거움이 동기유발되어 행위를 반복한다. 그러한 경험은 원인이 되는 즐거움(pleasure of being cause)이나 지배(mastery), 효력감(feeling of efficacy)이라고 한다.

정신분석적 자아심리학자 화이트(S. H. White)는 그와 같은 행위의 동기유발을 "효력성 또는 유능성의 동기유발(effectance or competence motivation)"이라고 부르고 어린이의 자율성인 자발성, 자기주장, 자존심의 발달에 관련되는 행위적 자아의 중심을 이루는 것이라 보았다. 이 동기유발은 자아에 대한 고유한 동기유발인 것이다(White, 1976).

외계나 그 가운데의 대상물은 처음에는 자기지각이나 운동활동을 속행하는 한, 자기 활동의 연장으로서 계속할 수 있다고 인식되는 것에 지나지 않는다.

그러나 행위주체로서의 자기가 형성되는 것과 평행하여 외계의 것이나 공간은 자기지각이나 운동의 활동이 중단되더라도 그것과는 독립적으로 그 자체를 계속할 수 있는 것으로 인식하게 된다. 이것은 대상영속성(object permanency)으로 알려져 있다.

그것과 동시에 자기 행위에 대응하여 반응하고 각 고유한 속성이나 기능을 가진 대상(object)으로서 물건을 인식되게 된다. 물건은 단단하거나 부드러운 것이기도 하고, 두드리면 소리를 내거나 잡으면 부서지기도 하고 떨어뜨리면 깨지거나 넘어지기도 한다.

이와 같은 물건의 속성은 자기 행위와 연결되어 있는데, 점차 자기에 속한 것이 아니라 대상 쪽에 속하는 속성으로 대상에 귀속시키게 된다. 1세 전후, 피아제가 말하고 있는 감각운동기의 5단계 어린이는 이러한 물건의 성질을 실험적으로 조사하는 행위에 열중한다.

성인이 되어서도 어느 정도 그렇지만, 특히 어린이에 있어서 세계나 물건은 그 자체로 객관적으로 존재하는 것이 아니라 자기의 흥미나 욕구, 활동에 의해 가치나 의미가 받아들여지고 있는 것이다.

자타가 분화하기 시작한 초기에 자기와 타인을 융합적인 것으로 여기면서 동시에 자기와 세계, 주체와 대상도 아직 완전하게 분리하지 않고, 자기의 주관성을 세계나 물건에 투영하는 정도가 성인보다는 크다.

(1) 자아감정의 발달

감정은 주위 사람들과의 관계 가운데 애정이나 증오, 분노, 자존심, 부끄러움, 선망, 질투, 공감, 동정 등의 사회적인 감정으로서 발달한다. 이들 모두가 자기와 타인과의 관계를 포함하고 있는데, 그 가운데 특히 자기가 의식의 초점이 되어 타인은 배경이 된 감정을 자아감정이라고 하고, 타인이 초점이 되어 자기가 배경이 된 감정을 사회적 감정이라고 한다.

스테른버그(Sternberg)는 자아감정 및 그것에 동반하는 행동은 여러 층으로 발달한다고 논의하였다. 스테른(Stern)에 따르면, 큰 흐름으로 보면 자기 지향 활동에서 성격발달과 성격감정이 중복되면서 분화하고, 나아가서 타인의식에 의한 감정이 분화하여 발달한다(Stern, 1982).

유아의 천성적인 활동 가운데 자기를 긍정하고 향유하려는 욕구가 있는데, 그것이 주위의 물건이나 사람의 세계와 만나서 저항을 받으면 자기주장이 된다. 이것은 이른바 목표를 향한 의지나 속셈이라 할 수 있는 행동이다.

1세가 되면 자기주장은 한층 자기의 의지나 원망을 관철시키려는 것 자체가 목적이 되어 본래 목표의 달성이 이차적인 것이 되어 고집 또는 아집(self-will)이 나타난다. 고집은 부모가 금지하거나 간섭하는 것에 따르지 않고, 고집을 피우며 자신의 의지를 이루려고 하는 것이다.

예를 들어, 성인이 먹여 주는 것을 거부하거나 높은 곳에 있는 것을 자기가 집으려 하며 사람들에게 받는 것을 좋아하지 않는 행동이 나타난다.

고집에는 이미 자존심과 같은 성격의식이 포함되어 있는데, 자신에 대한 타인의 말이나 행위를 자기의 성격침해라고 느낀다. 자아가 상처를 받는 것은 자부심(feeling of honor, pride) 또는 자존감정(self-regard)이라고 한다. 유아는 사람들로부터 업신여김을 받거나 웃음을 사거나 진지하게 상대를 해 주지 않으면 굴욕감을 느끼고 울거나 분노하게 된다.

자존감정이 부정적인 굴욕감이 아닌 긍정적인 감정으로 나타나면 명예심(ambition) 또는 자기현시(self-display)가 된다. 어린이는 자기가 할 수 있는 것을 자랑스럽게 보이거나 부모에게 칭찬을 듣게끔 행동하여 칭찬을 받으려 한다. 이것은 봐주는 사람을 의식한 행동으로 '관객의식'이라 부른다(Pintrich & Schunk, 1995).

어린이가 말한 것에 따르지 않을 때 타인이 억지로 하게 하면 자기가 할 수 있다고 하여 다시 고치는 경우가 있다.

타인에 대한 관객의식은 위장(pretence)과 부끄러움(shame)으로 발전한다. 위장은 자기의 행동이 타인에게 주는 반응을 예기하여 본래의 행동이 변용하는 것이다. 이렇게 하여 어린이의 행동에는 앞과 뒤가 생기어 단순하고 소박하지 않게 된다. 위장은 슬퍼 보이게 하고, 아픈 것처럼 하며, 불안을 감추려 하거나 허세를 부리는 용기를 보이기도 한다.

아동이 부끄러워하는 행동은 1세 무렵에 나타나는 낯선 사람에 대한 낯가림이나 수줍어하는 행동으로 나타난다.

어머니와 함께 있는 어린이가 낯선 사람에 대해 얼굴을 돌려 어머니의 품에 얼굴을 묻기도 하고, 어머니의 뒤에 숨거나 하는 것은 사람을 보고 싶다는 호기심과 자신은 보이고 싶지 않다는 부끄러운 감정과의 갈등이다.

자신의 행동에 대해 부끄러워하는 것은 아직 낯설고 자동화가 되지 않은 새로운 행동을 하는 것에 대해 일어난다. 그것은 서툴고 실패할 수 없다고 하는 부정적인 것에 대한 공포의 감정이 아니라 어떤 새로운 것을 가능하게 한 것을 보이게 되고 알려진 것에 대한 자부심을 느끼는 것에 가까운 감정이다.

어린이는 무엇인가를 하여 칭찬을 받게 되면 자부심과 즐거움과 동시에 부끄러움이나 당혹감이 섞인 수줍음을 보인다.

유아기 동안에 부끄러움은 실패하거나 꾸중을 들었을 때와 같은 부정적인 것에 대한 도덕적인 부끄러움으로 발달한다. 발가벗은 모습을 보이는 것을 부끄러워하는 것 같은 신체적인 부끄러운 감정은 오히려 가장 늦게 5세 이후에 발달한다.

(2) 사회적 감정의 발달

스테른은 사회적 감정의 발달 역시 정식화하고 있는데, 타인에게로 향한 가장 기본적인 사회적 감정은 애정과 공감이라고 본다. 애정 가운데는 이기심(egoism)과 이타성(altruism)이 미분화로 포함되어 있어서 그것들이 각각 분화하여 발달한다.

이기심은 증오나 선망, 물건애착, 질투 등으로 발전하고 다른 한편으로 이타성은 동정심이나 위로하는 행동, 나누어 주는 행동, 자기희생 등으로 발달한다.

애정은 어머니에게로의 애착형성으로 시작되어 가족 등의 친한 연장자에게로 확대되는데, 나아가서 또래에 대한 호의로 발전한다. 어머니에 대한 애정은 자기를 보살펴 주고 따뜻하게 대해 줌을 받고 싶다는 이기적인 욕구와 동시에 어머니로부터의 애정을 느끼고 자신의 즐거움을 어머니가 함께 즐거워해 줄 것을 느끼는 감수성을 포함하고 있다.

어린이의 애정의 그와 같은 비이기적인 면은 타인에 대한 공감(sympathy)이나 부드러움(tenderness), 타인에 대한 사려 등으로 나타나 후에 이타성(애타성)으로 발달한다.

증오나 적의, 분노와 같은 부정적 대인감정은 애정이나 친절로부터 파생하는 감정이다. 증오는 억압되어 실망된 애정이고, 어머니와 같이 가장 애정을 기대하는 사람에 대해서 생긴다. 물건을 뺏거나 금지하거나 하는 자신의 의지에 반하는 것을 명령하는 부모에 대한 '반항'은 그와 같은 증오나 적의감의 표출이다.

타인에 대한 선망이나 질투(envy), 욕심, 시기는 타인이 무엇인가 즐거움이나 행복을 향유하고 있는 것, 획득한 것을 자기의 성격성, 즉 자존심의 침해라고 느낌으로써 일어난다. 선망 또는 질투는 타인이 갖고 있는 즐거움이나 행복을 자신도 갖고 싶다는 생각에서 획득되지 않을 때 생기는 일종의 경쟁심이다.

다른 아이들이 매력 있는 장난감으로 놀고 있는 것을 보거나 어머니가 애정을 보이는 것 같은 행동을 다른 형제에게 보이고 자기에게는 주지 않을 때 어린이는 부러워한다.

욕심 또는 앙심은 선망과는 반대로 자신이 소유하고 있는 즐거움이나 특권을 다른 사람에게 나누어 주는 것을 꺼리는 것이다. 어린이는 자기에 있어서 어지간히 중요한 것이 아니어도 남에게 주는 것을 자기에 대한 침해라고 느끼고 싫어하는 것이 있다.

질투(jealousy)는 사랑하는 사람의 애정이 제3자에게 향하는 것을 싫어하거나 애정을 독점하려고 하는 적대감정이다. 어린이는 어머니의 애정을 형제자매와 공유하고 있는 것을 참기 힘들어하며 자신만 독점하려고 하는 경우가 많다.

선망이나 욕심, 질투 자체는 이기적인 감정이지만, 타인에게 공평하고 평등할 것을 요구하는 면에 있어서 후에 발달하는 진정한 공평과 평등 관념의 원천이다.

타인에 대한 애정의 이타적(애타적)인 면은 감정이입이나 위로와 같은 향사회적인(prosocial) 감정과 행동이다. 유아기에 나타나는 감정이입(empathy)은 유아기에 이미 보이는 감정의 전염이나 융합과 같은 기본적인 공감(sympathy)을 기초로 하고 있는데, 그와 같은 단순한 감정의 공유나 일체화는 아니지만, 타인의 어려움이나 슬픔을 느끼고 자발적으로 타인을 위로하거나 원조하는 것이다(Titchener, 2014, pp. 25 - 30).

동정은 2세 유아에서 이미 보인다. 동정의 대상은 인간이 많고, 그중 가족이 많은데, 동물로 향하거나 저연령에서는 무생물에 향하는 경우가 많다.

특히 어머니가 슬프거나 병으로 고생하면 어린이의 동정 대상이 되는 경우가 많다. 보통 어머니로부터 보살핌을 받은 어린이가 역할을 일시적으로 역전시켜 어머니를 위로하고 돕는 역할을 하는 것은 어린이에 있어서 즐거움이고 자기 가치를 높이는 기회가 된다.

이와 같이 동정은 자신이 상대방보다 우위적인 입장에 선다고 하는 자존심이나 이기심을 포함하고 있다. 한편 피해를 받고 어렵고 슬픈 가운데 있는 사람에 대한 동정은 가해자에 대한 증오나 분노, 복수심을 불러일으키고, 그것은 본래의 사람에 대한 사료를 잃어버리고 잔혹감을 만드는 경우도 있다.

자신이 향유하고 있는 것을 타인에게 주는(giving) 또는 나누는(sharing) 행동은 이미 1세 아이에게서 나타난다. 어린이는 자신의 즐거움을 친한 사람들과 함께 나누고 싶어 하고, 그렇게 함으로써 즐거움이 배가 된다.

처음은 나누어 주면 자신은 손해가 된다고 하는 자기희생의 의식이 없다. 나누어 주는 것은 물건 욕심의 반대이지만, 한편으로는 나누어 주거나 주지 않음으로써 자기와 타인의 공평이나 평등을 추구한다고 볼 수 있다. 어린이는 부모로부터 과자 등을 받으면 형제 분도 요구하는 경우가 흔히 있다.

초기의 나누어 줌은 자기희생의 의식을 포함하고 있지 않지만, 2세 쯤이 되면 자신의 이익보다도 타인의 이익을 우선해 타인을 불리한 상태로부터 구하여 즐겁게 하는 참된 이타적인 자기희생이나 자기양보의 행동이 나타난다. 어린이는 이기성과 이타성 간의 갈등을 경험하고, 그중 어느 쪽으로 행동할지 결단한다.

어린이는 타인이 즐거워하는 것을 즐거워하게 된다. 이 즐거움은 동일한 즐거움을 함께 나눈다고 하는 원초적이고도 공감적인 즐거움과는 달리 타인의 즐거움과 자신의 즐거움과는 내용이 다르다. 공감을 기초로 하면서도 자타의 완전한 일체화, 융합이 불가능하고 초월할 수 없는 간격이 있다는 것을 인식한 것 이상에서의 이타성이다.

이기성과 이타성의 문제는 인간성의 기본문제이고, 성악설이나 성선설 같은 인간관이나 사회관의 문제로 연결된다. 최근에는 동물행동학(ethology)이나 사회생물학(sociobiology)에서 동물의 이타행동과 그 배후에 있는 이기적 기능이 논의되고 있다.

내발적 동기

내발적 동기(內發的 動機, intrinsic motivation)란 보상(보수)과 같은 외부의 것에 의존하지 않고 그 자체로 일어난 동기를 말한다. 일반적으로 학습자의 내발적 동기가 보상과 같은 외발적 동기(extrinsic motivation)보다도 학업성취에 효과적이라고 한다.

제 06 장

아동 · 청소년의 비행과 폭력

CHAPTER 06

근래 초·중등학교에서 일어나고 있는 학교폭력과 왕따는 직접적인 관계가 있다. 이 문제는 폭력 또는 왕따와 관련이 있는 학생이 갖는 대인관계 양식의 적극성과 소극성에 의해 좌우된다.

여기에서는 오늘날 학교에서 문제가 되고 있는 집단괴롭힘과 관련된 성격적인 문제를 검토해 보려고 한다. 흔히 집단괴롭힘을 이야기할 때 괴롭히는 아이의 성격 문제에만 귀를 기울이지만, 엄밀하게 보면 집단괴롭힘을 받는 학생, 즉 왕따를 당하는 아이의 성격 문제에도 관심을 가져야 할 것이다.

얼마 전까지만 해도 중·고등학교에서 거론되던 집단괴롭힘의 문제가 요즘은 초등학교에서조차 커다란 문제가 되고 있다. 괴롭힘을 당한 아이가 자살하거나 괴롭힌 아이들에게 잔혹하게 보복하는 사건이 신문, TV 등에서 등장하고 있다.

최근에는 사회의 각 방면의 노력에 의해 조금 사라지는 것 같은 느낌을 받지만, 눈에 띄지 않는 곳에서는 여전히 계속되고 있다.

1 | 집단괴롭힘

1) 교실 내 아동 · 청소년의 싸움과 집단괴롭힘

어린이는 잘 싸운다. 싸움이란 자기와 상대의 주장, 요구, 이해가 엇갈릴 때 분노의 감정을 가진 어느 한쪽이 다른 쪽을 공격하고 다시 이에 대응할 때나 양쪽이 동시에 서로를 공격할 때 일어난다.

몸의 힘을 사용하기도 입으로만 싸우기도 있다. 당사자가 서로 공격하는 것이 특징이다. 양쪽의 힘이 비슷한 경우가 많고, 이기기도, 지기도 한다. 싸움을 하는 아이들을 보면 진지하다. 강한 자기주장과 긴장감, 투지를 외부에서도 느낄 수 있다. 싸움은 오래가지 않는다. 같은 상대와 가끔 싸우는 일이 있지만, 한 번의 싸움은 몇 분에서 십수 분 정도 후면 결론이 난다.

이에 비해 '괴롭힌다', '괴롭힘을 당하다' 하는 관계는 한쪽이 다른 한쪽보다 힘이 우세하거나 복수(다수) 대 혼자인 경우이다. 괴롭힘은 강한 입장에 있는 사람이 약한 쪽을 압박하여 그가 당황하고 곤란을 느끼고 괴로워하는 모습을 즐기는 것에 있다.

약한 쪽에서는 싸울 의욕이 없고 오히려 도망가려고 하는데 그것을 잡아서 괴롭히는 것에 재미를 느끼는 잔인함이 있다. 괴롭히는 쪽은 안전권에 있기 때문에 상대가 공격해 오지 않는 것을 알고 있다.

싸움은 일과적이고 단순하고 깨끗한 면이 있는 것에 비해, 괴롭힘은 어둡고 끈질기고 더러운 측면이 있다.

이뿐만 아니라 괴롭힘은 시간적으로도 장시간에 걸쳐서 계속된다. 싸움을 한 사람은 원인이 무엇이든 간에 자기가 싸운 것을 자각하고 있다. 싸움 후 당사자는 자신의 마음이 격하고 격렬했던 것을 인식한다. 무엇을 하고 그것이 끝났다는 느낌이 있다.

싸움은 자기 자신의 것을 깊게 생각하는 계기가 되는 경우가 많다. 요구가 강하고, 감정이 솔직하게 표현되기 쉽고, 그러면서도 언어에 의한 표현이 아직 충분하지 못한 아이들은 쉽게 싸운다. 상대의 입장을 충분히 이해할 수 없는 사정도 싸움의 원인이 된다.

싸움을 통해서 어린이는 인간은 모두가 그 나름의 요구를 하고 있으며, 그 요구는 서로 대립하는 경우가 많고, 상대와 사이좋게 지내기 위해서는 자신을 억제하거나 협조하지 않으면 안 된다는 사실을 학습해 가는 것이다.

2) 최근 집단괴롭힘의 특징

물론 집단괴롭힘뿐만 아니라 특정 아이에 대한 개인적인 괴롭힘은 예전에도 있었다. 그런데 **〈표 6-1〉**과 같이 최근의 괴롭힘은 이전과는 다른 특징이 있다(구본용, 1997).

〈표 6-1〉 최근에 나타난 집단괴롭힘의 특징

구분	특징
여러 명이 한 명을 괴롭힘	개인 대 개인의 괴롭힘이 아니라 몇 명이 한 사람을 괴롭히는 것이 많아졌다. 모두가 했기 때문에 죄의식이 희석되어 무책임한 익명성을 띠고 있다.
괴롭힘을 당해도 방관하고 있음	괴롭힘을 말리거나 중재하려고 하는 이가 없고 방관하는 경우가 많다.
집단에서 튄 아이가 괴롭힘을 당함	학급이란 집단에 동조할 수 없는 아이, 집단의 규격에서 떨어진 아이가 괴롭힘의 대상이 되기 쉽다. 동작이 느린 아이, 마음이 약하게 보이는 아이, 공부에 뛰어난 아이가 대상이 되는 경우도 있다.
숨어서 괴롭힘이 이루어짐	교사가 볼 수 없는 장소에서 교묘한 모습으로 이루어진다.

출처: 구본용(1997).

괴롭힘의 구체적인 모습은 다음과 같다. 한 명을 동료집단으로부터 격리시키고는 '말을 듣지 않는다', '인사성이 없다', '더럽다'라고 한다. 교과서나 공책을 숨기거나 욕설로 낙서하기도 하고 앞에서 발을 걸어 넘어뜨리기도 하며, 급식에 침을 뱉거나 연필로 찌르기도 한다.

약한 아이 두 명에게 싸움을 시켜 서로 다치게 하는 것을 주위에서 구경하는 경우도 있다. 가난한 가정의 아이의 옷에 흙을 칠해 웃음거리를 만들고 돈을 가지고 오라, 문방구점에서 물건을 훔쳐 오라고 명령하는 것도 있는데, 약한 아이가 괴로워하는 것을 보고 즐기는 것이다.

(1) 괴롭히는 아이의 특징

괴롭히는 아이는 대체로 다음과 같은 특징이 있다(김희화, 2001). 대부분 신체가 크고 힘이 세다. 또한, 기민하여 행동이 빠르다. 성적도 좋고 부하와 같은 아이들에게 둘러싸여 있는 경우도 있다. 직접적으로 표면에 나서서 괴롭히지 않고 배후에서 지시하는 등 교사로부터 발견되지 않도록 교묘하게 일을 꾸미는 능력이 있다.

공부하는 것이 싫어 의욕이 없는 경우가 많다. 이 경우에는 학습면에서는 부진을 약자를 괴롭히는 것으로 보상하려고 한다.

동아리 활동에서 탈락하여 마음속에는 불만이 가득 차 있는 경우도 있다. 제멋대로의 성격으로 공격성, 감정의 불안정감, 질투심이 많고 성질이 급한 것 등 성격적 특징을 보인다.

"왜 괴롭히는가?" 하는 질문에 대해 "재미있으니까.", "상대의 아이가 협조하지 않으니까.", "건방지니까.", "기분을 나쁘게 하니까." 등으로 대답하는 경우가 많다. 이러한 대답에서 알 수 있는 것처럼 괴롭히는 아이에게는 자기 기분에 들지 않는 것을 배제하려는 의욕이 강하고, 자기감정대로 움직이려는 모습을 보인다.

약한 입장에 있는 아이가 괴롭힘을 받으면 어떠한 기분이 드는지를 느끼는 온정감이나 배려가 결여되어 있다. 예전에 자기가 괴롭힘을 받았거나 소외되었던 것을 기억하고 그것을 반복하기 싫어서 괴롭히는 입장이 되는 경우도 있다.

괴롭히는 아이는 가정에서는 별로 애정을 받지 못하고 있는 경우가 많다. 부모가 엄격하고 과도한 것을 기대하고 있고, 그 기대에 미치지 못해 질책을 받는 경험을 갖고 있거나 자기는 어쨌든, 부모에게 사랑을 받지 못하고 있다는 생각에 빠져 있는 경우도 있다.

가정 내에서 문제가 많아 어른의 싸움을 불안한 눈으로 보고 있는 경우도 흔하다. 마음속에는 불만이나 불안이 가득 차 있으며, 약한 아이를 괴롭히는 것으로 해소하려는 경우가 많다.

(2) 괴롭힘을 받는 아이의 특징

지금은 어떤 아이도 괴롭힘을 당할 수 있다. 어제까지는 괴롭혔던 아이가 괴롭힘을 당하는 경우도 있다. 쉽게 괴롭힘을 당하고 괴롭힘에서 벗어날 수 없는 아이와 별로 괴롭힘을 당하지 않는 아이가 있다. 괴롭힘을 당하기 쉬운 아이의 특징은 다음과 같다(김은정 · 김인경 · 정태연, 2001).

〈표 6-2〉 괴롭힘을 당하는 아이의 특징

- 학교에 가기를 좋아하지 않음
- 학교에서 곧 집에 돌아옴
- 일요일에는 안심한 표정을 하고 있음
- 잘 다침, 부모가 물어도 대답하지 않음
- 입고 있는 옷이 가끔 더럽혀져 있음
- 사 주었던 물건이 분실되었거나 부서져 있음
- 중요한 노트 등이 없음
- 가정에서 학교나 친구에 대해 이야기하지 않음
- 다른 학교로 옮겨 가기를 원함
- 감정이 급격하게 불안정하게 되어 울기도 함
- 교과서나 노트가 낙서로 얼룩져 있음
- 칼 같은 것을 주머니에 넣고 다님

출처: 김은정 · 김인경 · 정태연(2001).

우선, 주로 괴롭힘의 대상은 학급의 집단행동에 익숙하지 않거나 동작이 느리고 전체의 흐름에 따라가지 못하는 아이이다. 지각을 자주 하거나 잊는 물건이 많은 아이, 학습면에서 떨어지는 아이, 정직하고 얌전한 아이, 고립되기 쉬운 아이도 집단괴롭힘의 대상이 되기 쉽다.

이와는 반대로 자립적인 아이가 반감을 불러일으켜 괴롭힘을 당하는 경우도 있다. 소지품을 자랑하거나 가정 또는 부모, 귀국한 직후에 외국에서의 경험을 자랑삼아 이야기하는 아이도 마찬가지이다. 또는 교사에게 귀여움을 받고 있는 아이가 괴롭힘을 당하는 일도 있다.

매우 유감스럽지만, 신체에 장애가 있는 아이나 자신의 의사를 충분히 표시할 수 없는 아이가 당하기도 한다. 실제로는 공부를 잘하는 아이가 또래의 신망을 얻어 학습 전체에서 중심이 되는 경우도 있지만, 건방지다는 이유로 집단괴롭힘을 당하는 경우도 있다.

괴롭힘을 당하고 당하지 않고의 차이를 말하는 요인은 극히 복잡하다. 괴롭힘을 당하는 아이는 그것을 부모에게 말하지 않는 경우가 많다.

학교에서도 괴롭힘을 당하는 아이는 고립되어 있다. 특히 아무런 일도 없는데도 양호실이나 직원실에 간다. 교실에서 사실을 이야기하면 바보 취급을 받고 잘못 하면 웃음거리가 된다. 화장실이나 교실의 구석, 사람이 없는 곳, 아무도 자기를 부르지 않는 곳에 머물려고 하는 경향이 있다.

3) 괴롭힘의 방지책

학교에서 집단으로 어떤 특정 아이를 괴롭히는 것은 예전에도 있었던 일이다. 그러나 예전에는 괴롭히는 정도가 눈에 띄면 조정하거나 제지하는 또래가 있었다. 괴롭히는 측도 한도를 알고 있었다.

그러나 최근의 괴롭힘은 현장에서 그 누구도 방관할 뿐 제지하거나 조정하려고 들지 않는다. 그리고 괴롭힘이 냉혹하고, 잔혹성이 비교할 수 없을 정도로 높아졌다. 이를 방지하는 것이 쉽지는 않지만, 다음과 같은 몇 가지 방지책을 생각할 수 있다(구본용, 1997; 이혜영 · 김영철, 1999).

첫째, 집단생활에 필요한 기본 생활습관을 철저하게 몸에 익히도록 한다.

식사나 옷 갈아입는 것을 자기가 할 수 있고, 몸을 청결하게 하고, 배설에 실패하지 않도록 하며, 일상생활에서 인사를 잘하게 한다. 이것은 학급의 운영을 원만하게 하기 위해서 한 사람 한 사람의 아이에게 기대되는 내용이다.

이것이 가능하지 않은 아이는 남에게 피해를 끼치고 결국은 괴롭힘을 당하게 된다. 어린이는 친우에 대해서 친절한 한편, 용서하지 않고 결점을 지적하는 경우도 많기 때문이다.

둘째, 마음이 약하여 자기주장이 약한 면이나 제멋대로 하는 면에 주의한다.

아무렇지도 않은 일에 울거나 자기가 할 수 없다고 위축되기 쉬운 아이나, 자기가 할 수 있는 것만을 하고 할 수 없으면 성내고 협조성이 약한 아이가 있다.

전자는 얌전하고 후자는 활발하지만, 모두가 과보호로 자란 아이에게서 볼 수 있는 경향으로 친우들과 함께 행동을 하는 것에 약하다. 자기보다도 나이가 많은 아이 또는 어린아이와 논 경험이 결여되어 있는 것이 하나의 원인임에 유의해야 한다.

셋째, 아이에게 사회의 습관, 생활의 규율을 가르친다.

인간은 홀로 사는 것이 아니라 많은 사람과 어울려 살아가고 있다. 인간으로서 몸에 익혀야 할 것이 여러 가지가 있다. 타인을 곤란하게 하는 것, 타인에게 불쾌감을 주지 않으려고 자제하는 것도 그중 하나이다. 상대방의 입장과 자기의 입장을 생각하고 해야 할 것, 말해서는 안 되는 것을 분별하는 것이 중요하다.

이상에서 언급한 세 가지 점은 서로 관련되어 있는데, 모두 태어나면서 갖고 태어나는 것이 아니라 주위의 사람, 특히 부모에게서 배우는 것이고 부모가 행하는 것을 보고 배워 가는 것이다.

여기에서 괴롭히는 아이와 괴롭힘을 당하는 아이에 대해서 잠시 언급하고자 한다.

괴롭히는 아이에게는 공감성의 결여라는 사실이 지적되었다. 상대방의 기분을 느낄 수 있는 능력이 약하다는 것이다. 연약한 아이를 괴롭히고 그것에 재미를 느끼는 마음은 매우 차갑다. 아이는 상대방을 기쁘게 하는 즐거움을 맛본 적이 없다. 고맙다는 말을 들을 때의 즐거움을 느낀 경험이 적다. 이 느낌은 가정에서 부모와 자식의 관계를 통하여 체험되는 것이다.

인간은 일반적으로 사랑을 받고 그것을 즐겁게 느끼면 자신을 사랑해 준 사람에게 친밀감을 갖게 되고 그 사람을 즐겁게 해 주려고 한다. 사람과 사람과의 관계의 기초가 되는 친밀성은 이와 같이 형성되어 간다.

괴롭히는 아이의 마음에는 친밀감이 결여되어 있다. 전체적으로 마음이 황폐화되어 있다고 볼 수 있다. 괴롭히는 아이는 누구한테도 사랑을 받고 있지 않다고 느끼기 때문에 왠지 초조하고 불안한 마음의 상태가 계속되어 이것이 약한 아이를 괴롭히는 모습으로 발산되고 있다.

괴롭히는 아이는 항상 나쁜 아이라고 말한다. 교사에게서는 꾸중을 듣고 괴롭힘을 당한 부모로부터는 미운 아이로 보인다.

그러나 괴롭히는 아이의 괴롭히려는 기분도 충분히 이해할 수 있다. 학급 친우와 같은 행동을 할 수 없는 아이에게는 화가 날 수도 있고, 자기의 능력이나 체험을 자랑하고 잘난 척하는 아이가 신경에 거슬리는 것도 사실이다.

가정이 지나치게 엄하고 열등감이 많은 아이는 자기 주위에서 표적을 선택하여 괴롭히고 그것에 재미를 찾는다. 친우를 괴롭히는 것에만 만족을 느낄 수밖에 없는 마음의 빈곤을 초래한 것이 무엇인지 엄밀하게 생각해 보아야 한다.

괴롭히는 것은 나쁜 것이라고 가르치는 것은 그렇게 어려운 일이 아니다. 그러나 나아가서 괴롭힘은 비겁한 것이고 상대방의 마음에 상처를 입히는 것이 추한 일이라는 것, 그것을 재미있는 것이라고 느끼는 마음은 정말로 빈곤한 것이라는 마음이 일어나지 않는 한 집단괴롭힘은 어지간해서 없어지지는 않을 것이다.

괴롭힘을 당하는 아이는 동정을 받기 쉽다. 입고 있는 옷이 더럽고, 갖고 있는 것이 부서져 있을 뿐만 아니라 신체적으로도 상처가 많고 성적인 수치심을 받는 경험도 있다. 요즘 일어나는 집단괴롭힘은 지금의 성인이 경험한 그것보다는 음습하고 집요한 것으로 되어 가고 있다.

괴롭힘을 당하는 아이는 특별히 약한 아이라고 하지만, 괴롭힘을 당하는 아이나 부모는 다음의 몇 가지를 생각해 볼 필요가 있다.

첫째, 아이가 기본적인 생활습관을 제대로 몸에 익혀 학급 친우에게 폐를 끼치거나 싫어하는 행동을 하지 않게 한다.

둘째, 하찮은 공격이나 괴롭힘에 과잉반응을 하지 않는다. 학교에서는 싸움이 흔히 있는 일이다. 욕을 듣거나 놀림을 당하는 일도 있다. 아이가 이것을 견딜 수 없는 이유는 온실과 같은 가정 속에서 자라서 한 번도 좌절감을 경험하지 못했기 때문이다.

학교에서는 언제나 자기가 원하는 대로 되지 않는다는 것, 욕을 듣거나 놀림을 당하는 일이 항상 있을 수 있다는 것을 알 필요가 있다. 좌절감을 견디고 그것을 극복할 수 있도록 마음의 힘이 필요하다는 사실을 인식해야 한다.

2 | 비행과 폭력

1) 아동 · 청소년 비행과 폭력의 저연령화

현재 우리나라의 청소년 비행이 갈수록 늘어 가고 흉포화된다고 이야기하지만, 선진국가에 비해 우리나라는 아직 비행이 적은 사회다. 수치(數値)는 변화하는 것이므로 단순히 비교하는 것은 금물이지만, 그런 경향을 볼 수 있다.

그리고 비행의 질(質) 역시 옛날과는 매우 다르게 되어 가고 있다. 몇 년 전에는 불량소년이나 궁핍형의 비행이 주류를 이루었지만, 지금은 '풍부한 사회'답게 소비형 또는 유흥형(遊興型) 비행이 대부분을 차지하고 있다.

그러면서도 비행의 저연령화, 교내 폭력의 다발화(多發化), 소녀비행의 증가, 약물사범(藥物事犯)의 증가, 성비행의 증가와 같은 선진국형의 비행 특징을 닮아 가고 있다. 이와 같은 비행의 새로운 물결에 다각적인 관점에서 접근하여 그것에 대한 대응책을 강구해야 할 것이다.

✿ 선생님 때리고 성희롱… '무서운 초딩' 5년새 3배로

지난해 5월 경기도 한 초등학교 5학년 교실에서 남학생이 수업 중에 떠들었다. 40대 여교사 A 씨가 조용히 하라고 주의를 주자, 아이가 되레 A 씨를 노려보며 "수업이랑 상관있는 말을 했는데 왜 그러느냐."라고 따졌다. A 씨가 야단치자, 아이가 "너."라고 소리를 지르며 뛰쳐나와 주먹으로 A 씨의 얼굴을 마구 때렸다. 당황한 A 씨가 교실 안에 설치된 전화기를 찾아들자, 아이가 전화기 코드를 잡아뽑아 바닥에 팽개쳤다. 이 모든 과정을 같은 반 아이들이 전부 지켜봤다.

A 씨는 치아에 금이 가고 타박상을 입었지만, 물리적 고통보다 정신적 충격이 더 컸다. 스트레스로 우울증에 시달렸다. 아이의 부모는 사과하지 않았다. '아들이 평소 A 씨 때문에 스트레스를 받아 벌어진 일'이라고 주장하며, 주변 학부모들에게 아들을 선처해 달라는 탄원서를

받아 학교에 냈다. A 씨는 아이의 가족을 상대로 민사소송을 진행했고, 최근 부모로부터 1,500만 원 배상을 받았다.

교사를 때리고 욕하는 초등학생이 늘고 있다. 지금까지 교사에게 몹쓸 짓을 하는 건 주로 덩치 큰 중·고교생들이었는데, 이제는 해가 갈수록 '무서운 초등학생'이 늘어나고 있다.

교사 때리는 초등생, 고교생보다 많아

30일 A 의원이 교육부로부터 받은 '최근 5년간 교권침해 현황' 자료에 따르면 초등학생이 교사를 때리거나 욕하고 성희롱하는 '교권침해' 사례가 크게 늘고 있다. 초등학생의 교권침해 건수는 2013년 58건에서 2017년 167건으로 세 배 늘었다. 같은 기간 중학생의 교권침해 건수가 3분의 1 정도(2,937건→1,008건), 고교생이 2분의 1 정도(2,567건→1,391건) 줄어든 것과는 정반대다. 건수 자체는 여전히 중고생이 많지만, 증가 폭과 속도는 초등학생 쪽이 더 크다.

특히 초등학생이 교사를 때린 '폭행' 건수는 2013년 6건에 불과했지만, 지난해 36건으로 여섯 배 늘었다. 같은 해 고교생이 교사를 때린 건수(34건)보다 많다. 교사에게 폭언이나 욕설을 한 경우 역시 5년 새 두 배 이상 증가했다(19건→40건).

제자가 겁나는 교사

인천의 한 초등학교 교사 B 씨도 올해 담임을 맡은 3학년 학생으로부터 입에 담을 수 없는 욕을 듣고 심각한 스트레스에 시달리고 있다. 해당 학생은 학기 초부터 교실이든 급식실이든 장소를 가리지 않고 소리를 지르거나 친구를 때렸다. B 씨가 나무라면 반말을 하며 반항하거나 심한 욕설을 퍼부었다. B 교사는 불면증에 시달리다 교권 보호 상담을 요청했다. 전라도의 또 다른 초등학교 교사 C 씨는 자기 반 4학년 학생에게 수업 태도가 나쁘다고 지적했다가, 학생으로부터 가운뎃손가락을 들어 보이는 모욕을 당했다.

아이들끼리도 폭력

학생들 사이의 '학교 폭력'도 초등학교에서 눈에 띄게 늘고 있다. 교육부가 전국 초·중·고교생 399만 명을 대상으로 '2018년 1차 학교 폭력 실태 조사'를 한 결과, 학교 폭력 피해 학생 10명 중 7명이 초등학생이었다. 학교 폭력 피해를 당했다고 답한 아이도 초등학생(2.8%)이 중학생(0.7%), 고등학생(0.4%)보다 많았다.

✿ 초등학생은 왜?

초등학생들의 폭력 행위가 늘어난 것은 전반적으로 학생들 신체 발육이 빨라진 데다 유튜브 등 선정적이고 폭력적 콘텐츠를 어린 시절부터 쉽게 접한 것이 영향을 줬다는 분석이 많다. 한국교총 교권강화국 부장은 "최근 초등학생들도 스마트폰을 많이 사용하는데, 욕이나 폭력을 아무렇지 않게 쓰는 동영상에 일찍부터 노출되고 있다."라고 했다. 최근 교사나 학부모 사이에선 '중2병(사춘기가 오는 중학교 2학년 무렵 공격성이 높아지는 현상)'이 아니라 '초4병'이라는 말까지 나온다.

인천의 초등 5학년 김모 교사는 "애들 행동을 지적하면 '어쩔 건데요? 때리려고요?' 하는 식으로 조롱하고 SNS에 담임 욕 쓰는 애가 너무 많다."라면서 "중·고는 그나마 수행평가나 학생부 기록이 있어 통제가 가능하지만, 초등은 통제할 방법이 거의 없다."라고 했다.

A 변호사는 "과거엔 초등학생의 사소한 일탈로 느껴졌던 문제도 이제는 학부모와 학생, 교사가 민감하게 여기면서 전반적으로 과거보다 신고가 늘어나는 면도 있다."라며 "특히 초등학생은 부모부터 민감하게 정식 절차를 밟으려고 적극적으로 개입하는 경우가 많기 때문에 중·고생보다 폭력 신고 건수가 빠른 증가세를 보이고 있다."라고 말했다.

출처: 2018년 8월 31일 자 조선일보 사회면에 게재된 기사.

2) 아동·청소년 비행의 질적 변화

근래 우리나라 아동·청소년의 비행(非行)은 보는 견지에 따라 다음과 같이 크게 세 가지 흐름이 있다고 볼 수 있다(박아청, 2000, pp. 199-208).

먼저, 한국전쟁을 정점으로 전쟁 후의 혼란과 빈곤으로 인한 '생활비행형'이 있다. 재산범이 대부분이며, 연령적으로는 청소년보다는 청년이 더 적절하게 어울릴 나이 든 소년이 주류를 이루고 있었다.

이에 계속해서 제2의 흐름은 1970년대 후반과 1980년대 전반에 정점으로 나타난 흐름이다. 이 시기는 경제적으로도 급성장하여 서서히 학력(學歷) 사회로 불린 새로운 모습의 사회로 성숙해 가는 전기(轉機)에 해당된다.

이 시기에는 폭력범이 급격하게 증가한 것을 볼 수 있다. '반항형 비행'이라고도 부를 수 있다. 사회의 재구조화, 재체제에 적응할 수 없는 또는 적응하는 것을 즐겨 받아들일 수 없는 젊은이의 '반항'과 '공격성'이 비행이라는 모습으로 분출한 현상이다.

이것은 세계적인 규모에 있어서 청년의 반란과 반항, 반전사상과도 시기적으로 관련이 있다.

마지막으로, 현재 우리가 경험하고 있는 청소년의 비행은 제3의 흐름이라고 말할 수 있다. 오늘의 흐름에서 보는 비행은 앞의 제1 · 2의 흐름에 비해 매우 높고 험하며 지속적인 흐름이라는 점이 특징이다.

즉, 비행의 주역을 연출하고 있는 것이 10대의 연장자가 아닌 그야말로 사춘기란 말이 적절하게 어울리는 나이 어린 소년 · 소녀들이다.

두말할 나위가 없이 소년 · 소녀의 공식적인 정의는 14~15세로 중학교 3학년에서 고등학교 1학년 정도의 층이 된다. 이러한 변화는 현대에 있어서 사춘기, 청년기를 맞이하는 연령이 신체적으로도, 육체적으로도 바뀌고 있음을 반영하는 것이다.

다시 말하면, 비행의 중심(重心)이 청년기 비행에서부터 사춘기 비행으로 '이행'한 것이라고 할 수 있을 것이다.

제3의 흐름에서는 '비행의 일반화' 현상을 지적할 수 있다. 즉, 빈곤, 결손, 복잡한 가정, 비행 다발 지역, 비정상 성격과 같은 옛날식의 '비행소년'의 이미지를 연상시키는 다양한 병리와는 전혀 인연이 없는 새로운 유형의 '비행청소년'이 주류를 이루고 있다.

가정에 양친이 있고 경제적으로 중류층 이상에 속하며 학교생활에서 문제성을 보이지 않는 '극히 보통 학생'인 소년 · 소녀가 저지르는 비행이 대다수를 차지한다고 볼 수 있다. 바꿔 말하면, 건전하고 풍요로운 환경의 혜택을 받으면서 자라는 보통 소년 · 소녀가 비행과는 아무런 상관이 없을 것이라는 기대를 할 수 없는 시대가 되었다.

비행 행위의 질 역시 변했다. 경찰청 통계에 의하면 흉악범, 폭력범보다는 절도와 같은 비교적 약한 것으로 볼 수 있는 절도범, 절도의 내용도 오토바이를 이용한 날치기, 최근에 들어서는 자동차를 동원한 날치기 등이 증가되었고, 공범률이 높아 기술이나 용기가 필요한 것이 적어졌다는 것이다.

비행은 일과성의 것이 많아졌고 신문 등의 매체를 흔드는 큰 사건을 제외하고는 대부분이 누범화(累犯化)의 위험성이 낮은 것이 점차 증가하였다.

비행의 동기도 배고픔, 가난과 같은 생리적인 충동이나 반항, 문화 갈등, 발산과 같은 사회적인 동기에서 '유흥', '호기심', '친구와의 동조성', '스릴을 찾아서'와 같은 유흥적인 것으로 바뀌었다고 할 수 있다. 즉, '생계형 비행'에서 '유흥형 비행'으로 이전했다고 할 수 있다.

즉, '유흥비를 벌기 위해서'에서 볼 수 있듯이 '심리적인' 동기를 가진 비행이 주류를 이루고 있기 때문에 지금까지 오로지 사회나 개인의 병리를 연구해 온 전통적인 범죄학보다는 오히려 청년심리학, 사춘기정신의학 등에 기초를 둔 접근에 기대되는 바가 크다고 할 것이다.

그러므로 한국전쟁 이후 비행의 제1의 흐름에 대한 연구에 사회학이나 경제학이 크게 공헌한 것처럼 오늘의 사춘기 비행에 대해서는 정신의학이나 심리학이 관여해야 할 부분이 오히려 많아졌다고 말할 수 있을 것이다.

3) 비행의 다양성

그렇다고 해서 예전부터 존재해 온 고전적·전통적인 유형의 비행청소년이 완전히 소멸했다는 것은 아니다. 혜택을 받지 못한 자질, 혜택을 누리지 못한 유아기, 혜택을 입지 못한 가정적·경제적·지역적·문화적 조건 속에서 성장하고, 학교나 직장에서 적응할 수 없기 때문에 비행을 저지르게 되며, 경미한 비행에서부터 악질적이고 중대한 범죄자로 그 비행의 심도를 깊게 만들어 가는 청소년도 그대로 적지 않게 존재한다.

이러한 반사회적 비행청소년은 지금도 가정법원, 소년원, 보호감찰원 등의 주요한 클라이언트이다.

최근의 약물 남용의 동향을 보면 연소화하고 학교 재학 중의 청소년이 증가하고 있음을 알 수 있다.

비행청소년 757명을 대상으로 한 약물 사용빈도에 관한 조사 결과를 보면 조사 당시 현재 약물 사용자가 32.4%, 과거 약물 사용자가 11.9%로 44.3%가 약물을 사용했던 것으로 나타났으며, 최초로 약물을 사용한 연령은 15~17세 사이로 조사대상자의 62%였다(김명석 외, 2008).

앞서 논의한 반사회적 비행과는 다른 비사회적 비행이라고 할 수 있는 이러한 종류의 비행범죄를 저지르는 아동 · 청소년이 증가하고 있다. 그런데 이 두 가지 종류의 비행과 현대적인 비행을 구분해서 볼 필요가 있다.

이러한 비행 경향을 세계 다른 나라의 비행과 비교하면 발전도상국에서의 비행은 생활형의 비행이 주류를 이루는 것 같이 보인다. 그러나 경찰청 통계 등이 반드시 정확하다고 보기 힘들기 때문에 그 경향을 파악하기 쉽지 않다.

선진국도 각기 사정이 있을 것으로 생각되는데, 비행의 증가율은 매우 높으며 폭력적 · 파괴적 · 성적인 것이 많아 사회적 문제가 되고 있다.

미국, 독일, 영국, 프랑스 등 여러 국가가 공업화 · 도시화 · 정보화와 같은 '비행촉진적' 요인을 품고 있는 것은 한국과 마찬가지인데 그것과 함께 문화적 · 민족적으로 많은 이질적인 요소를 품고 있는 점에서 그들의 비행문제를 한층 복잡하고 심각하게 만들고 있다.

외국에 비교한다면 한국 청소년의 비행의 제3흐름도 숫자는 높다고 하지만, 내용은 앞서 본 바와 같이 경미하고 비파괴적인 것이 거의 대부분이라서 현실적으로 그렇게 심각하지 않은 문제라고 볼 수 있다.

그러나 우리나라 비행 역시 일종의 선진국 유형을 닮아가고 있는 점에서 새로운 사태를 불러일으키고 있다고 할 수 있다.

새로운 비행 상황의 배경에는 갈수록 성숙해 가는 사회구조와 이에 대응하지 못하는 현대의 사춘기가 있음을 우리는 생각하여야 한다. 전적으로 새로운 사춘기의 퍼스낼리티가 형성되고 있다는 사실에 유의해야 한다.

4) 오늘의 아동 · 청소년

오늘날 등장하고 있는 아동 · 청소년의 문제와 위기를 생각할 때 이들이 유아기 때부터 자란 온 생활환경 속에서 다음과 같은 네 가지 요인을 추출하여 이것과 청소년의 퍼스낼리티의 변화와의 관련을 가설적으로 추측해 보고자 한다.

① TV의 보급 → 이미지(image)적 사고나 전의식사고(前意識思考)의 위치
② 어머니의 과보호 → 응석과 유아화, 자기충족적 나르시시즘(narcissism)
③ 아버지 기능의 저하 → 도덕, 가치관의 약체화(弱體化)
④ 풍요로운 사회 → 수동성, 쾌감원칙(快感原則)의 우선

초등 또는 중학생을 가르치는 교사의 이야기를 들어 보면 이상에서 제시하고 있는 의견과 그리 틀리지 않다. 이러한 점을 고려하여 전통형 비행과 현대의 비행을 비교해 보면 다음 **〈표 6-3〉**과 같다.

〈표 6-3〉 전통형 비행과 현대의 비행 비교

구분	과거	현재
비행	생활형	유흥형
	반항형	심리적
	현실형	
	비사회적	비사회적
가치관	현실원리	쾌락원리
	논리적	콜라주적
	언어적	이미지적
	의식적	전의식적
행동	능동적	수동적
	사회적	비사회적
	공동사회적	자기중심적

출처: 박아청(2008).

그런데 여기에서 한 가지 강조해 두고 싶은 것은 청소년 비행과 같은 사회병리 현상을 둘러싼 요인은 대체로 복잡하고 역설적이라는 사실이다. 간단히 선악을 결정할 수 없는 것이 한둘이 아니기 때문이다.

예를 들어, 앞서 경제적인 풍요로움이나 어머니의 과보호를 오늘날 청소년의 퍼스낼리티의 형성요인으로서 거론하였지만, 사실은 이것이야말로 비행 상황의 동서를 판가름하는 중요한 요인이다.

우리 아이들은 아동·청소년기에 이르기까지 가족과 친밀한 관계를 유지하고 부모의 통제 아래에 머문다. 이것은 적어도 청소년이 고독감에서 약물을 남용하거나 사춘기의 빠른 시기부터 성행동(性行動)에 관여하거나 불량집단에 지속적으로 귀속하는 것을 방지할 것으로 생각된다. 이것은 비행방지라는 점에서는 긍정적인 요인인 것이다.

그러나 동일한 요인이 어린이의 자아의 자립을 억제하고 사춘기에 자신의 내적 욕구, 충동에 주체적으로 대응하는 것을 방해하고 사회에 접촉할 때 받는 자극이나 유인에 대한 면역을 키우지 못하는 것도 있다.

만일 그렇다고 한다면 우리는 현상을 긍정해야 하는가, 아니면 비판해야 하는가? 이것은 매우 미묘한 문제이다.

사춘기는 지나가는 시기이다. 소년·소녀는 본래 다양한 길을 걸어서 어른이 된다. 그런데 어린이가 어른이 되는 길을 너무도 지나치게 한정해 버리는 경향이 있다. 학교를 다니고 종이와 연필의 업(業)에 너무도 시달리게 하고 있다.

고학력화(高學歷化)의 현대사회는 지금까지의 어느 사회보다도 어린이의 생활체험이나 진로가 고정화되어 놀거나 무엇을 마음대로 할 수 있는 자유가 박탈된 사회가 되어 가고 있다.

성인이 되어 가는 청소년이 그 사춘기, 청년기를 보내는 방법을 조금이라도 더 다양하게 하는 것으로 현대의 '비행'을 둘러싼 상황도 다소 변화되지 않을까? 이 시기가 어쨌든 성인이 되는 과도기적 시기라고 해서 그들의 '살아가는' 의미가 성인이 되기 위한 준비를 위한 것에 한정되어서는 곤란하지 않겠는가?

아동·청소년 비행이 "시대를 반영하는 거울"이라고 하는 옛말도 있지만, 개인적인 병리성이 결여된 현대형 비행의 증가는 오히려 순수하게 사회의 병리나 모순의 부정적인 투영이라고 할 수 있을 것이다.

5) 아동 · 청소년의 폭력

요즘 많은 학부모는 자녀가 무사히 학교에 갔다 오는 것만 해도 몹시 어려운 일을 이룬 것처럼 생각한다. 그만큼 오늘날 청소년의 학교생활이 예전처럼 간단한 것이 아닌 것으로 생각하게 만들었다. 그것은 오늘날 우리 사회의 폭력과 패

륜 등의 사회 문제가 급속히 증가를 보이고 있는 현상과 관련해서 학내 폭력이 심각한 수위에 이르렀다는 것을 의미한다.

몇 푼 안 되는 생활보조금의 일부를 정기적으로 갈취를 당하던 생활보호대상 학생이 자퇴하고 특별한 이유 없이 선배로부터 집단 구타를 당한 여중생이 스스로 목숨을 끊었다. 말을 듣지 않는다며 고교생들이 급우를 저수지에 빠뜨려 숨지게 하는 상상조차 할 수 없는 일까지 벌어졌다.

이제는 대도시는 말할 것도 없고 지방 소도시에 이르기까지 각 경찰서 또는 파출소에 '학교폭력 구조 및 대피소'가 운영을 하게 되는 사태에 이르렀다.

최근 몇 개월 동안 학교폭력에 의해 자살하거나 피살된 학생이 보도된 것만 8건이며, 공개되지 않은 것까지 합하면 30건을 훨씬 넘는다. 학교폭력이 더 이상 단순폭행이나 금품갈취 수준에 머무르지 않고 '살인'의 수위에 이르렀다는 것을 최근의 사례가 보여 주고 있다. 우발적인 상태를 넘어 조직화·흉포화되고 있는 것이다.

전국 중·고교에는 일본만화에서 이름을 딴 '일진회'라는 폭력서클이 성인조직에 버금가며 유행병처럼 번지고 있다. 사태가 이러한 수준에 이르자 정부는 관계장관 대책회의까지 갖는 등 대책 마련에 여념이 없다.

경찰에서는 그동안 성인폭력조직에만 적용하던 범죄단체조직 혐의를 학생폭력서클에도 적용하는 등 종전에는 볼 수 없었던 강력한 단속활동을 펴고 있으며, 모든 대중매체는 폭력 추방에 동원되고 있다. 학교는 학교대로 교내폭력을 예방하기 위한 온갖 방법과 수단을 동원하여 폭력 추방에 열과 성의를 다하고 있다.

그러나 대부분의 폭력에 대한 대처방법이 미봉책으로 끝나는 경우가 많다. 그것은 무엇보다도 학교폭력을 보는 사람들의 견해에 깊은 차이가 있고, 관련 당사자들의 의견이 불일치되어 폭력에 대한 대책이 기본적으로 미흡하기 때문이다.

예를 들어, 최근에 실시된 학교폭력에 대한 학생, 교사 및 부모의 의식에 대한 한 조사에 의하면, 학교폭력에 대한 기본적 시점이 각기 다르며 그 원인에 대한 인식에도 큰 차이가 있음을 알 수 있다. 그리고 폭력의 원인에 대한 이해도 각 집단에 따라 다르게 나타나는 것을 볼 수 있다.

그러므로 청소년의 폭력에 대한 철저한 원인분석과 다각적인 대책 없이는 아무리 청소년의 폭력을 해결한다고 해도 잠시 표면적인 해결책에 지나지 않을 것이 분명하다.

아동·청소년의 폭력이 오늘날과 같은 상황에 이른 것은 그동안 우리 사회가 계속적인 위험신호에 둔감하여 문제가 제기될 때마다 표피적이고 임시적인 충격성 대책을 논의할 뿐 지속적이고 일관성 있는 대책 마련을 소홀히 해 온 사실도 일단의 책임이 있다고 할 수 있다.

아동·청소년의 폭력은 어떤 형태의 것이든 어떻게 개념을 규정하든 간에 인간의 존엄성과 생명의 소중함을 무시하는 행위라는 점에서 학교뿐만 아니라 이 사회에서 다른 어떤 행동보다도 심각한 문제로 취급된다.

그리고 청소년 폭력이 주요한 사회적 문제로 등장하는 또 하나의 주요한 이유는 청소년기의 폭력적 행동이 성인기에 이르기까지 지속되어 간다는 점이다. 이러한 청소년 폭력의 측면은 지금까지 많은 청소년 비행과 관련된 연구에서 확인되고 있다.

청소년 폭력은 사회의 규범을 파괴시킬 뿐만 아니라 가해자와 피해자 모두의 인격을 와해시킬 수 있는 요인이다. 그러므로 대책을 수립하여 청소년을 보호하고, 교육적 차원뿐만 아니라 사회의 건전한 발전을 위해서도 청소년폭력은 반드시 해결해야 할 주요한 국가적 과제인 셈이다.

학교폭력은 교육현장만의 문제가 아니라 사회공동의 과제가 되고 있다는 것이다. 이제는 실효성이 있으며 구체적으로 현장에서 도움이 되는 대책을 마련해야 할 때이다. 우선, 청소년 폭력의 원인이 무엇이며 그 실태는 어떠한지를 구체적으로 파악하고 이를 대처하는 실제적인 대책을 수립해야 한다.

(1) 학교폭력의 내용

지금까지 국가기관과 민간단체에서 청소년 폭력에 대한 실태조사가 많이 이루어져 왔다. 한 공립기관(2012)에 의해 이루어진 조사 가운데 학교폭력의 내용을 살펴보면 다음과 같다.

'말로 하는 협박이나 욕설'이 37.9%, '인터넷 채팅, 이메일 휴대전화로 하는 욕설과 비방'이 13.3%, '집단따돌림'이 13.3%로 전체 응답 유형 가운데 64.5%를 차지하고 있다. 그 외에 '돈 또는 물건을 빼앗김'이 12.8%, '손, 말 또는 도구로 맞거나 특정 장소에 갇힘'이 10.4%, '강제 심부름과 같은 괴롭힘'이 7.1%를 차지하고 있다.

(2) 폭력의 원인과 동기

아동·청소년의 폭력 행동을 해결하기 위해서 먼저 그것이 형성되는 원인 혹은 과정을 이해할 필요가 있다. 지금까지 청소년의 폭력 행동이 발생하는 과정을 논의할 때 몇 가지 관련된 변인이 고려되어 왔다.

오늘날 청소년의 행동을 폭력적으로 치닫게 하는 주원인으로는 일반적으로 다음과 같은 두 가지로 생각할 수 있다(박종효, 2012, pp. 17-38).

첫째, 청소년이 갖는 정신적·신체적 발달과 관련이 있는 개인적 원인, 둘째, 그들이 구성원으로 있는 가정과 학교를 비롯하여 넓게는 그들을 둘러싼 사회문화적·환경적 원인이다.

먼저, 개인적인 원인을 이 시기의 신체적·생리적 특성과 관련하여 살펴볼 필요가 있다. 많은 발달심리학자가 주장하듯이 청소년기는 전 생애를 통해 신체적·정서적 변화가 가장 급격하게 일어나는 시기일 뿐만 아니라 심리적으로 자기독립과 자기의 정체 의식을 확립해야 할 중요한 시기이다.

청소년기의 급속한 신체적·생리적 성숙은 그들의 심리적 변화에 큰 영향을 미치게 된다. 정신분석학자들에 의하면, 이 시기의 생리적 변화로 청소년의 강한 원욕과 자아가 대결하게 되는데, 이러한 과정에서 본능적인 불안이 발생하고 감정의 급격한 변화와 퇴행적 행동이 증가한다고 하였다.

특히 사춘기의 급격한 호르몬 증가는 아동기적 자아로서 감당하기 어려운 감정의 혼동을 야기시킨다. 청소년기의 이와 같은 신체적·생리적 변화는 불안을 은폐시키기 위한 위장된 공격행동과 자기과시적 행동을 증대시키게 되며, 충동적으로 되게 한다.

이러한 생리적 변화는 그들의 정서에 영향을 주어, 특히 성 충동의 급격한 증가와 감정의 예민성이 증가되면서 정서적 혼동과 불안감을 갖게 한다. 청소년의 약물 남용이나 폭주 등은 정서적 불안감이나 긴장감으로부터 스스로를 해방시키고자 하는 그들 자신의 생존전략으로도 볼 수 있다.

그뿐만 아니라 그들의 감정은 양면성을 갖는다. 즉, 존경심과 열등감, 의존과 자립, 부모를 위시한 기성에 대한 존경심과 경멸심 등과 같은 상반된 감정을 가진다.

예를 들어, 부모님을 사랑하면서도 기성세대에 대하여 보수적이라고 경멸하거나 반항하는 태도를 나타낸다. 청소년 후기가 되면서 이러한 양면적 감정이 줄어들게 되지만, 그 이전까지는 성에 대해 과민반응을 보이거나 충동적 또는 우발적 행동을 많이 하고, 양면적 감정으로 인한 정신적 갈등과 혼란 속에서 자신의 정체성을 찾기 위해 방황하는 행동을 보이게 된다.

신체적·심리적 변화와 함께 또 한 가지 중요하게 작용하는 것은 이 시기에는 학습력이 강한데, 특히 친우로부터 모방 또는 학습의 효과가 크게 작용한다는 것이다.

예를 들어, 폭력을 당해 본 경험이 있는 사람이 그렇지 않은 사람보다 더 공격적이며 폭력을 행사할 가능성이 크다는 가설을 들 수 있다. 이런 관계는 학습이나 모방의 효과로 설명할 수 있다. 즉, 자신의 적개심과 분노를 적절히 표현하는 방법을 학습할 기회가 없었고, 그들이 보아 온 폭력적인 행위를 통해서 분노를 표출하는 것이다.

이러한 적개심과 분노가 평상시에 억압되어 있다가 다른 사람에게 폭발적으로 나타나는 과정으로 설명할 수 있다. 또 다른 설명으로는 청소년은 사춘기에 정체성의 위기를 맞으며 과도기적 성격으로 인해 불안, 적대감, 반항이 나타나기에 폭력은 이들이 도움을 청하는 하나의 울부짖음으로 보아야 한다는 것이다.

가정과 학교에서 기존 권위에 대한 거부와 반항적 행동으로 폭력이 이어진다. 부모와 교사의 가치관, 신념, 규제에 불만이 있으며 항상 갈등적으로 대립한다. 동료 학생, 특히 학업이 우수한 학생이나 신체적으로 약한 학생을 폭력의 대상으로 삼는다는 입장이다.

한편 이와 같은 개인적 요인은 가족구조의 변화에도 영향을 받는다. 우리 사회에서 가족은 어떤 사회 제도보다도 청소년 안녕이 핵심적인 제도였다.

그러나 1970년대 이후 경제 성장으로 사회 구조 변화는 가족 구조의 변화를 요구하며 많은 갈등과 모순을 가져다주었고, 가족은 청소년의 안녕을 담당할 기능을 상실하였다.

그 원인으로는 첫째, 우리 사회에서 빈곤 가족층이 뚜렷이 형성되어 있다. 특히 도시 저소득층 가족문제는 어느 계층보다도 자녀 교육에 있어서 어려움을 겪고 있다.

둘째, 가족 구성원 간의 갈등이 심각하다. 가족 내 불평등, 부당함, 부모-자녀 간의 혹은 부부간의 무관심은 문제로 부각되고 있다. 이에 설상가상으로 과도한 TV 시청, 부적절한 비디오 시청 등은 심각성을 더 해 주고 있다.

신세대인 청소년과 기성세대인 부모와의 가치관 대립으로 갈등되어 있다. 어느 때보다도 부모-자녀 간의 의사소통 방법, 감정이입에 준하는 이해 방법, 민주적인 관계 형성이 필요한 시기이다. 가족 안에서의 학대와 의사소통의 부재로 인한 단절과 고립은 끊임없는 갈등을 지속시키고 있다. 협상이 불가능하고 서로 간에 들어 주려는 태도와 행동이 결여되어 있다.

그리고 우리 사회의 학교교육 풍토 역시 많은 청소년이 비행으로 치닫게 되는 주요한 원인을 제공하고 있다.

특히 개인 능력의 우열이 학교에서 높은 점수를 받고 일류 학교의 합격 여부에 달린 오늘의 현실에서 이러한 점은 더욱더 그러하다. 그러므로 학교교육이 획일적 · 권위적 · 비인간적인 성격을 벗어나지 못할 수밖에 없다.

청소년이 비행을 저지를 때가 주로 학교 시험으로 압박을 받을 때라는 주장이 설득력을 갖고 있다. 학교 성적이 떨어진 학생에 대해서는 무관심해지고, 학생은 관심을 끌기 위하여 폭력 쪽으로 눈을 돌리게 된다.

이와 같은 학교 환경과 더불어 청소년에게 가장 큰 영향을 주고 있는 것은 대중매체를 통한 환경적 영향이다.

최근 외신에 따르면 미국의 아이들이 초등학교를 졸업하기 전에 평균적으로 약 8천여 건의 살인과 10만여 건의 폭력을 TV를 통해 본다는 연구논문이 발표되었다고 한다. 이 논문에서 전문가들은 TV가 어린이에게 폭력적인 행동을, 청소년에게는 범죄수법을 가르치고 있다고 주장했다.

이들은 아이들이 성인범죄를 저지르고, 이것이 성인에 의한 범죄보다 더 빨리 증가하는 현상을 '눈 뭉치 효과(snowballing effect)'[2)]라고 명명했다.

어린이는 현실과 환상의 차이를 구별하기 어려우며 청소년은 대중매체를 통해 본 행실을 수용해 자신의 행동 패턴으로 융화시킨다. 이처럼 TV 폭력은 가공할 살인무기라는 것이 이들의 경고이다. 우리는 어떠한가?

치고 때리는 코미디 폭력은 정형화되어 버렸고, '모래시계' 이후 드라마에서 폭력은 피를 봐야 직성이 풀릴 만큼 포악해지고 미화되는 추세이다. 상업광고와 뉴스도 폭력이 난무한다. 10대가 즐기는 노래 가사에도 폭력적인 내용이 늘고 있다.

물론 여러 대중매체에 의한 영향을 부정적으로 보는 시각에는 문제가 없는 것은

2) Dictionary, Cambridge. "A snowball effect". Retrieved 23 March 2018.

아니다. 대중매체 중에 청소년에게 나쁜 영향을 주는 '유해물'이 있다고 보는 것은 '청소년이 그것을 접했을 때 비행을 저지르게 된다.'는 가정에 근거하고 있다.

이 가설은 확정적인 것은 아니다. '상관성'은 분명히 있지만, '인과성'에 대해서는 논란의 여지가 크기 때문이다.

예를 들어, 영상매체의 내용과 비행 사이의 관련성을 완전히 무시할 수는 없으나 비행의 주요인으로 보기 어렵다는 논지이다. 말을 바꾸면 청소년의 폭력을 야기하는 것은 잘못된 사회구조라는 이야기이다.

그럼에도 불구하고 대중매체의 유해성은 무시할 수 없다. 대중매체는 동시대의 사회상과 사회구조가 반영되기 마련인데, 만약 왜곡되게 반영되면 그것을 보는 청소년의 가치관도 왜곡될 수 있기 때문이다.

영화와 같은 대중매체가 청소년의 건전한 가치관 육성에 가장 방해가 되는 것은 폭력성 때문이다. 일반적으로 많은 대중매체는, 가부장적 가치관 탓도 있겠지만, 일반적으로 '강한 남성'을 칭송하는 경향을 강하게 나타낸다. "모름지기 남자는 …." 혹은 "남자가 그럴 수도 있지."라는 태도는 여성비하, 여성의 예속화는 물론 폭력 묘사에 대해서는 관용을 넘어 미화한다.

전쟁, 폭력, 살인 등으로 인간을 파괴하고 제거시키는 행위를 '멋진 것'으로 묘사하는 사례는 지겨울 정도로 흔하다. 법보다 주먹이 가까운, 설복보다 강압을 우선하는 세태가 고스란히 반영된다.

6) 폭력에 대한 예방대책

이상에서 살펴본 바와 같이 청소년의 폭력화는 그 원인이 다양하다. 그러므로 폭력에 대한 예방대책 역시 다양하게 전개하지 않을 수 없다. 예를 들어, 가정과 사회, 개인을 대상으로 한 예방 및 처방교육이 필요하다.

따라서 여기에서는 우선 청소년이 성장하고 있는 가정에서 감당해야 할 방안을 알아보고 이어 사회에서 강구할 점을 탐색한 후, 마지막으로 청소년 자신에 대한 예방대책을 강구하려고 한다(김상곤 외, 2013; 이혜영 · 김영철, 1999; 허승희 · 최태진 · 박성미, 2009).

먼저, 아동 초기의 양육에 초점을 둔 부모교육에 대한 우리의 관심이 필요한 점을 제기하고자 한다. 오늘날 한두 명의 자녀를 양육하는 가정에서 부모는 자녀가 부모의 소속물이 아니라 어디까지나 '자기'를 가진 인간이라는 점에 유념해야 한다.

즉, 자식은 자기로부터 분리된 한 인간으로서 성장해야 함을 인정하고 어릴 적부터 자기의 인생을 개척할 수 있도록 이끌어 주어야 한다.

이러한 과제를 성취하는 데 가장 중요한 요인은 어머니이다. 어머니 자신이 이 과제를 성취할 정도로 성숙하지 못했을 경우 아동의 양육과정에 문제가 생긴다. 그 결과, 아동은 지속적으로 좌절되어 공격적이고, 충동적이며, 감정이 불안정한 사람이 되기 쉽다.

이러한 문제를 예방하기 위해서는 부모교육에 관심을 갖고 부모는 아동의 성장에 미치는 영향에 관한 충분한 지식을 습득할 필요가 있으며, 부모교육에 대한 교육 또는 훈련을 받을 필요가 있다.

특히 학교생활을 시작한 아동 후기, 청소년기에는 자녀가 학교생활에서 경험하는 문제를 함께 도울 수 있는 기술에 대해 부모는 충분한 지식을 갖고 있어야 한다.

여기서 중요한 사항은 초기 아동기의 적응적인 자녀양육 방식과 아울러 자녀에 대한 지나친 간섭을 배제하는 것이다.

그러므로 10대 청소년을 가진 부모의 발달과제는 어린이의 자립과 의존의 갈등에 대응해 가면서 '키운다 – 키워진다', '돌본다 – 돌봄을 받는다'와 같은 상보적인 관계로부터 인간 동지의 상호적인 관계를 형성해 나가는 일이다. 부모가 어린이의 행동이나 심리를 수용할 수 있는 여유를 갖지 않으면 안 된다.

아동·청소년에 대한 적절한 보호, 지지와 함께 적절한 자율을 보장하는 일이 이 시기의 부모가 해야 할 가장 중요한 일이다. 청소년기의 자녀가 부모로부터 애정과 지지를 얻지 못할 때, 비행청소년과 같은 애착행동이 발달한다는 관점을 고려해야 할 것이다.

이러한 부모의 태도는 이 시기에 가정 변인과 사회 변인으로 야기되는 폭력을 예방하는 데 결정적으로 중요하다.

아울러 가정에서 자행되는 폭력이 학교, 사회로 확산되고 있음에 유의하여 자녀 교육에서의 비폭력화에 관심을 가져야 한다.

예를 들어, 부부간, 형제자매 간, 또래 간의 폭력은 곧 학교 폭력으로 이어진다. 폭력의 모방효과를 고려하면, 가정 내 폭력과 폭행은 반드시 주의해야 할 것이다.

가정교육을 강화하고 청소년 비행을 예방하기 위해 가정의 안정을 꾀할 수 있도록 국가에서 가정복지사업을 더욱 강화해 나가야 할 것이며, 소년·소녀 가장 세대, 결손 가정, 빈곤 가정 등에 대한 복지정책을 확대해 나가야 할 것이다.

특히 이들 가정에 대한 생활 자립 지원금을 대폭 증액하고, 직업 훈련을 우선 실시하여 취업을 알선하며, 상담기관과 연계하여 수시로 상담할 수 있는 상담 체제를 확립해 나가야 할 것이다.

가정교육과 아울러 학교에서는 아동 또는 청소년 한 사람 한 사람의 자긍심을 살리고, 이들이 자기감정의 표현을 촉진하고, 갈등을 비폭력적인 방법으로 해결하는 기술을 습득하도록 도움을 주어야 한다.

대인관계에서는 분노 감정의 비폭력화를 위한 기술을 익히는 교육에 힘을 써야 할 것이다. 특히 학교에서 폭력을 휘두르는 학생은 자신이 신체폭력이나 언어폭력을 행했을 때 상대방이 겪게 되는 신체적·감정적인 손상에 대한 고려가 부족한 경우가 많으므로 공감 훈련과 같은 인간관계 훈련을 통한 정서교육에 관심을 가져야 한다.

청소년이 학교생활에 만족스럽게 잘 적응해 나가는 것은 청소년의 성격 형성과 사회성 발달에도 상당한 영향을 미친다. 외국의 연구에서는 학생이 학교에 대한 애착과 참여가 낮고 무단결석이 많을수록 범죄와 관련된다고 보고하였다.

또한, 근래와 같이 학교 내 폭력집단 등 불량교우집단이 난무하는 경우에는 청소년이 비행화할 소지가 많으며, 일반 다른 청소년도 심리적으로 학교생활에 불안을 느끼기 쉽다.

그러므로 청소년 비행과 직결되는 학교 내 폭력을 제거할 수 있는 적극적이고 효과적인 방안이 마련되고, 처벌 위주의 학교 징계를 선도, 보호, 예방 차원으로 조정해 나가야 할 것이다.

특히 학교생활에 적응 못 하는 청소년을 바로 징계 조치함으로써 더 큰 비행청소년으로 전락시킬 우려가 크다는 점을 감안하여 교육법 시행령을 개정하는 등 국가에서 징계 조치를 최소화할 수 있도록 하여야 하고, 각급 학교에서는 우위 경쟁의식에서 벗어나 학생 입장에서 적절한 조치를 취하도록 하여야 할 것이다.

그리고 징계 중에 있는 학생이라도 수업은 모두 참여하도록 한다.

폭력적인 청소년은 주로 부정적인 감정, 특히 화가 나는 감정을 통제하지 못하여 충동적인 폭력을 행하는 경우가 많으므로 자신의 화나는 감정을 인식하고 통제할 수 있도록 돕기 위한 감정을 통제하는 훈련을 해야 한다.

즉, 자기 자신과 타인의 감정에 대한 이해가 성숙할 수 있도록 감성 훈련이 잠재교육과정으로서 충분히 활용되어야 할 것이다. 가정과 학교, 사회가 일체가 되어 청소년을 지도할 수 있어야 함은 두말할 나위가 없다.

앞서 문제점에서 지적한 바와 같이 사회환경의 문제는 이러한 총체적인 지도 속에서 청소년을 지도하여야 한다. 학교에서는 청소년 비행 예방과 상담을 위한 사회적 접근이 시도되어야 한다. 아울러 지역사회 중심의 상담활동이 전개되어야 한다.

아동·청소년 비행 예방 프로그램을 지역사회 조직 사업으로 활발히 전개하여 성공을 거둔 나라로 미국을 들 수 있다.

지역사회 조직 사업은 학교, 교회, 사회복지단체, 경찰, 소년법원, 지역주민협의회 등이 주체가 되어 청소년 캠프, 우범지역 및 지역사회 내 비행 문화의 개선 등 비행청소년 예방을 위한 활동을 함은 물론, 비행청소년과 소년원 퇴소 청소년의 사회복귀·적응을 위해 개인상담, 집단상담 등을 하는 등 다양한 접근을 시도하고 있다.

건전한 청소년을 육성하기 위한 사회환경을 조성하는 데 가정과 학교, 사회가 일체가 되어야 한다. 유흥가나 우범지대에 대한 순찰이 강화되고 청소년의 출입이 제한되어야 한다. 또한, 유흥업 종사자에 대한 교육이 실시되어야 한다.

청소년의 유흥가 출입과 같은 행위를 단속하는 것과 함께 우리 사회에서 청소년에 대한 지원이 충분히 이루어져야 한다. 청소년회관에 각종 시설과 교육 및 여가 선용 프로그램이 지원되어야 하고, 가난한 학생이 학업을 계속하려고 할 때는 재정적인 지원도 제공되어야 할 것이다.

그렇게 함으로써 본인에게 뜻이 있으면 자기 목표를 성취할 수 있음을, 인내와 성취를 권장하는 풍토를 조성함으로써 좌절의 극복에 대한 사회적 보상이 있음을 알게 한다.

“청소년을 유해한 각종 사회환경으로부터 보호, 구제하고 이들을 건전한 인격체로 성장할 수 있도록 함”을 목적으로 하는 「청소년보호법」이 시행되고 있다. 전문가들은 이 법의 실효성에 대해 매우 회의적이다. 정보의 양이나 전달 속도가 ‘산업사회’와는 크게 다른 ‘정보사회’에서는 나쁜 것을 막는 규제보다는 좋은 것을 키우는 육성 쪽에 중점을 두는 것이 더 효과적으로 생각되는데 이 법은 여전히 규제 중심이기 때문이다.

이 법 이외에도 청소년에 유해한 것, 예를 들어 유해 매체물 등을 규제하는 법은 상당히 많이 있다. 법의 실효성이 문제되는 다른 이유는 집행력이 취약하다는 점이 있다.

예를 들어, 최근 문제가 되고 있는 TV, 비디오 등의 대중매체의 성적 폭력성에 해당하는 음란성에 대해서도 경찰, 검찰 등 공권력은 별로 신경을 쓰지 못하고 있다.

또한, 많은 일을 공연윤리위원회, 간행물윤리위원회, 정보통신윤리위원회 등 각종 위원회에 미루고 있다. 이 기구들은 사전심의를 할 뿐 사후 유통관리는 하지 않는다.

학부모와 학교는 공권력이나 위원회의 역할에 대해 과신하면서 스스로의 책임을 버려 두는 경향이 없지 않다. 학부모, 학교가 사회와 일체가 되어 청소년의 폭력을 예방하여야 하며 대처해 가야 한다.

마지막으로, 폭력을 휘두르는 청소년 대부분이 낮은 학업성적과 관련이 깊다는 사실에 관심을 가져야 한다. 학교교육이 건전한 생애 발달에 대한 교육임을 강조함과 동시에 상급학교의 진학을 위한 장소일 뿐만 아니라 보다 질적 수준이 높은 삶을 위한 기술 습득의 장소임을 강조할 필요가 있다.

결국, 건전한 청소년을 육성하기 위해서는 가정을 중심으로 학교와 사회가 일체가 되어 지도하는 길이 최선의 방안임을 말하지 않을 수 없다.

제 07 장

청소년과 대중문화

CHAPTER 07

1 | 광고의 비윤리성

현대의 청소년은 성인과 마찬가지로 광고라고 하는 대기 속에서 호흡하며 살아가고 있다. 특히 소비자인 청소년을 상대로 한 광고는 날이 갈수록 증가되고 있는 추세인데, 광고의 비윤리성은 갈수록 많은 문제를 야기시키고 있다(금희조, 2006; 박정임, 2015).

그러므로 청소년을 건전하게 육성하기 위해서는 청소년을 대상으로 한 광고의 비윤리성을 문제로 삼아야 한다.

본래 광고는 기업의 이익과 창의성, 소비자 욕구, 정부 규제 등이 공개된 장에서 만나는 대단히 역동적인 분야로 그것을 보는 관점 또한 다양하고 극적이다. 특히 광고는 경제적·사회적·문화적·교육적 역할과 마케팅·커뮤니케이션 역할을 수행하는 등 정기능이 많이 있다.

그러나 오늘의 대부분의 광고는 가격이나 품질 등 과거에 중요시되었던 시장의 힘 대신에 소비자를 좌우하고 시장을 통제하는 새로운 시장의 힘이며, 학교, 산업 등 다른 사회제도와는 달리 고유한 사회적 목적을 갖지 않은, 즉 사회적 책임이 약한 사회통제제도이다. 그리고 본질보다는 쇼(show), 현실보다는 환상을 보여 주는 속임수이며, 상품 자체가 아니라 생활방식의 소비를 촉진하는 상징체제가 되고 있는 것이 오늘의 현실이다.

여기에서 오늘날 청소년의 건전한 육성에 방해가 되는 일종의 대중매체의 비윤리성을 가장 단적으로 나타내 주고 있는 광고의 문제점을 좀 더 구체적으로 다루어 보려고 한다.

첫째, 광고의 비정확성을 들 수 있다. 많은 광고가 객관적이고 정보를 제공하는 것이고 공정해야만 하는데도 불구하고 정확하지도 않은 정보를 마구 청소년에게 제공하고 있다. 대부분의 성인 소비자는 이러한 광고의 속성을 어느 정도 이해하고 있지만, 사회적 경험이 적은 청소년에게는 그 영향이 실제로 심대하다.

광고가 아무리 상품과 관련된 원료나 크기, 가격, 기능 등을 사실대로 묘사한다고 해도 실제로는 그 이외의 어떤 가치, 즉 자유, 젊음 또는 그 상품을 사용하면 이성이나 이웃으로부터 부러움을 사거나 매력적으로 보일 수 있고, 광고 모델처럼 날씬해지고 아름다워진다고 암시하는 것이 문제인 것이다.

특히 청소년 대상 광고의 경우 대부분 상품의 사실적 내용 외에 이와 같은 암시적이고 상징적인 가치가 광고를 지배하게 되는데, 이는 청소년에게 그 상품이 새로운 자기, 광고 안의 상황이나 모델과 같은 자기를 만들어 주는 것으로 잘못 믿게 할 우려가 있다.

그런 결과, 청소년은 특정 상표나 옷, 신발, 음료를 애용하며 광고 모델과 유사한 스타일을 흉내 내는 것이 하나의 유행 현상이 되기도 한다. 이는 광고의 사실성 차원을 넘어선 '암시'의 문제라고 할 수 있다.

한편 '획득'과 관련된 문제는 광고가 어떤 상품을 획득하는 것에 우선순위를 두어 소유보다 더욱 중요한 정신적 가치에 대한 믿음을 소멸시킨다는 점이다. 즉, 소비자는 광고를 통해 계속 바뀌고 새로워지고 좋아지는 상품에 노출되어 있으며, 광고는 소비자가 상품을 사고, 쓰고, 버리고, 다시 사도록 유혹한다. 이는 결과적으로 물질적 대상물을 획득과 상품의 소유가 가장 중요한 가치인 것처럼 소비자를 오도한다는 것이다.

그 외 광고는 성(性)과 관련된 문제점을 제기하고 있다. 현대 광고가 성을 상품화하고 성적 자극을 광범하게 이용한다는 점은 많은 사람이 지적하고 있는 바와 같이 새로운 현상이 아니다.

다만, 날이 갈수록 그 표현이 야하고 정교하게 악용되어 성적 암시나 인체의 지나친 노출 등이 옛날보다 점점 많아지고 적극화되고 있다.

광고는 이제 어느 누구도 피하거나 거부해서 생활할 수 없는 환경의 한 부분이 되었다. 그리고 우리가 의식하든 의식하지 못하든 매일 엄청난 양의 광고에 노출되면서 살아가고 있다. 특히 청소년의 경우 그들의 지적 수준이나 경험, 민감성 등의 취약성으로 인해 외부 자극이 미치는 영향은 그 어느 계층보다도 강력하다고 할 수 있다.

이 점에서 광고는 청소년의 언어생활, 소비습관, 감각, 정서 등에서부터 그들의 인간관, 인생관, 세계관 등 의식구조에 미치는 영향이 그 어느 것보다도 클 것으로 판단된다.

2 | 청소년과 유행

광고에서 논의한 것과 마찬가지로 유행에 대해서도 관심을 갖지 않을 수가 없다. 유행은 바로 광고와 직결되어 있고 청소년의 사고와 행동과도 깊은 관련이 있기 때문이다. 그리고 일반적으로 일생을 두고 유행에 제일 민감한 시기가 청소년기이고 유행을 만들어 가는 것이 청소년이다.

유행이란 생활이나 행동의 방식이 어떤 범위의 사람 사이에 퍼져서 그 사람을 사로잡아 그것이 다음 세대로 전해지는 현상이다. 많은 사람이 유행의 현상을 인간 사회에서만 나타나는 것으로 보는 이유는 생활이나 행동의 방식이 퍼지는 것과 전달이 인간 사회의 문화적 환경을 배경으로 하고 동물과 같이 유전정보를 근거로 하지 않기 때문이다.

유행이 유전정보전달에 의하지 않고 사람 사이에 퍼지고 다음 세대로 전달된다는 뜻에서 유행의 특성을 '획일성'과 '연속성' 이 두 가지 단어로 말할 수 있다.

유행하는 것은 질병으로부터 노래에 이르기까지 다양하다. 무엇인가 새로운 것이 몇 사람 사이에 퍼지면 사람은 유행한다고 한다. 유행은 유행을 만드는 사람과 그것을 인지하는 사람에 의해 성립한다. 유행을 만드는 사람이란 제각기 같은 행동을 하고, 같은 것을 가까이 하여 자신과 다른 사람이 동조하고 있음을 나타내 보이는 사람이다.

현대 우리 사회에서 유행을 만드는 사람으로 인지되고 있는 사람은 젊은이다. 왜냐하면, 그들은 자신을 다른 사람과 동조시킬 것을 구하고 어느 정도 주체성을 갖고 이것을 행하기 때문이다.

이제 인증샷은 분야를 가리지 않는다

연예인을 바라보는 대중에게 그들의 움직임은 엄청난 궁금증을 유발하는 것이 된다. 이제 연예인도 대중에게 다가가는 방법을 깨우치고 있다. 혼자만 잘난 연예인이 아닌, 더불어 살아가는 연예인으로 다가가야 한다는 것을 알고, 적극적으로 팬들에게 다가서고 있다.

"인증할 수 있는 방법은 모든 강구하라."라는 말처럼 그들은 '복근 인증', '커플링 인증', '출연자 인증', '친분 인증' 등 모든 부분에서 할 수 있는 행동을 인증하며 팬에게 다가간다. 연예인들의 이런 적극적인 움직임은 대중에게는 친근함으로 다가오고, 대중은 이런 소통의 방법에 참여하고자 한다.

소셜네트워크서비스는 이제 언론의 기사를 거치지 않는 초고속의 논픽션 형태의 정보를 제공받게 했다. 기자들이 쓰는 기사나 홍보기사 등을 거치지 않고 연예인들이 직접 쏟아 내는 모습을 알차게 볼 수 있게 되었고, 대중은 그런 모습에 열광을 할 수밖에 없다.

이제는 조금만 부지런하면 연예인을 만나는 것은 일도 아닐 정도로 소통의 창구로 대중과 연예인이 나오고 있는 것이다. 이는 대중뿐만이 아니고 연예인에게도 도움이 무척이나 된다. 그리고 연예인들이 이런 소통의 거리로 나오는 순간 그들은 더욱 진정성이 느껴지는 인물로 자리매김하며 충성도를 높이게 된다.

드라마 출연자들의 인증글과 인증샷 또한 드라마에 관심을 갖게 하는 중요한 수단으로 쓰이기 시작했다. 반응 역시 엄청날 수밖에 없다. 연예인을 사랑하고, 드라마를 사랑하는 대중의 글과 말에 이제는 연예인이 직접 댓글을 달아 주고 자신이 봤다는 것에 피드백해 준다는 것 자체가 신선할 수밖에 없고, 더욱 그들에게 다가가는 대중을 만들게 되는 것이다.

젊은이는 보호자의 손에서 벗어나 성숙한 사회 구성원이 되기 위해 될 수 있는 대로 독립의 길을 걸으려고 한다. 그들은 새로움을 추구하고 그들의 집단으로부터 소외당하지 않으려고 또래와 연결이 되어 있음을 나타내기 위해서라도 유행에 따른다. 그들이 유행을 만드는 사람의 대표처럼 행동하는 것은 그들 자신이 유행에 민감하고 유행을 받아들이기 위한 것뿐만 아니라 다른 연령층 사람들로부터 주목을 받기 위해서이다.

근본적으로 청소년 또는 청년은 다른 연령층으로부터 주목을 받는 존재이다. 청소년은 좋든 싫든 다음 세대를 이어 갈 자이기 때문이다. 그러기에 선배는 물론이고 후배로부터도 주목을 받고 있다.

그런데 문제는 오늘날 청소년의 유행이 성인의 상업주의에 의해 교묘하게 조작되고 있으며, 이를 위해 선정주의가 침투되고 있다는 것이다. 어떤 소수 집단 또는 기성 성인세대의 상업적인 이윤을 위해 청소년이 획일성을 갖게 되고, 그것이 연속적으로 나타난다고 한다면 사회적인 문제임이 분명하다.

그런 의미에서 앞서 언급한 대중매체와 유행은 불가분의 관계에 있다고 할 수 있다. 청소년의 유행도 소비경제사회가 강요하고 있는 면이 많다는 사실은 이들의 유행에 대한 교육적인 배려가 있어야 함을 말해 준다.

그러므로 청소년의 건전한 성장과 발달을 위해 그들을 둘러싸고 있는 대중매체가 보내고 조작하는 메시지나 유행문화에 대한 적절한 교육이 필요하다.

3 | 음악과 스포츠 그리고 외식문화

현대의 청소년문화 가운데 가장 활발한 것은 음악적인 것이다. 이것은 취미나 여가라기보다는 그들의 생활 속에 침투한 감각과 같다. 공부하면서 듣고 걸어가면서도 듣고 여유만 있으면 음악을 틀고 산에 가든, 바다에 가든 이어폰을 끼고 간다. 카세트테이프(cassette tape)에서 시디(CD)로 시디에서 스마트폰(smart phone)으로 바뀌고 있지만, 내용은 마찬가지이다.

어릴 적부터 음악 속에서 자란 그들은 음악과 함께 성장해 간다. 오디오나 비디오 음악 메카에 휩싸인 청소년은 음악 없이는 잠시도 살 수가 없을 정도로 음악을 즐기면서 살아간다. 그들은 단순히 음악을 들을 뿐만 아니라 기타 등을 연주하며 노래를 부르고 춤을 즐긴다. 일부분이지만, 그들 중에는 작곡을 하거나 편곡하는 자도 있다.

음악의 장르는 대학생, 고등학생을 중심으로 이른바 클래식에 비해 대중음악이 인기가 높다. 그들이 즐겨 부르는 노래 가사를 자세히 살펴보면 기성세대에 대한 반항 또는 분노가 표출되어 있음을 알 수 있다. 이들은 음악을 통해 현재의 교육과 자신이 처한 상황을 호소하고 있다.

그들은 외적인 것에 자신을 바쳐서 자아를 살려 가는 에너지가 약하여 그들이 갖고 있는 문화 속에서 음악을 통해 나타내는 것이다.

이러한 경향은 스포츠에도 나타난다. 청소년은 스포츠를 좋아하게 되어 있다. 육체적인 성장은 놀이를 발전시켜 스포츠로 관심을 갖게 하고, 스포츠를 통해서 자신의 욕구를 분출시킨다. 예전에 스포츠가 교육의 일환으로서 행해졌다면, 오늘날 스포츠는 여가 또는 개인의 자아실현의 장으로 이루어지고 있다.

특히 TV 프로그램이 다양한 스포츠를 광범위하게 보급시켜 이제는 청소년 또래 사이에 스포츠를 모르면 이야기가 되지 않을 정도가 되었다. 세계적으로 유명한 스포츠 선수의 사진으로 그들의 방을 꾸미는 등 그야말로 스포츠 시대라고도 할 수 있게 되었다.

여기에는 가볍게 살아가기를 바라는 현대 청소년의 지향이 나타나 있다. 자유롭게 무럭무럭 신체를 단련시키고 땀을 흘리면서 상쾌한 기분을 그대로 그들의 생활방식에 대입하고 싶은 것이다. 거기에다 서구식의 외식문화로 인하여 가벼운 식사, 스포츠웨어를 중심으로 한 의생활, 강하게 연결되기보다는 그저 가볍게 사귀려는 교우관계 등 가벼움은 현대 청소년, 청년문화의 하나의 특질이라고 할 수 있을 것이다.

그러므로 현대 청소년의 사고와 행동을 이해하고 그들로 하여금 다음 세대를 이끌어 갈 건전한 지도자로 육성하기 위해서는 이들의 사회문화적 정황을 이해하고 그들이 취하고 있는 삶의 모습을 정확하게 볼 수 있어야 할 것이다.

4 | 흡연, 음주에 대한 지도의 필요성

많은 산업사회에서는 미성년자는 음주가 금지되어 있다. 우리나라의 경우 「미성년자 음주금지법」으로 20세 미만은 음주가 금지되어 있다. 하지만, 이 법은 제대로 지켜지지 않는다고 해도 과언이 아니다.

사실 그것은 처음부터 일부의 위선을 품고 있는 것이라고 볼 수 있기 때문이다. 우리나라와 같은 음주문화 속에서는 지키기가 매우 어려운 법이다.

우리나라 청소년의 음주문제는 서구의 산업사회에 비해 그 심각성의 정도가 낮다고 할 수 있다. 그러나 흡연문제는 구체적인 통계자료를 제시하지 못하지만, 아마도 어떤 나라 못지않게 심각하다고 생각된다. 빠르면 중학교 1~2학년부터 시작되는 흡연은 고등학교 입시를 맞이하여 스트레스를 흡연으로 해소하는 것처럼 보이기도 하듯이 흡연이 증가한다(박순우, 2007; 김원중, 2004).

엄밀하게 따지고 보면 음주 또는 흡연이 법률에 금지되어 있다고 하더라도 음주나 흡연 그 자체가 절대적으로 나쁜 것이라는 근거가 없다. 그렇게 본다면 담배를 피우거나 술을 마시는 행위는 본래 국가가 결정할 일이 아니다.

다만, 그것이 결국에는 국민건강과 깊게 관련되기 때문에 법에 호소할 따름인 것이다.

그렇다면 흡연과 음주에 대한 행위도 당연히 학교교육에서 다루어야 할 것이다. 그러나 이렇게 중요한 내용을 학생 스스로 성장하면서 배우도록 하는 것이 우리의 현실이다.

특히 흡연이나 음주가 유별나게 문제성을 품고 있음에도 불구하고 교육적인 배려가 없고, 다만 '금연' 또는 '금주'라고 하는 부정적인 훈시만이 분분할 뿐이다.

술은 언제 어디서 어떻게 마시는 것이며, 왜 금주를 해야 하며, 언제 담배를 피울 것이고 어떻게 피워야 하며, 그것을 반드시 자제해야 하는 이유를 가르쳐 주는 사람이 없다. 사실 옛날 사람은 '주도(酒道)'를 중히 여겼다.

오늘날 음주와 흡연의 문제 중 하나는 성인의 흡연과 음주에 매우 관대하다는 것이다. 젊었을 때 어느 정도 술을 마시고 담배를 피우는 것이 극히 당연한 것이라고 보는 사회적 인식에 문제가 있다는 것이다.

청소년 비행의 주원인이 '취중, 즉 음주'에 있다는 현장보고와는 무관하게 우리 사회는 음주와 흡연에 대해서 아량을 베풀고 있다. 취중의 행동을 감싸는 동양적 문화는 오늘의 청소년을 방황하게 한다.

예를 들어, 대낮에 취하여 땅바닥에 누워 있는 사람이 있다면 미국 같은 나라에서는 경찰에 연행되어 처벌을 받지만, 우리나라는 방치되는 경우가 허다하다.

또한, 점점 저연령화되고 여학생에게까지 확산되고 있을 뿐만 아니라 갈수록 증가하는 학생흡연에 대해서 학교에서도 흡연예방지도를 할 필요가 있다(박순우, 2007, pp. 22-34).

음주와 흡연이 우리 사회에서 뗄 수 없는 중요한 생활의 일부분이라면 현대사회에 적절한 음주와 흡연문화를 위해서도 청소년에게 이에 대해 적절하게 교육해야 할 것이다.

술을 마실 것인가 아닌가 또는 담배를 피울 것인가 아닌가를 국가가 아니라 청소년 본인이 결정할 수 있게끔 지도하고, 그것을 자제하는 능력을 육성해야 할 것으로 생각한다.

몸 전체에 미치는 흡연의 영향

흡연이 백내장, 급성골수백혈병, 자궁암, 신장암, 췌장암 및 위암을 비롯한 이전에는 전혀 생각하지 못하였던 다양한 질환의 원인이 된다는 사실이 미국 외과의사협회의 카모나(R. Carmona) 박사에 의해서 발표되었다.

카모나 박사는 이미 오랫동안 흡연이 건강에 좋지 않다고 알려져 왔는데 이번 보고서에서 나타난 흡연에 의한 폐해는 이보다 더욱 심각한 것으로, 흡연이 실제로 신체 내 거의 모든 장기에 해로운 영향을 미친다고 발표하였다.

또한, 그는 흡연으로 인한 독성 물질이 혈액을 통하여 혈액이 순환되는 신체의 모든 부위에 도달하여 영향을 미칠 수 있는 것으로 밝혔으며, 이러한 새로운 사실이 흡연자들로 하여금 금연을 하는 데 커다란 동기가 되고, 청소년들에게는 흡연을 삼가야 할 이유가 되기를 바란다고 하였다.

출처: 한국과학기술정보연구원(www.kisti.re.kr).

제 08 장

아동 · 청소년의 행복 관련 변인

CHAPTER 08

1 | 행복 관련 외적 변인에 관한 연구

최근 국내 유아교육 분야에 있어서 행복이라는 주제는 긍정심리학에 대한 높아진 사회적 관심을 반영함으로써 매우 다양하게 다루어지고 있다. 이러한 행복 관련 연구들의 발행 추이를 고려해 보았을 때 연구자들의 행복에 대한 관심은 앞으로도 더욱 뜨거워질 전망이다.

이는 가르치는 사람과 배우는 사람의 역할이 분명했던 과거 교육기관의 구조적 특성에서 벗어나 구성원 간의 긍정적 관계를 형성하고 행복한 성격을 띠기를 원하는 오늘날의 가치관이 반영된 사회현상으로 이해할 수 있으며, 학습보다는 긍정적인 관계에 더욱 초점을 두고 있는 유아교육학적 특수성이 반영된 결과로 볼 수 있다.

행복에 대한 정의는 학계와 연구자에 따라 다양하게 정의하고 있으나 황해익(2013)은 유아교육에서 행복을 대체로 유아의 참모습을 찾아가는 과정이자 유아교육의 궁극적인 지향점으로 보았다.

특히 유아기의 긍정적인 정서 발달은 주 양육자인 학부모뿐 아니라 유아와 가장 많은 시간을 보내고 있는 담임교사에 의해 영향을 받을 수 있다는 점에서, 유아와 긴밀하게 관계를 맺고 있는 유치원 교사의 긍정적 정서와 태도를 중요하게 다룰 필요가 있다.

이는 유아기(만 4~5세) 우정, 직업, 사랑 등으로부터의 행복이 다양한 영역의 관계 속에서 형성된다고 본 아들러(Adler, 2014)의 관점에서도 유아기 담임교사의 행복한 교직생활은 유아의 긍정적 정서 발달에 의미 있는 영향 요인이 될 수 있음을 시사한다.

또한, 유아는 주변 환경에 매우 민감하게 반응하고 영향을 받는다는 점에서 유아 개인 차원의 행복 못지않게 교사의 행복 또한 중요하다고 볼 수 있다(김성숙, 2013, 377-400).

특히 교사가 가지는 가치관은 유아의 생애 초기 발달에 지대한 영향을 미치게 된다는 점에서 교사가 가지는 긍정적 태도와 효능감은 유아의 행복감 증진과 긍정적 발달에도 중요한 역할을 할 것으로 기대된다.

아동의 행복에 영향을 미치는 다양한 변인 중 관계를 중심으로 연구를 살펴보았을 때 기관장의 리더십은 교사의 교사효능감 증진과 교사의 행복한 교직생활뿐만 아니라 아동의 행복한 삶에도 영향을 미치는 것으로 나타났다(신지혜·최혜순, 2014, pp. 5-28).

이는 유아의 행복이 기관장의 리더십과 교사의 교사효능감과 같은 변인과도 밀접한 관계가 있음을 시사하는 것으로 유아의 행복한 삶을 위해서는 이러한 변인을 주의 깊게 살펴볼 필요가 있음을 보여 준다(이강훈·황해익, 2017, pp. 247-270).

먼저, 기관장은 교육기관의 교육철학 및 운영·관리 전반에 대한 책임자로서 교육기관 내에서 이루어지는 모든 상호작용에 직·간접적으로 영향을 미치는 인적 환경이다. 기관장이 가진 리더십은 조직구성원으로 하여금 직무에 대한 몰입과 직무만족도에 영향을 미치는 중요한 요인이다.

최근에는 교사의 몰입을 증진시킬 뿐만 아니라 강점을 발견하고 성취감을 경험하도록 이끎으로써 행복한 교직생활과 아동과의 긍정적 관계 형성에도 긍정적인 영향을 미치는 멀티플라이어십(multipliership)이 요구되고 있다.

연구들에서도 기관장의 리더십이 긍정적일수록 교사의 조직몰입 수준을 높일 뿐만 아니라, 직무만족도와 교사효능감을 높임으로써 행복한 교직생활에도 영향을 미치는 것으로 보고되었다(이강훈 · 서원석, pp. 147-173).

한편 행복 관련 연구동향을 살펴본 신지혜와 최혜순(2014)의 연구에서 행복에 관한 연구 중 아동(유아 포함)에 대한 논문이 27.8%를 차지하는 것으로 나타났으며, 이 중 아동과 교사 간의 관계를 대상으로 한 논문이 11.6%로 상당한 비중을 차지하는 것으로 나타났다.

이는 유아기 아동의 행복을 설명하는 사회관계적 요인으로 부모, 또래와 함께 교사라고 보고한 최성열(2016)의 연구와 맥을 같이하는 결과로 교사의 특성이 아동의 행복감을 설명하는 데 있어서 중요한 요인으로 볼 수 있다.

2 | 행복 관련 내적 변인에 관한 연구

만 5세 유아와 담임교사를 대상으로 또래유능성, 자아존중감, 교사-유아 관계와 유아 행복 간의 구조 관계를 분석한 박민지와 김민진(2016)의 연구에서도 유아기 아동의 행복감에 교사-유아 간의 긍정적인 관계가 유의미한 영향을 미치는 것으로 보고되었다.

이처럼 교사와 아동 간의 긍정적인 관계 속에서 아동이 경험하는 긍정적 정서는 아동의 행복감 형성에 밀접한 관련이 있으며, 특히 아동의 행복감에 영향을 미치는 교사 변인 중 교육기관이라는 환경을 고려해 보았을 때 담임교사의 교사효능감에 대해서도 주목할 필요가 있다.

이와 함께 아동의 권리와 행복 증진이 중요하다는 인식을 통해 행복이라는 주제가 관심사로 나타나면서, 자기 자신에 대해 얼마나 긍정적인 생각을 하고 있느냐가 개인의 행복을 느끼는 데 결정적인 요인이 될 수 있다.

관련 용어로 주관적 안녕감, 주관적 복지감, 삶의 만족도, 생활만족도, 주관적 행복감 등이 있고, 대부분 비슷한 개념이지만, 다양한 용어로 사용되었다.

국내 연구를 통해 아동의 주관적 행복감에 영향을 미치는 요인을 살펴보면, 심리특성, 사회활동, 가정환경 요인, 부모애착, 부모와의 의사소통, 연령과 성별 등이 제시되었다.

아울러 아동이 느끼는 주관적 행복감과 자아존중감 사이에 직·간접적인 영향에 대한 연구도 있으며, 학년이 높을수록, 부모와의 관계가 친밀할수록 아동의 주관적 행복감이 높게 나타났고, 자아존중감이 높을수록 긍정적 정서도 높게 나타났다는 연구도 있다.

또한, 자아존중감은 개인의 발달 및 사회 적응에 영향을 주는 중요한 요인이며, 개인의 친밀한 대인관계, 행동과 태도, 사회적 적응에 영향을 미치고, 건강한 성격의 형성과 정신건강의 기초가 된다는 연구도 있다(이재경·조혜정, 2012, pp. 41-71).

한편 최성열(2015, pp. 67-80)은 아동·청소년이 주관적으로 행복하다고 생각할수록 문제행동(위축, 우울, 공격성 등)은 적고, 불행하다고 생각할수록 문제행동 양상을 자주 보이는 것으로 보아 아동의 자아존중감뿐만 아니라 아동의 부정적 정서인 문제행동의 양상도 아동의 행복에 필요한 변인으로 같이 볼 필요가 있다고 하였다.

3 | 행복 관련 변인

1) 행복 관련 연구

행복한 사람은 자신을 더 사랑하고 긍정적인 정서를 가지며 적극적이고 낙천적이며 긍정적으로 생각하고 행동한다. 또한, 자신에게 나쁜 일이 생기더라도 낙관적인 관점으로 고난을 바라보기에 시련에 대해 유연함을 가지며 행복해질 수 있는 전략을 구상하고 스스로 실천하는 자세를 지니고 있다.

이는 세상을 살아가는 데 있어 정서적으로 큰 힘이 되어 주는 요소로 다변화·급변화하는 현실에 잘 적응하기 위해 요구되는 요인이라 생각된다. 예전 국가 경쟁력을 나타낼 때 GDP(국내총생산)를 기준으로 경제적으로 풍요롭고 살기 좋은 나라로 기준을 정한 반면, 최근에는 GNP(국민행복지수)로 국가의 경쟁력 및 삶의 질적 수준의 기준을 활용하고 있다.

즉, 삶의 질, 행복 등 경제활동에 이러한 요소를 포함시켜 국가 간의 경쟁력 및 질적인 재고가 이루어지고 있는 것이다.

유엔(UN)에서 발표한 「2015 세계행복보고서」에서 한국은 158개 나라 중 47위로 기록했으며(매일신문, 2015. 4. 24.), 한국방정환재단에서 초·중·고등학생의 행복지수를 국제적으로 비교한 결과 100점 기준 '90.4점'으로 23개국 중 19위에 해당하는 것으로 나타났다(한국소년일보, 2015. 5. 3.).

최근 보도에 따르면 지진으로 인해 큰 재난을 겪은 네팔이나 에티오피아 어린이보다 한국의 어린이가 행복하지 않다(연합뉴스, 2015. 5. 18.)고 할 만큼 대한민국의 아동·청소년의 행복지수는 낮게 나타나고 있다.

이러한 이유로 인해 최근 국민의 행복한 삶에 대해 국가가 적극적으로 관심을 보이면서 '국민행복'을 강조하고 있다.

현재 서울, 경기, 대구교육청에서는 행복을 교육의 주된 목표로 정하고 있으며

'행복한 교육, 미래를 위한 행복교육'을 주요 과제로 삼고 '우리 가족의 행복지수'와 같이 다양한 행복 관련 행사도 이루어지고 있다.

또한, 정부에서 18세 미만 아동의 행복도 증진과 건강관리 등을 위해 향후 5년간 4조 5천억 원의 예산을 투입하여 10년 이내에 아동행복도를 OECD 평균치까지 올리겠다는 목표를 발표하고 있다(머니투데이, 2015. 5. 13.).

이러한 목표 아래 우리나라 아동을 대상으로 행복의 요건과 연령에 따른 차이를 조사한 결과, 초등학생은 '화목한 가족(42.6%)'과 '건강(20.6%)'을 행복에 필요한 핵심 요소로 꼽은 반면, 고등학생은 '돈(19.2%)'과 '성적 향상(18.7%)'이라 할 만큼(한국방정환재단, 2014) 연령의 증가와 더불어 물리적 행복 요소를 더 중요시 여기는 현상을 볼 수 있다. 지나친 학업 위주의 교육과 무한경쟁에 따른 극심한 개인주의와 이기주의 현상에 의해 배려심이나 이타심이 부족해지고, 이는 사회성 결핍에 의한 왕따, 학교 폭력 등의 주요 원인이 될 수 있다.

아동·청소년을 대상으로 한 행복지수 설문조사에서도 초등학생의 경우 행복에 있어 중요한 요인을 가족 간의 사랑으로 인식하는 반면, 고등학생 이상의 청소년은 돈과 성적 향상을 중요시하는 것으로 나타났다.

이러한 물질만능주의 및 '돈'이 행복에 영향을 미친다는 생각은 청소년기에 갑자기 나타나는 것이 아니다. 유아기부터 겪게 되는 과열된 사교육과 경쟁을 강조하는 학습분위기가 아이에게 영향을 미쳐 나타난 것으로 보인다.

이러한 시점에 인간의 성격, 사건을 이해하고 수용하는 인지적 기반 및 성인의 역할과 행동, 생각까지도 모방을 하게 되는 유아기의 중요성을 논의하지 않을 수 없다. 유아기가 인간의 생애 주기와 성장·발달에 결정적인 시기이며, 긍정적으로 생각하는 자세가 성인기까지 영향을 준다는 고든의 연구처럼 유아기 행복이 인간 생애에 큰 영향을 미치기 때문이다(Gordon, 1975).

행복이란 다양한 측면에서 인간의 삶에 긍정적 기여를 하며, 특히 어린 시절에 경험한 충만한 행복감은 그 자체로서도 중요할 뿐만 아니라 아동기의 가소성을 고려할 때 전 세계에 걸쳐서 긍정의 힘을 제공하는 원천이 됨을 강조하고 있다.

그린나프(Greenough) 등은 행복이 유아의 긍정적 정서와 관련성이 높고 이는 이후 성장 가능성에 큰 영향을 미치는 개념임을 강조하고 있다. 유아기 행복은 성인기까지 영향을 미치는 지속가능성을 지닌 중요한 요소이다(Greenough & Black, 1987, pp. 539-559).

2) 행복 관련 변인

행복과 관련된 연구는 2000년 이후부터 꾸준히 증가하고 있으며, 특히 2011년부터 현재까지 연구가 2006년부터 2010년까지의 연구보다 1.5배 증가하는 경향을 보이고 있다(신지혜 · 최혜순, 2014).

하지만, 연구 대상에 따른 차이를 살펴본 결과 유아를 대상으로 한 국내 선행연구의 경우 2005년부터 2015년까지 학위논문의 경우 34편, 학술논문은 78편밖에 되지 않았다. 유아를 대상으로 한 행복연구는 다른 연령 대상의 연구들보다 많이 부족한 실정이다.

다음에 제시된 행복 관련 변인은 지금까지 살펴본 행복과 관련된 연구들에서 제시된 변인 및 신지혜와 최혜순(2014)의 행복에 영향을 주는 요인을 기초로 수정 · 보완하여 작성된 것이다.

〈표 8-1〉 행복에 영향을 주는 요인

변인	범주
인구통계학적 변인	개인 특성(성, 연령, 성격), 사회문화(국가 간 비교), 여가생활, 사회 · 경제적 수준, 학력, 수입 등
인지 관련 변인	자기효능감, 문제해결 능력, 귀인, 통제 능력, 창의성, 호기심, 학구열(동기), 몰입 등

변인	범주
정서 관련 변인	긍정적 정서, 주관적 안녕감, 낙관성, 만족감, 우울성, 스트레스, 유머와 웃음, 자아개념과 자기존중감, 정서지능, 애착, 대인관계 등
사회 · 도덕 관련 변인	감사, 용서, 배려, 용기, 성실, 끈기, 열정, 용맹, 친절, 사회적 지능, 정의감, 도덕성, 공격성, 리더십
매개 변인	업무와 몰입, 성격특성과 직무만족, 일과 조직몰입, 부모의 학대, 방임과 청소년 자살
기타 변인	종교(영성), 신체적 건강, 외모, 매력 정도, 가정환경(부모의 행복감, 부모의 지지, 가족의 지지, 정서적 지원 등), 유아교육기관 교사(교사의 행복감, 교사의 지원과 지지)

출처: 신지혜 · 최혜순(2014).

〈표 8-2〉 유아의 행복 관련 변인

변인	범주	하위 범주
개인적 변인	인구통계학적 변인	개인 특성(연령)
	인지 관련 변인	자기효능감, 창의성, 행복의 의미 및 인식
	정서 · 사회 · 도덕 관련 변인	긍정적 정서, 주관적 안녕감, 낙관성, 적응, 우울, 스트레스, 자아개념과 자기존중감, 정서지능, 애착, 유아인성, 감사, 용서, 배려, 나눔, 용기, 도덕성, 리더십
	신체적 변인	건강
사회적 변인	대인관계 변인 (부모, 교사, 또래)	가정환경(부모의 행복감, 부모의 지지, 가족의 지지, 정서적 지원 등), 유아교육기관 교사(교사의 행복감, 교사의 지원과 지지), 또래
기타 변인	매체 활용 방향성	그림책, 숲, 뇌 기반 연구, 전통놀이, 사교육, 놀이 현황, 미술활동, 바깥놀이 등 행복 가능성 탐색, 연구 동향 및 분석

제 09 장

성격은 변하는 것인가?

CHAPTER 09

성격이 변하는가, 아닌가 하는 논쟁은 결론부터 말하면 어느 쪽도 틀린 주장이 아니다. 왜냐하면, 성격을 어떠한 것으로 보는가에 따라 그 주장이 달라질 수 있기 때문이다.

말을 바꾸어서 하자면 성격에 대한 정의를 어떻게 하느냐에 따라서 성격의 변화성과 항존성에 대한 주장이 달라질 수 있다. 우리는 자신의 성격 중 장점으로 여기는 것이 있는가 하면 약점으로 생각하는 부분이 있다.

이것은 자신의 성격 중에서 어떤 부분은 보존하고 키우고 싶은 반면에 어떤 부분의 성격은 바꾸고 싶은 것을 말한다. 이러한 경우 우리는 자기의 성격을 주체적인 노력에 의해 또는 타인의 원조에 의해 바꿀 수 있을까? 먼저 이러한 성격의 측면을 생각하는 것으로 이야기를 시작하려고 한다.

1 | 성격의 구조

성격이란 무엇인가 하는 성격에 대한 정의는 다른 심리학의 추상적인 용어에 대한 정의를 내릴 때와 마찬가지로 그야말로 구름을 잡는 이야기와 같이 극히 추상적인 것일 수 있다. 그러므로 성격에 대한 정의 역시 간단한 문제가 아니다.

보는 사람에 따라서 성격에 대한 정의가 각기 다르기 때문이다. 수많은 사람의 성격에 대한 정의를 조사한 홀과 린제이(Hall & Lindzey, 1978)는 "성격에 대한 보편적인 정의는 존재하지 않는다."(p. 122)라고 단정하고 있다.

인간의 성격에 대한 연구로 평생을 보낸 올포트(Allport)는 성격에 대한 수많은 정의를 정리한 후에, 성격을 "정말로 바로 그 사람인 것(What a man really is)"(1962, p. 373)이라고 정의를 내렸다.

성격이란 바로 그 사람을 말한다는 것이다. 즉, 바로 그 사람, 그 존재가 그 사람의 성격이라는 뜻이다. 이것은 결코 말장난이 아니라 바로 그 사람의 성격이 바로 그 사람을 말해 주고 있다는 것을 의미한다. 그만큼 성격이란 그 인간존재의 핵심을 의미한다.

그런데 앞서 언급한 성격의 변화성과 항존성에 대한 논쟁에 대해서는 어느 쪽의 주장에도 일리가 있다고 말한 것은 성격을 어떻게 보느냐에 따라 항상 변화하는 것으로도 볼 수 있고 좀처럼 변화하지 않는 것으로도 볼 수 있기 때문이다.

성격을 평면적인 것으로 본다면 이것은 그렇게 변화하는 것이 아니라고 할 수 있다. 유형론자가 주장하듯이 성격을 어느 하나의 특정한 유형으로 결정할 수 있는 것이라면 이는 결코 쉽사리 변하는 것이라고 할 수 없다.

그러나 성격을 평면이 아닌 다양한 차원으로 구성된 입체적인 것으로 생각한다면 성격은 항상 변하는 것이라고 말할 수 있다.

성격을 쉽게 변하지 않는 것으로 볼 때는 기질적인 성격을 의미하는 경우가 많고, 환경에 따라 쉽게 변하는 것이라고 볼 때는 사회적인 성격, 일반적으로 외부에 나타나는 성격을 말하는 경우가 많다.

그러므로 성격과 기질의 용어를 분명히 구별하여 사용할 필요가 있다.

기질로 인간의 성격을 유형화시킨 크렛치머(F. Kretschmer)에 의하면 성격이란 인간의 정동적·의지적 반응의 가능성의 총체를 말한다고 볼 수 있고, 기질이란 개인의 생체 내의 생리적 기초와 밀접하게 관련되어 있는 성격의 하위구조라고 볼 수 있다(박아청, 2001, pp. 67-69).

다시 말하면, 성격이란 인간행동의 다양한 표현 전체를 의미하고, 기질은 그 기초에 있는 생리적 요소를 포함한 속성인 것이다. 따라서 성격은 후천적인 것을 포함하지만, 기질은 선천적으로 규정된 것이 된다.

그러므로 성격을 말할 때 일면적이거나 일차원적으로 말할 것이 아니라 다음에 제시된 바와 같이 구조적으로 보아야 할 것이다(**그림 9-1**).

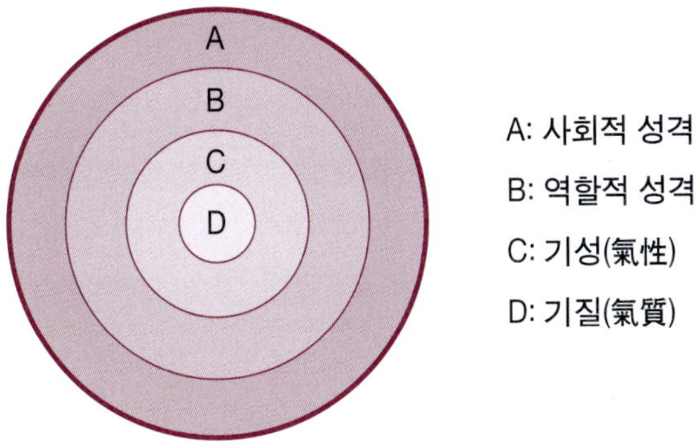

[그림 9-1] 성격의 구조

예를 들어, **[그림 9-1]**과 같이 성격을 사과의 모습에 비교할 수도 있을 것이다. 사과가 몇 개의 층으로 이루어져 있는 것처럼 인간의 성격도 몇 가지의 층으로 구성되어 있다고 생각할 수 있다.

사과의 씨앗 부분에 해당하는 것을 성격의 기본 골격을 이루고 있는 기질과 비교해 보려고 한다. 인간의 성격을 이루는 가장 핵심을 기질이라고 생각할 수 있다. 다음에 기질적인 성격이라고 볼 수 있는 기성(氣性)이 자리 잡고 있고, 그 외면에는 사회에서 자신의 역할에 따라 주어지는 행동이 성격으로 나타나는 측면이 있다.

그리고 사회생활에서 타인에 의해 인지되는 또는 표출되는 측면의 성격을 우리는 사회적 성격이라고 부른다.

이처럼 성격 자체를 평면적이거나 일차원적인 것으로 보지 않고 다면적이며 다차원적인 것으로 볼 때 이는 정적인 것이 아니라 동적인 것임을 알 수 있다.

그러므로 성격은 심리적·사회적 환경 변화에 따라 달라진다고 말할 수 있다. 성격이란 존재는 역동적인 것으로 항상 변하는 것이라는 주장에 일리가 있는 셈이다.

성격의 가장 핵심인 기질(temperament)은 선천적인 것으로, 성격의 신체적인 부분이라고도 볼 수 있을 것이다. 기질이 선천적인 측면을 강조해서 많은 학자는 이 기질을 몇 가지 유형으로 구분하고자 했다.

기질이란 개인의 특징적인 감정적 반응의 양식을 말하는 것으로 정서적 자극에 대한 감수성, 기분의 질, 기분의 강도(强度)와 동요(動搖)의 정도, 반응의 강도와 속도, 활동성 등 반응의 양식에 관한 것으로 유전적·체질적인 규정이 강하고 변화가 없는 것이다. 이 기질이 성격의 하부구조 또는 핵심구조를 구성하고 있는 것으로 본다.

발달적 관점에서 본다면 출생에서 청년기에 이르기까지는 성격의 형성기이다. 유아기의 어린이에 있어서도 개인차가 보이는데, 개인 특유의 생득적인 특징이 바로 기질이다.

어린이는 가족과의 인간관계, 또래와의 관계, 학교집단에서의 인간관계와 같은 보다 넓은 세계 속에서 성격을 발달시켜 간다. 청년기 이후의 인간에게서 보이는 개인차의 질적·양적 차이의 크기는 어린 시절에 보이는 차이보다도 훨씬 크고 다양하다.

그러므로 성격발달의 과정이 개인차의 증대를 가져다주는 것으로 말할 수도 있다.

그러나 만일 성격이 생득적·유전적 요인과 생후 부모를 중심으로 하는 환경 요인과의 상호작용에 의해 결정되는 것이라면 인간의 성격은 어떠한 부모 아래에서 자라나는가에 따라 거의 결정되어 버린다고 말할 수 있다.

그러나 인간의 성격이 과연 어린 시절 수동적인 조건에서 거의 결정되어 버린다고 생각할 수 있을까?

많은 학자는 인간이 평생 발달을 계속하는 가운데 발달에 영향을 미치는 요인을 세 가지 들고 있는데, 먼저 발달을 규정하는 것으로 생물학적 요인과 환경 요인과의 상호작용이 있는 것을 인정하고, 이 상호작용에 영향을 미치는 요인으로서 다음과 같은 세 가지 영향력을 제시한다(박아청, 2001, pp. 229-236).

첫째, 표준적인 연령단계적 영향력(normative age-graded influences)이다. 이것은 특히 아동심리학자나 노인심리학자가 주로 문제시하는 것으로 생활연령이나 생물학적 성숙 등과 관련되어 있다.

둘째, 표준적인 역사단계적인 영향력(normative history-graded influences)이다. 이것은 시대나 세대(cohort)에 관계된 것으로 역사적인 사건과 관련되어 있다.

예를 들어, 연령적으로는 같은 청년기라고 하더라도 그 시대가 전쟁의 말기에 있고 언제 죽을지 모른다고 생각하면서 지내는 것과 평화시대로 물자가 풍요로운 시대를 지내는 것과는 그 개인, 세대의 발달에 다른 영향을 미친다는 것이다.

이와 같이 역사적인 전쟁, 불황이나 사회구조를 변화시키는 사건은 각 세대에 다른 영향을 준다.

셋째, 비표준적인 생활상의 사건(non-normative life-events)의 영향력이다. 이것은 앞서 언급한 두 가지와는 달리 일반적으로 공통된 것이 아니라 개인의 생활사(生活史)상의 사건의 영향력이다.

예를 들어, 결혼, 이혼, 사별, 전직, 큰 병과 같이 개인에게 중요한 생활상의 사건은 그의 발달에 영향을 미친다.

이 세 가지 영향력은 서로 작용하면서 인간의 발달에 영향을 주고 동시에 상대적인 영향력은 발달단계에 의해 다른 것으로 생각된다. 발달의 초기에는 연령적·성숙적 영향력이 가장 크고, 청년기에는 역사적·시대적 영향력, 성인기 이후에는 개인적인 사건의 영향력이 가장 크게 나타난다.

특히 개인적인 사건은 자신에게 있어서 중요한 타인의 죽음과 같은 본인이 선택할 수 없는 것도 있지만, 대부분 주체적인 선택이 가능하다.

현대의 많은 성격이론에서는 개인의 성격이 청년기의 끝에 거의 완성되어 안정된다고 보고 있다. 일단 안정된 성격구조가 형성되면 그 자체가 변화에 저항하고 안정성을 유지하려고 하는 모습이 나타난다고 한다.

예를 들면, 프로이트가 말한 저항의 개념, 로저스의 방위성 개념, 설리번이 말한 안전조작 개념 등은 모두 이것을 의미한다고 해도 틀린 말이 아닐 것이다.

2 | 성격유형론의 시작

흔히 성격은 잘 변하지 않는다고 하는데, 이는 기질을 두고 하는 말이다. 따라서 성격이 잘 바뀌지 않는다고 하는 말이 사실인 것이다.

왜냐하면, 이 기질은 어떤 면에서는 체질이라고 할 수 있는 것으로 쉽사리 변하는 것이 아니기 때문이다. 이 기질론으로 가장 유명한 것은 그리스 시대의 유명한 의사 히포크라테스(Hippocrates)의 체액설이다.

그는 인체의 네 가지 체액의 우열에 근거하여 다혈질, 우울질(흑담액질), 담액질, 점액질로 분류하여 인간을 이해하려고 하였다. 이것이 오늘날에도 남아 있는 네 종류(또는 세 종류)의 기질론의 기원이다.

그리고 기질론과 혈액형과의 관계에 대한 시작이다. 분트(Wundt)는 네 가지 정서반응의 강약과 변화 속도와의 조합에 의해 성격유형을 설명하려고 하였다.

과학적인 기질론은 크렛치머의 기질론에서 시작한다. 그는 우울성 기질, 분열성 기질, 점착성 기질로 구분하여 인간의 성격을 논하였다. 그리고 기질을 체격과도 관련하여 연결하였는데, 성격과 행동(기질)은 공통적인 생물학적 성분에 규정되는 것으로 보아 이것을 체질에서 찾았다.

크렛치머는 그 당시 유행하던 두 가지 기질론, 즉 순화기질과 분열기질을 연구한 결과, 기질이 체격과 높은 상관이 있음을 발견하고 두 가지 기질이 서로 대응되는 것이라 주장하였다.

이처럼 기질론은 오늘날 성격론의 기초가 되었다. 그것은 성격을 구성하고 있는 가장 핵심 부분을 기질이 차지하고 있기 때문이다.

3 | 성격의 일관성

앞서 '성격은 변하는가?' 하는 질문에 대해 그것은 성격을 어떻게 규정하는가에 달린 문제라고 간단히 언급한 바가 있는데, 엄밀하게 말하면 이에 대한 답변은 간단하지가 않다.

실제로 성격의 일관성(personality consistency)에 대한 논쟁(환경인가, 인간인가)은 근대 성격연구의 역사라고도 할 수 있을 정도로 그 역사가 오래되었다. 그

만큼 성격의 일관성에 대해서는 여러 가지 이론과 주장이 있다(Yarrow, 1964).

일상생활에서 성격의 일관성에 대해 의문을 품는다는 것이 피부에 와 닿지 않는다. 실제로 나 자신도 그러하지만, 주위 사람도 비교적 안정된 것처럼 보이고 성격이 시간이나 상황의 변화에 따라 눈에 띄도록 변용되는 것을 목격하는 경우가 그렇게 많지 않다. 성격의 일관성이란 주관적인 것으로 느껴진다.

성격의 일관성을 부정하면서도 긍정을 하는 것은 인간의 성격이란 분명히 한 사람 한 사람 독자적인 모습으로 존재하고 어떤 일관성을 나타내고 있으면서도 상황에 따라 바뀌기 때문이다.

지금까지 성격의 일관성에 대한 논쟁은 일관성이 존재하느냐, 아니냐가 아니라 그것이 무엇으로부터 생기는 것인가의 논쟁이라고 말하는 것이 더 적절하다.

일관성을 지지하는 사람은 성격이 인간의 내적인 것에 의해 정해진다고 생각한다. 한편 상황에 따른 것이라고 주장하는 사람은 그것이 환경(상황)에 의해 만들어지는 것으로 생각한다. 그러므로 논쟁의 성과는 유전과 환경 논쟁에서도 볼 수 있는 바와 같이, 결국 '상호작용론'이란 새로운 흐름을 형성하게 하여 성격심리학을 바꾸었던 것이다.

여기에서는 일관성 논쟁의 중요한 논점과 결론, 그 결과 얻어진 성격관과 성격심리학의 변화에 대해서 생각해 보려고 한다.

1) 일관성의 두 가지 측면과 그 문제점

일관성 논쟁에 관해서 생각할 때는 성격의 일관성이 갖는 두 가지 측면을 구별할 필요가 있다. 첫째, '시간경과적 안정성'이다. 이것은 사람의 성격과 그것에 관련되는 행동유형(성격 관련 행동)이 시간이 경과해도 안정된 상태를 유지하는 것을 말한다.

시간경과적 안정성의 존재는 명백하다. 시간이 경과해도 성격이 안정되지 않으면 우리는 그것을 성격으로 확인하는 것이 불가능하다. "누구는 욕심쟁이다." 라고 말하려면, 그 사람이 어제도, 오늘도, 더 이전부터 욕심쟁이의 행동을 보였어야 한다.

때에 따라서 욕심쟁이였다가 그렇지 않았다가 한다면, 누구도 그 사람에 대해 욕심쟁이 성격이라고 말할 수 없을 것이다. 성격의 시간경과적 안정성은 성격 개념의 존재를 위해서 필요함이 분명하다.

둘째, '통상황적(通狀況的) 일관성'이다. 이것은 성격과 관련된 행동이 상황이 변해도 일관함을 말한다. 이것도 명백한 것으로 생각된다. 욕심쟁이와 같은 성격의 사람은 학교에서 가서도 집에서도 다소 변화하더라도 기본적으로 욕심쟁이 성격이고 상황이 변하더라도 급변하여 자선을 베푸는 일은 없을 것이라고 주장한다.

그러나 우리가 아무개의 행동을 관찰할 수 있는 상황은 매우 한정되어 있다. 예를 들어, 아내나 남편이라도 가정 이외의 상황에서 어떻게 행동하는지, 동일한 성격을 나타내는지를 확인할 기회가 많지 않다. 실제로 자기가 관찰할 수 있는 극히 한정된 몇 가지의 상황에서의 통상황적 일관성만 알 따름이다.

그럼에도 불구하고 간단하게 이러한 관찰을 다른 상황으로 일반화하기 쉽다. 몇 가지의 장면에서 일관하다면 그 성격에는 강한 통상황적 일관성이 있고, 관찰할 수 없는 다른 상황에서도 그와 같은 성격일 것이라고 유추해 버리는 것이다.

심리학적인 성격 파악도 이와 같다. 성격진단(또는 査定, assessment)은 극히 제한된 상황에서 성격을 파악하지 않는데도 불구하고 그 결과를 일반화하여 모든 상황에서의 행동 이해나 예측이 어느 정도 가능하다고 생각하는 것이다.

이와 같이 제한된 일관성의 관찰을 일반화할 수 있는 것은 성격이 인간의 내부에 있는 유전적·생리적·심리적인 실체에 의해 결정된다는 '내적 실체론'을 신봉하기 때문이다.

인간의 성격은 내적인 것에 의해 정해지고 행동에 나타나는 특징(성격 관련 행동)은 내적 실체가 나타나는 것이라고 생각하면, 내적 실체는 상황으로부터 독립하므로 성격 관련 행동 역시 상황을 초월한 일관성을 가질 것이라고 가정할 수 있다.

따라서 특정의 한정된 상황이라도 일정한 성격이 관찰될 수 있다면 그것은 관찰할 수 없는 다른 상황에서도 변하지 않고 일어나리라 생각할 수 있다. 또한, 성격의 이론이나 그것에 근거한 성격진단은 성격 관련 행동만으로 원인이 되는 내적 실체를 파악하는 것으로 생각할 수 있다. 성격 사정 이외의 상황에서의 행동 설명, 예측에도 도움이 된다.

2) 일관성 논쟁과 결과

성격 일관성 논쟁에서 실제로 비판된 것은 이와 같은 광범위한 통상황적 일관성의 가정과 그 근거가 된 내적 실체론(implicit personality theory)이다.

논쟁의 불을 끈 미첼(W. Mischel)은 우선 진단(사정) 결과에 어느 정도로 행동 예측력이 있는가를 실증자료로 제시하고 동시에 상황을 초월한 행동예측 자료를 많은 연구로부터 수집하여 그것에 대한 재해석에서 성격의 일관성의 중요한 함수는 상황이며, 상황이 변화할 때 사람의 행동유형은 일관성보다 오히려 변동을 나타내는 것이 압도적으로 많다는 것을 제시하였다.

즉, 상황을 초월한 광범위한 일관성 등은 존재하지 않고 성격의 일관성은 상황에 의존한다는 것을 주장하였던 것이다(Mischel, 1990, pp. 111-127).

이는 성격의 내적 실체론을 부정한 것이 되어 큰 논쟁을 불러일으켰다. 이것이 일관성 논쟁이고 '사람인가, 상황인가 논쟁(the person-situation controversy)'인 것이다.

그 후의 논쟁에서 통상황적 일관성을 지지하는 연구가 많이 발표되었지만, 대부분 일관성을 지지하는 데 있어 방법론적·개념적으로 충분하지 못한 것이었고 일관성을 훌륭하게 잘 표현한 연구도 거의 '조정변인모델' 등 어느 일정한 조건하에서 한정된 통상황적 일관성이 나타나는 것을 보여 주는 것에 지나지 않았다.

이와 같은 조건은 대부분 상황적·문맥적인 것으로 무조건적인 통상황적인 일관성의 존재는 부정되지 않았다고 말해도 무방할 것이다.

즉, 분명히 인간의 성격은 몇 가지 상황을 통하여 일관되게 나타나는 것이 많지만, 이것은 상황을 통하여 공통적으로 갖고 있는 상황요인, 문맥요인의 힘에 의한 것이라는 점이다. 상황요인이 공통되지 않는 별도의 상황 간에는 성격이나 성격 관련 행동이 일관되게 나타난다는 증거가 없다.

따라서 상황과 독립적인 내적 실체가 성격이나 일관성을 만들어 내는 것이라는 생각도 의문시되어 성격을 형성하며 유지하고 변화시키는 힘으로서의 상황요인이 많은 주목을 받게 되었다.

4 | 상호작용론과 새로운 성격관

성격의 일관성 논쟁의 결과에 따른 귀결로서 당연하게 나타난 것이 '상호작용론'이라는 새로운 성격관이다. 상호작용론에서는 인간 내부에 있는 내적 실체가 행동으로 나타난 것으로 생각해 온 성격을 인간과 상황 간의 상호작용의 산물로 위치를 설정하게 된 것이다.

예를 들어, 어떤 사람이 '욕심쟁이와 같은 성격'인 것은 그 사람의 내부에 있는 '욕심부리는 것'이 나타난 것이 아니라 그 사람이 본래 가지고 있는 '욕심부리기'와 관련되는 경향과 성질, 그 사람을 둘러싸고 있는 '욕심부리기'를 촉진시킨 과거와 현재의 상황이나 환경이 복잡하게 상호작용한 결과로 본다.

물론 성격 형성에 사람의 유전적·생리적·심리적인 성질이 전혀 관계가 없는 것은 아니나, 직접적으로 성격에 영향을 미치는 것이 아니라 상황과 상호작용하여 비로소 성격이 형성된다는 것이다.

예를 들어, '밝은 성격'은 그 사람의 내부에 있는 것이 아니라 그 사람 속에 있는 '자극에 대한 민감성' 등의 특성과 대인관계를 활발하게 하는 상황이 상호작용하여 비로소 나타난 것이라는 생각이다. 내적 특성만으로 또는 상황만으로는 그 사람의 밝은 성격이 나타나지 않는 것이다.

이러한 점에서 앞에서 살펴본 광범위한 일관성을 성격에 가정할 필요는 없다. 성격의 중요한 구성요소가 환경과 상황이라고 한다면, 그 변화는 성격에 반드시 영향을 줄 것이고 성격의 일관성에도 영향을 미칠 것이다.

따라서 어떤 사람에게 현재 욕심쟁이의 성격이 관찰되더라도 그것이 앞으로 일관되게 관찰 이외의 상황에서 나타날지는, 다른 상황에도 욕심쟁이의 성격이 영향을 미칠지를 알지 않고서는 판단할 수 없다.

이러한 성격관은 사정(진단)의 의미나 이용방법에 대해서도 전혀 다른 입장을 갖게 한다. 사정 결과는 내적 실체를 반영한 것이 아니라 어느 시점에서 어떤 상황 아래에서의 사람 행동의 관찰과 거기에서 발견된 성격 관련 행동의 모습을 추상화하고 있는 것에 지나지 않는다.

질문지법이든, 투사법(投射法)이든 기본적으로 '사정을 행한 시점에서 이 사람은 이러한 성격을 나타내었다.'라는 사정 결과를 보여 줄 뿐이다.

그러므로 사정 결과로부터 다른 시점이나 다른 상황에서의 성격이나 관련 행동을 설명하거나 예측하기 위해서는 사정을 행한 상황과 설명이나 예측이 행해지는 상황과의 관계를 분명히 밝히지 않으면 안 되는 것이다.

기본적으로는 사정 장면과 설명예측 장면이 상황적으로 닮으면 닮을수록 사정 결과의 설명력이나 예측력이 높아지고, 이와는 반대로 상황의 유사성이 낮을수록 사정 결과는 도움이 되지 않는다.

이렇게 사고의 전환은 사정의 유효성을 낮추는 것은 아니다. 상황에 대한 정보를 가미시키는 것으로 설명력이나 예측력을 명확하게 하고 진단의 결과를 보다 유효하게 이용할 수 있게 하는 데 의의가 있다.

오히려 지금까지와 같이 무조건적인 일관성을 가정하여 전혀 공통성이 없는 장면에서의 설명이나 예측에도 사정 결과를 사용하려고 하는 것은 사정 결과를 쓸데없이 만들고, 나아가서 미첼과 같은 사람이 주장하듯이 "성격에 대한 사정은 무의미하다."라는 비판을 초래할 수밖에 없다.

성격에 영향을 주는 주요한 상황요인은 두말할 나위 없이 사회적 환경, 특히 대인관계이다. 성격은 주변 사람과 자기 자신과의 복잡하고 지속적인 관계(사회적 상호작용)에 의해 성장하고 유지되며, 그러한 관계의 변화에 의해 역동적으로 변화해 가는 것이다.

어떤 사람이 '욕심쟁이 성격'인 것은 그 사람이 태어나 성장하는 가운데 타인과의 관계에서 갖고 있던 관계 속에 그렇게 된 것이고, 지금 욕심이 많은 것은 그러한 관계가 현재에도 유지되고 있기 때문일 것이다.

앞으로도 욕심쟁이일지 아닐지는 그 관계성의 장래에 의해 정해질 것이고, 관계성을 떠난 전혀 다른 상황에서는 욕심쟁이가 아니게 될지도 모른다.

우리는 일상적으로 성격이라는 개념을 이용할 때는 이와 같은 관계성의 제한을 무의식적으로 이해한다. 주로 자기와의 관계 속에서 상대방이 어떠한 행동유형을 나타내는가 하는 것으로부터 상대방의 성격을 이해하고, 그것을 이용하는 것도 자기와 상대방 그리고 상호작용하는 사람이라고 하는 일정한 관계성의 범위 속에 제한된다.

관계성은 매우 강한 상황요인으로서 사람의 행동을 규정하는 것이기 때문에 그 범위에서는 자기도, 상대방도 일관성을 가진 성격을 나타내기 마련이며, 그러한 성격으로부터 유출한 설명이나 예측은 많은 경우에 매우 유효한 것이 된다.

그러나 관계성을 떠난 장소에서 상대방이 어떠한 성격인가는 미지수이다. 본래 자기와 관계가 없는 장소에서 상대방이 어떠한 성격인지는 보통 흥미를 갖지 않으며, 알 필요도 없는 것이다. 자기와는 관계가 없기 때문이다.

성격의 개념은 본래 관계성 속에서 나타나는 것으로 관계성을 전제로 하여 이용된다. 심리학자들이 성격을 논할 때 관계성을 고려하지 않고 성격을 존재하는 '실체'로 바꾸고, 성격을 관계성을 제외하고 객관적으로 측정할 수 있는 '사물'처럼 생각한 것이 성격의 일관성 논쟁의 본질적인 문제인 것이다.

어쨌든 성격의 일관성에 관한 논쟁은 성격에 대한 새로운 관점을 가져다주었고, 성격과 환경과의 관계를 적절하게 분석하는 틀을 제공했다는 것은 분명한 사실이다. 이것은 앞서 논의한 바와 같이 성격의 변용과 이해나 성격을 변용시키는 방법과 같은 성격심리학의 새로운 전망과 직접적으로 연결된다.

이러한 점에서 '성격은 변하는가?'에 관한 우리의 관심은 성격에 대한 이해를 한층 더 깊게 한다고 할 수 있다.

그러면 성격은 언제 변하는가? 마지막으로 성격이 어떠한 경우에 변하는지 살펴보려고 한다. 성격의 변화가 일어나는 상황은 대부분 개인이 어떤 위기에 직면한 상황으로 볼 수 있다. 그래서 성격 변용에 대한 연구는 사례연구가 많은데, 상황별로 검토한 연구가 대부분이다. 성격이 변용하는 모습을 분류해 보면 다음과 같이 제시된다.

먼저, 적응하기 위해서 성격이 변용하는 경우가 있고 이와 반대로 부적응적인 변용이 있다. 부적응적 변용에는 정신질환에 의한 병적 변용이 있다. 예를 들어, 조현병이나 조울병과 같은 정신병에 의해 생기는 것으로, 성격 변용이 매우 현저하여 진단에 따른 경우가 많다. 한편 알코올중독이나 환각제와 같은 약물중독 등의 외인성은 뇌의 손상에 의한 성격 변화와는 구분된다. 그리고 뇌 손상은 없지만, 특수한 체험이나 가혹한 체험에 의한 것으로, 예를 들어 2차 세계대전 때 나치에 의한 강제수용소 체험, 무기수나 사형수의 장기간 수형생활 체험, 세뇌공작에 의한 체험 등이다. 종교적 체험과 같은 특이한 체험에 의한 병적 변용이 이에 속한다.

성격의 '적용적 변용'은 '치료적 변용'과 '극복적 변용'으로 분류된다. 치료적 변용은 상담이나 치료과정에서 나타나는 성격의 변화를, 극복적 성격 변용은 예기하지 못한 인생과정에서 위기적 체험(특이적 체험)을 극복하려고 함으로써 생기는 적응적 방향의 성격 변화를 말한다.

물론, 같은 위기적 체험에 의해서 부적응적 방향으로 성격 변화가 일어나는 경우도 있다. 그 전형적인 예로서 심인반응이나 신경증을 들 수 있다.

흔히 말하는 종교적인 성격 변화는 '회심(conversion)'이라고 하는데 이 역시 성격의 극복적 변용에 속한다고 볼 수 있을 것이다.

어떤 학자는 회심을 분열시킨 자기의 재통일이라고도 하고 관념, 목적, 가치 등의 재조직화라고 말하는데, 이것은 종래와는 다른 새로운 중심이 확립하여 이것을 둘러싼 의식구조의 변화가 나타나는 것이라고 본다.

팔로친(Paloutzian)은 회심체험자를 대상으로 인생의 목적의식과 가치의식의 척도를 사용하여 실증적으로 검토한 바가 있는데, 그에 의하면 회심체험 집단의 인생 목적의식은 비회심체험 집단에 비해 유의하게 높고, 인생의 의미를 보다 풍부하게 느끼고 있는 것으로 나타났으며, 가치관도 신의 '구원'이나 '청결하게 산다'는 것에 높은 득점을 보였다는 것이다(Paloutzian, 1981, pp. 1153-1160).

이와 같이 회심체험에 의한 성격 변화는 종교심리학의 분야에 있어서는 중심적인 주제의 하나이지만, 그 과정이 종교체험과 깊게 관련되어 있기 때문에 실증적으로 연구하는 데는 많은 어려움이 있다.

최근에 극복적 변용의 예로서 암 등의 불치병이 선고된 말기 환자의 성격 변용의 문제를 사례연구로 다루기도 한다(고기홍, 2017). 분명히 모든 개인이 위기에 직면하여 적응적 방향으로 자기를 변용시키고 위기를 극복하려고 하는 것은 아니다. 개인, 상황, 대인관계, 문화, 사회의 여러 가지 요인이 복잡하게 얽혀서 개인의 성격 변용의 과정을 촉진시키기도 하고 때로는 곤란하게도 만든다.

성격 변용에 대해 한 가지 첨부할 것은 앞에서 언급한 바와 같이 변하는 성격의 모습이 그 성격의 기질에까지 영향을 미친 것인지, 아니면 겉모양, 사회적 역할적 성격에 한정된 것인지를 구분해야 할 필요가 있다.

흔히 종교적 회심에서도 인간이 전혀 딴판으로 변했다고 하지만, 엄밀하게 보면 그 사람의 에너지의 방향이 바뀐 것이지 성격이 변했다고 보기에는 힘든 면이 있다. 치료과정 또는 상담과정에서 바뀌는 성격의 모습도 따지고 보면 의식적인 수준의 변화일 뿐 무의식 수준까지 포함하는 변화가 아닌 경우가 허다하다.

인간의 성격은 항상 변하고 상황에 따라 변화해야 하지만, 내면 깊숙한 곳까지 쉽게 변하지는 않는다고 볼 수 있다. 이러한 측면 때문에 인간의 성격 변용에 관한 연구는 어려운 점이 많다고 말할 수 있다.

제 10 장

바람직한 인성교육

CHAPTER 10

아동의 인성교육은 나날이 중요성이 강조된다. 지적 수준이 아무리 높더라도 인성에 문제가 있으면 자신과 타인에게 피해를 주는 경우를 흔히 볼 수 있다.

이 장에서는 아동의 인성교육에 중대한 요인으로 작용하는 아동의 성격형성에 대해 알아보려고 한다. 특히 오늘날 사회적으로도 문제되고 있는 아동의 과보호적인 행동을 집중적으로 다루려고 한다.

1 | 과보호시대의 아동·청소년의 성격특성

1) 과보호의 개념

'과보호'란 용어는 1929년에 레비(K. Levy)가 부모와 자녀 간의 관계를 연구한 논문에서 처음으로 언급한 이후, 많은 아동교육학자가 현대 아동에 대한 부모의 태도를 지칭한 말로 시작되었다. 이제는 이 용어는 일상생활에서 매우 흔히 사용되고 있다.

이 말이 이렇게도 흔히 사용되고 있는 이유 가운데 하나는 그 의미가 애매하면서 편리하다는 것과 그 말이 나타내는 현상이 갈수록 증가되고 있기 때문이다. 그리고 '과보호'라는 용어의 부정적인 뉘앙스가 사회적 분위기로 확산되고 있기 때문이기도 하다.

언론에서는 과보호되고 있는 아이를 '마마보이' 또는 '오렌지보이', 근래에는 '캥거루보이'라고 부르면서 부정적인 측면을 강조하고 있다.

'과보호' 또는 '과잉보호'란 "자녀의 연령이나 발달 정도에 맞지 않게 지나친 보호나 도와줌"을 말하는 것인데, 예를 들면 익애, 과잉간섭, 밀어붙이기, 어리광을 받아 주는 것 등을 포함한다. 정신과의사, 아동심리치료자를 비롯한 상담전문가 사이에서도 오늘날 많은 부모의 자식에 대한 태도를 과보호란 말로 표현하는 경우가 흔히 있다.

김경미 · 박범혁 · 김영희(2005)은 부모의 과보호는 아동으로 하여금 "과도한 의존, 자신감의 결핍 및 욕구불만 같은 것"을 갖게 하기 쉽다고 했다(p. 23).

2000년대 초 우리나라에서도 자녀에 대한 부모의 과잉관심이 도리어 아동에게 의존심을 갖게 만들고, 아동의 정서적인 불안을 초래하게 하여 결과적으로는 "시험불안을 증가시켜 성적을 떨어뜨리고 부정적인 수업태도를 갖게 하며" 부모의 과보호적 태도는 "아동의 학업에 역효과를 가져오는 것"으로 주장하는 연구자가 나오게 되었다(김한나 · 서소정, 2012, 307-329).

2) 과보호 환경에서 나타나는 성격 특징

극동에 위치한 한국을 위시한 일본, 중국에서만 이 과보호적인 부모의 태도가 교육에서 문제되기 시작한 것이 아니라, 태국을 비롯한 동남아 여러 나라에서도 과보호적인 가정 분위기가 갖는 문제에 관해 논의가 일어나게 되었다.

지금까지 과보호적인 부모에게서 자라난 아동에게 나타나는 성격의 특징을 관련 문헌을 중심으로 살펴보면 대체로 다음과 같은 몇 가지 공통점이 있음을 알 수 있다(류현강·이숙, 2007, pp. 89-100; 송민정·한세영, 2011, pp. 117-127).

① 인내심이 없다.

부모가 자녀의 요구를 무엇이든지 거부하지 않고 다 들어주어 조금도 불편한 부분 없이 항상 도움받는 것에 익숙한 자녀는 자신의 욕구가 거절되거나 차단되는 환경에서 다음을 기다리는 참을성이 가질 기회가 없다. 결국, 모든 일에 인내심이 결여되게 된다.

② 화를 잘 낸다.

자녀는 자신의 요구가 적절히 수납되지 않을 때, 자기감정을 조금이라도 나타내게 되면 부모가 요구를 잘 받아 주니 자신의 감정, 특히 부정적인 감정을 쉽게 나타낸다. 과보호적인 부모 밑에서 성장한 아동은 조그만 일에도 화를 참을 수 없게 된다.

③ 자기중심적이다.

가정에서는 부모의 관심을 받는 사람이 자기만이 있을 뿐 가정에서는 자기 마음대로 되지 않는 것이 없고, 온 식구가 자기를 위해서 있는 것처럼 자랐기 때문에 어떤 제약이든 견디기 어렵고 고난을 이길 힘도 없다. 결국, 가장 안일하게 살 수 있는 환경만을 추구하며 생활해 나가려고 한다.

④ 사람들의 주목을 항상 받으려고 한다.

사람들이 세밀한 것도 일일이 걱정해 주기 때문에 그것이 적으면 자기에 대한 주위의 관심이 적다고 느끼고 사람들의 주목을 끌기 위해서 필요 이상으로 과장된 행동을 한다. 눈에 띄는 행동을 하려는 경향이 많다.

⑤ 열등감을 가진다.

대부분 자만심이 강하다. 자신 있어 보이기는 하나 타인과의 접촉을 충분히 하지 못했기 때문에 내심에는 불안이 가득하다.

⑥ 자극에 대해서 민감하다.

세밀한 보호를 받았기 때문에 자극에 대해서 대단히 과민하다. 그러므로 계속적으로 강한 자극을 요구하고 그 자극에 민감하기 때문에 침착하지 못하고 신경질적인 성격이 되기 쉽다.

일반적으로 과보호라고 하면 보호자, 즉 부모가 보호를 필요로 하는 자식에게 필요 이상으로 보호하는 것을 말한다. 거기에는 보호를 주는 측과 보호를 받는 측의 문제, 양자의 관계에서 나타나는 모습 및 주어지는 보호의 질 등과 같은 요소가 서로 밀접하게 연관되어 있다.

어떤 부모가 자식을 과보호하는 경우 부모만의 문제로 하기에는 단순하지 않은 면이 있다. 즉, '과보호란 보호자(부모)와 피보호자(자식) 간의 상호관계의 한 모습'이라고 할 수 있다.

그러므로 과보호 현상을 분석하기 위해서는 먼저 부모-자녀 관계를 아이의 출생 시부터 발달에 따라 조사해 볼 필요가 있다. 엄밀하게 분석해 보면 실제로는 다양한 종류의 원인에서 시작된 것을, 그 모습이 다양하게 나타나고 있음을 알 수 있다.

이와 같이 과보호 현상이 현대의 교육적 또는 임상적 의미에 주요한 부분을 차지하고 있음에 불구하고 지금까지 이에 대해서 학문적으로 체계적인 접근을 시도한 연구는 거의 찾을 수 없다. 대부분 부모의 양육태도에 관한 연구들이 '과잉보호' 또는 '과잉간섭', '통제'나 '익애(溺愛)' 등의 용어를 사용하여 '과보호의 현상'을 다루어 왔기 때문으로 볼 수 있다.

그러므로 오늘날 일반적으로 논의되는 '과보호'에 대한 접근을 시도하기 위해서, 먼저 지금까지의 양육태도에 대한 연구들을 중심으로 하여 과보호와 관련된 부분을 정리할 필요가 있다. 이는 '각 개인이 최대한 넓게, 높게, 깊게 그 가능성을 실현함을 도와주고 거기에 필요한 여러 인간적 특성과 능력을 기르는 것'을 궁극적 교육목표로 하고 있는 현대사회의 교육에 대해 의미 있는 시사점을 제시할 수 있을 것으로 기대된다.

전인교육

고대 그리스의 전인교육론은 지식을 중심으로 인간의 의지와 정서가 내적 질서를 유지하는 정의로운 인간을 기르는 교육으로 이해되었다. 이 전통은 이후 르네상스 인문주의 교육에 영향을 미쳤으나, 점차 단편적인 언어에 대한 지식교육으로 변질되었다.
중세에는 고대의 전인교육관이 신에 대한 경외심을 중심으로 재조직되었다. 근대에는 이것에 반발하여 인간의 본성을 긍정적으로 파악하여 타고난 자연성을 계발하는 자연주의 교육철학이 등장하여 전인의 의미가 자연인으로 이해되기도 했다.
이러한 의미에서 보면, 전인교육은 시대마다 교육을 새롭게 재정립하는 시도를 통하여 형성되어 왔다고도 할 수 있다.
현대의 전인교육론은 현대산업사회의 물질만능주의, 규격화된 제도에 따르는 인간소외 현상을 비판하고, 다른 한편으로는 전통교육의 강한 영향을 받고 있는 지식 중심의 교육을 반대하면서 나타났다.
학교교육의 목적이 산업발달을 위해 교육의 효율성을 높이는 데 치중하는 것이어서는 안 되고 인간다운 사회를 창조해 갈 수 있는 인간교육에 주목되기 시작했다.
로저스(C. Rogers)는 이것을 만능기능인(fully functioning person)으로 정의하여 자아실현을 전인교육의 중요한 개념으로 제시했다. 또한, 교육심리학자인 매슬로는 개인의 재능·능력·가능성을 최대한으로 사용하고 계발하는 교육을 주장했고, 그러한 인간의 특성으로 자발성, 수용적 태도, 민주적 인격, 공동체적 감정, 창의성 등 열네 가지를 제시했다.
이러한 경향은 교육이 인간특성의 전체적인 발달을 도모해야 한다는 의식을 반영한 것이다. 따라서 인간의 지(知)·정(情)·의(意)를 전면적으로 계발한다고 하는 경우에도 이러한 구분은 편의적인 것이며, 중요한 것은 교육이 전인격과 관련되어 있다는 인식이 필요하다.
현대사회의 전인교육에서는 이러한 관점에서 학습자의 능동적·주체적·창의적인 참여를 강조하며, 학교교육만이 아니라 가정교육·사회교육 등의 조화로운 관계를 중요시한다.

2 | 과보호 현상의 특징

지금까지 논의되어 온 부모의 양육태도에 대한 연구는 상반되는 행동 또는 차원을 중심으로 공간축을 설정하여 양육태도를 조사한 것이다. 예를 들어, 양육태도에 대한 외국의 연구들은 부모-자녀 상호작용의 적합성 여부를 결정하는 중요한 요인으로 애정-적개심, 자율-통제, 권위-통제, 적개심-거부, 애정-거부, 비간섭-강요, 관심-무관심, 안달-태평 등을 제시한다.

국내의 연구에서는 온정-냉정, 과보호-방임, 허용-제약, 안달-태평, 민주·자율적·애정·수용적인 태도를 중심으로 하여 민주·자율-권위·통제, 애정·수용-적대·거부 등을 다루고 있다. 연구 대부분이 부모의 양육태도와 아동의 행동과의 관련에 관한 것으로, 부모의 양육태도에 따른 아동의 성격형성과 정서 및 인지적 능력에 미치는 영향을 다룬 두 가지 종류로 분류할 수 있다.

오늘날 문제시되고 있는 '과보호'와 관련된 부모의 행동을 중심으로 연구결과를 종합해 보면 다음과 같다(송민정·한세영, 2011; 윤서희·성지현, 2014, pp. 199-222).

① 허용적이고 익애적인 부모에 의해 자라나는 아동은 충동적이고 자기통제력이 낮으며 공격적이고, 어른에게 저항하며 불복종하고, 자기신뢰감이 낮으며 성취지향성이 낮다.

② 많은 한국의 부모가 아동을 하나의 독립된 인격체로 대우하기보다는 부모의 소유물로 취급하려는 태도는 자녀에 대한 지나친 애정에서 비롯된다. 이러한 자녀에 대한 거부적·익애적·제한적 태도는 자녀의 자아존중감에 부정적 영향을 주고 있다.

③ 지나친 부모의 간섭이나 통제는 무조건적인 복종을 가치 있게 생각한다. 권위주의적인 부모의 양육행동이 아동의 사회적 능력과 긍정적인 관계가 있

는 반면 익애적·권위주의적 양육행동은 아동에게 부정적인 영향을 미친다.

④ 아동의 적응에 관해서 부모의 애정적·자율적 양육태도, 수용적 태도는 아동의 적응에 긍정적인 영향을 끼치며, 과잉보호는 아동의 부적응이나 문제 행동과 밀접한 관계가 있다.

⑤ 부모의 권위주의적 통제에 대한 지각이 높을수록 아동의 친사회적 행동, 통솔력 및 도덕적 행동의 점수가 낮다.

⑥ 부모교육과 관련하여 볼 때, 스스로 판단과 행동을 하기 어려운 어린 유아를 둔 부모의 경우 자녀를 양육하고 지도함에 있어 그들에게 적절하게 제한을 제시해 주는 것이 집단생활 적응에 도움이 된다.

⑦ 자녀에게 무관심하고 방임적인 부모 밑에서 자란 아동은 충동적이고 공격적이며 자아존중감(自我尊重感)이 낮다. 사회적으로 미성숙하고 무능하며 책임감이 없다.

이상에서 살펴본 바와 같이 지금까지의 양육태도에 대한 연구에서 '익애', '과잉간섭', '통제', '권위' 또는 '방임'을 다루면서 오늘날 논의되는 '과보호'에 대해서도 어느 정도 다루고 있음을 알 수 있다.

그러나 문제는 '과보호'가 의미하고 있는 내용이 종래의 양육태도에 대한 연구에서 취급하듯이 어떤 상반되는 두 개 또는 그 이상의 차원에서 다룰 것이 아니라는 점이다. 즉, '익애' 또는 '간섭'이라는 한 가지 용어로 대치할 수 없다.

'과보호'는 단순히 보호가 지나친 것뿐만이 아니라 '방임', '무책임'에 가까운 양육태도라고 할 수 있을 만큼 복잡한 의미를 갖고 있다.

오늘날 우리 사회에서 거론되고 있는 '과보호'란 수용적이면서도 간섭적이고, 관심이 지나친 것 같으면서도 무관심한 양육태도를 말한다. 자녀를 부모의 소유물로 생각하고 자녀에게 부모 자신의 인생을 건다. 심지어 자녀의 인생을 무시해 버린다는 생각이 들 정도로 부모중심의 자녀관을 보이기도 한다.

다양한 가치관이 혼재한 상황에서 전통적 가치관을 소유한 부모가 자신의 확고한 자녀양육에 대한 신념체계가 서지 않는 가운데 나타나는 자녀양육에 대한 태도, 높은 애정과 합리적 지도와 권위주의적 통제가 균형을 이루지 못한 데서 나타나고 있는 자녀양육의 한 유형을 '과보호'로 보고자 하는 것이다.

그러므로 종래의 양육태도 연구에서 사용하듯이 '과보호'에 대한 개념과 대칭 또는 상반되는 한두 가지의 개념을 일차원적으로 생각할 것이 아니라 지금까지 연구된 개념이 모두 포함된 복합적인 차원에서 해석해야 한다.

여기에서 제시한 '과보호'에 대한 개념은 "아동을 하나의 독립된 인격체로 대우하기보다는 부모의 소유물로 취급하려는 태도에서 비롯된 것으로, 부모는 자녀에게 어느 정도의 애정적 표현, 정서적인 지지, 보호 및 소유의 태도를 보이면서도 자녀에 대한 무시, 부정적 평가, 간섭 등을 나타내며, 서구 문화의 유입으로 인한 민주적·자립적 사고방식과 전통적·권위주의적 사고방식이 갈등적인 상태에서 공존하고 있는 태도"(정은영, 2008, p. 6)라고 볼 수 있다.

이러한 의미에서 여기에서는 양육태도의 한 시대적 모습인 '과보호'란 의미를 종래의 연구에서 제시한 자율-통제 차원과 수용-거부, 비간섭-강요 등의 차원이 따로 분리되지 않아서 자녀에게 자립적 사고의 고무, 평등주의적 대우를 해주는 반면에 소유 및 보호라는 태도를 나타내고, 자율을 강조하면서도 간섭을 하는 이중적 구조로 되어 있는 양육태도로 이해하려고 한다.

즉, 다양한 차원이 혼합된 양육태도의 형태로서 일관성을 상실하고 있는 유형으로 본다는 것이다.

그러므로 '과보호'에 대한 접근은 과보호가 갖는 다차원적인 측면에서 시도해야 할 것으로 생각한다. 그러면 여기에서 우선 이와 같은 과보호 현상이 나타나는 모습을 종래의 어머니-자녀 관계의 발달과정에서 어떻게 나타나는지를 살펴보고, 과보호 양육태도의 구체적인 모습을 탐색하려고 한다.

3 | 부모-자녀 관계

1) 절대적 의존관계

신생아는 감각기관이나 운동기관이 발달되지 않아 외계의 자극에 대해서 반사 수준으로만 반응한다. 이처럼 외계의 환경은 영아에 있어서 위험이 충만한 것이다. 즉, 갓 태어난 아기는 전면적으로 어머니(주 양육자)에게 의존하며 어머니의 완전한 보호 아래에 있지 않으면 단 1초도 생명을 유지하기가 어렵다.

이러한 절대적 의존관계는 1세 무렵까지 계속된다.

여기에서는 영아의 낯가림(stranger anxiety)이 서서히 나타나기 시작하면서 애착대상인 어머니에게서 떨어질 때 보이는 불안반응이 강해지는 6~8개월까지를 절대의존관계의 시기로 보려 한다. 서구의 경우 분리불안은 6~8개월경에 나타나는 경향이 있는데, 우리나라 영아의 경우 분리불안이 시작되는 시기와 절정기가 각각 7개월과 12개월로 보고한 연구에 기초한 것이다(류정민, 2018, pp. 1-20).

2) 자율의 기초

아동정신의학자 말러(Mahler)는 인간의 출생 후 5개월에서 2세 무렵까지의 시기를 '분리 - 개체화(separation-individuation) 단계'라고 부르고, 이 시기에 유아는 어머니와의 분리를 시도한다고 보았다. 한편 아직은 자타의 구분과 동시에 어머니(가족)와 다른 낯선 사람과의 구별이 가능하여 낯가림과 분리불안을 일으키게 된다(Mahler, 1981, pp. 625-638).

어린 아기는 어머니에게서 잠시 떠나 있다가도 어머니가 가까이 있다고 하는 신뢰감에 어머니에게로 와서 어머니가 가까이 있음을 확인하고는 다시 어머니로부터 떨어질 수가 있는 것이다.

이 시기에는 어머니와 자녀 간에는 분리와 융합, 자율과 의존이 상호 반복된다. 그리하여 영아가 분리나 자율을 시도해 보는 이 발달단계에서 처음으로 과보호 현상이 나타나게 된다.

자녀 측의 신체적·정신적인 미발달(未發達)이나 어머니 측의 분리불안이나 영아의 외계의 위험에 대한 불안에 견디는 능력의 결여, 공생적 어머니-자녀 관계를 해소하는 데 실패한 것 등에서 과보호가 생겨나는 것이다.

이 시기부터 적절한 통제(훈육[訓育])가 필요함에도 불구하고 이를 소홀히 하는 것에서 양육태도의 방임현상이 나타나는 것이다.

3) 지배하는가, 지배당하는가?

생후 약 2년이 되면 일어서서 걸어가는 것을 거의 완전하게 할 수 있게 되어 활동이나 지각의 범위는 현저하게 증대한다. 그리고 새로운 운동기능을 배우게 된다. 특히 괄약근의 통제가 이 시기의 중요한 발달과제로 등장한다.

배변훈련(排便訓練)은 단순한 괄약근 통제나 청결 유지뿐만 아니라 이 훈육을 통해서 어머니의 영유아에 대한 요구나 기대를 실현한다는 의미도 포함한다.

영유아에 있어서는 어머니의 훈육에 따를 것인지 아니면 반항할 것인지 갈등을 느끼게 된다. 어머니 측도 자신의 생각대로 영유아에게 시키려고 애원하기도 하고 설득하기도 하며 때로는 호소하기도 하고 위협을 가하기도 한다. 심지어 물건을 주며 달래기도 한다.

즉, 이 시기에는 어머니와 자녀 간에 서로 상대방을 자신의 생각대로 지배하려고 하는 관계가 성립한다. 그리하여 이 관계는 의존과 자율 문제를 한층 복잡하게 만든다.

여기에서 보이는 과보호는 다음과 같은 두 가지로 나눌 수가 있다.

첫째, 영유아의 요구를 곧 수용해 주거나 영유아가 자기가 할 수 없다고 생각하는 것을 바로 도와주거나 영유아가 하고 싶은 대로 내버려 두는 복종형이고, 둘째, 영유아가 하려고 하는 것을 먼저 해 주거나, 영유아로 하여금 부모가 생각하는 대로 따르게 하거나, 영유아가 하는 것을 일일이 귀찮게 간섭하거나 금지하는 지배형이다.

오늘날 우리나라에서 가장 흔하게 나타나는 이 두 가지는 하나는 수동적으로 보이고, 다른 한편은 능동적으로 보이므로 반대의 현상처럼 생각되지만, 어머니의 지배욕이나 완전무결욕구(完全無缺欲求)로부터 발생한다는 점에서 결국 같은 것이다.

그리고 동일한 어머니-자녀 관계에서 쌍방 모두에게 보이는 현상인 것이다. 이러한 어머니-자녀 관계의 유형은 영유아를 자신의 요구를 강제로 실현하게 하는 '제 마음대로 하는 아이'로 만들기도 하고, 때로는 부모가 시키는 것을 잘 지키고 별다른 수고가 필요 없는 '착한 아이'로 만들어 버린다.

그러므로 '제 마음대로 하는 아이'나 '착한 아이'는 학동기 또는 청소년기에 여러 종류의 문제를 일으키기 쉬운 것이다.

4) 2자 관계에서 3자 관계로

3세 무렵이 되면 영유아의 활동범위는 점점 넓어져 많은 새로운 일을 경험하게 된다. 영유아가 어머니와의 두 사람의 세계에서 보다 넓은 세계로 발을 내딛는 것은 영유아에 있어서 자극적인 것과 동시에 불안정한 것으로 어머니가 볼 때는 불안과 불만을 일으키는 것으로 보인다. 이 시기에 영유아는 부모 또는 사회로부터 자신의 욕망을 사회적인 가치에 순응하도록 요구받게 된다.

예를 들어, 영유아는 남녀 성기의 차이, 특히 부모의 성기가 다름을 발견하고, 이에 의해 남아와 여아가 각각 다른 발달과정을 진행함과 동시에 아버지는 남성이고 어머니는 여성이란 것이 영유아에 있어서 중요한 의미를 갖기 시작한다.

그리하여 지금까지의 부모-자녀 관계가 아버지의 어머니 역할을 포함한 의미의 어머니-자녀라고 하는 2자 관계이었던 것에서 남녀의 구별이 명확해짐에 따라 아버지, 어머니, 자녀라고 하는 3자 관계가 되는 것이다.

이 시기의 과보호는 우선 자녀가 이미 귀여운 아기가 아니라는 사실에 대한 부모의 반응인 경우가 많다.

아기로서의 자녀를 상실하는 것을 두려워하여 과잉으로 유아적인 의존관계를 바라거나 자녀가 만나고 부딪히는 외계를 지나치게 위험시하여 언제까지나 부모의 보호 아래, 감시하에 두려고 하거나 자신으로부터 떠나가는 자녀에게 분노하여 자녀가 놀이에서 더럽혀지거나 물건을 부수는 것에 심하게 꾸중하기도 하고 사소한 일에도 간섭한다.

자녀 또는 자녀와 부모 양쪽 모두가 보다 이전의 유아적인 의존관계를 고집하고 있는 경우가 과보호란 현상으로 나타나는 것이다. 그런데 이 시기에 흥미로운 것은 부모 쪽에서 자녀에게 과도한 애정을 부어 익애하는 경우가 흔히 일어난다는 사실이다.

이때 부모의 부부관계가 잘 되지 않거나 한쪽 부모가 결여되는 경우가 있는데 이러한 익애(溺愛)도 과보호라는 현상으로 나타난다.

5) 아동기, 청소년기

6세 무렵에 시작하는 아동기에서는 자아의 중요한 성장과 가정 외의 사회관계의 발달이 특징으로 나타난다. 아동의 생활권은 가정으로부터 학교를 중심으로 하는 사회에로 확대되고 그 속에서 사회의 규칙을 몸에 익혀 간다.

이때 또래나 교사는 아동의 체험 속에서 중요한 역할을 한다. 때때로 또래 간의 규칙이 부모가 말하는 것보다 우선되기도 한다. 그러나 부모에 대한 의존 욕구는 아직 뿌리 깊게 남아 있다.

그러므로 부모의 적절한 격려나 충고 또는 승인은 아동의 자아에 있어 없어서는 안 될 부분이다.

이 시기의 과보호는 지금까지 보인 유형이 계속되어 고정된 것이라고도 할 수 있다. 일상생활, 특히 정리·정돈에 관하여 하나하나 귀찮게 지적하거나, 아동이 손대기 전에 미리 부모가 정리해 주거나, 학습에 관해서는 과도한 간섭이나 개입하거나, 학교장면이나 또래관계에도 과도로 민감하게 개입하는 경우를 흔히 볼 수 있다.

이것은 모두 부모의 여러 가지 불안(예: 분리불안, 박해적 불안 등)이나 유아적·의존적인 부모-자녀 관계로부터 생기고 자녀의 자아의 성장이나 사회성의 발달을 저해하고 부모-자녀 관계를 유아적인 것으로 정체시켜 버린다.

아동이 청소년기에 들어가면 과보호라고 하는 현상은 매우 중요한 의미를 갖게 된다. 청소년기, 청년기는 블로스(P. Blos)가 말하고 있듯이 제2의 분리, 개체화의 시기이고 부모에게서 떨어지는 것이 중요한 발달과제가 된다.

이 단계는 지금까지 의존 대상인 동시에 애정 대상이었던 부모를 떠나 가족 외의 인물을 향하여 최종적으로는 이성 대상을 발견하는 과정이다. 그리고 부모-자식이 함께 그 분리를 둘러싼 과제를 직면하지 않으면 안 된다.

자녀 측에서는 일종의 대상 상실, 부모를 대신하는 의존, 동일시 대상에 대한 희구, 가정·사회 외의 사회적 장면으로의 적응 등이 주요한 문제로 등장한다.

한편 부모 측에서도 자녀의 독립에 의한 대상 상실과 동시에 자녀의 성적 발달에 동요하기도 하고, 그 행동을 위험시하거나 과도한 염려를 하기도 한다.

따라서 이 시기에 가장 중요한 것은 부모에 대해서 자율과 의존이라고 하는 양면가치적인 태도를 취하면서 진정한 개인으로서의 독립을 획득하기 위해 고투

(苦鬪)하는 자녀를 지지하고 보호해 주는 부모의 능력과 태도라도 할 수 있다.

부모-자녀 관계에 자율과 의존을 둘러싼 여러 가지 갈등이나 현실적인 문제가 현저하게 출현하는 이 시기에는 지금까지의 부모-자녀 관계의 여러 유형이 재현된다.

과보호에 대해서도 같은 것을 말할 수 있다. 지금까지의 부모-자녀 관계에 미친 영향이 결과로서 분명하게 나타나는 것도 이 시기이다. 그 결과를 정신병, 신경증, 성격장애 등에서 볼 수 있다.

이러한 모습은 청년기의 중요한 달성과제로 이른바 에릭슨이 말하고 있는 자아정체성의 형성을 저해하는 것이라고 지적할 수 있다.

4 | 과보호 유형과 과보호 부모의 양육태도

1) 과보호의 유형

이상으로 아동의 발달단계에 따른 부모-자식 관계의 추이와 함께 그 속에서 나타나는 과보호에 대해서 개설하였다.

다음에는 과보호가 어린이에게 미치는 영향 또는 장해에 대해서 언급하려고 한다. 일찍이 많은 연구는 부모의 아동교육에 대한 형태를 구분해서 다룰 때 과보호의 유형을 몇 가지로 분류하고 이에 대한 대처방안을 강구했다.

여기에서는 과보호라고 불리는 부모의 자식에 대한 태도가 어린이의 발달에 어떠한 모습을 가지고 작용하는가 하는 점에서 다음과 같은 세 가지 과보호의 모습을 살펴보려고 한다(송민정 · 한세영, 2011).

① 어린이의 현재 발달단계에 맞춘 보호가 과잉 또는 편중된 모습으로 나타나는 것

이 태도는 과보호 가운데 가장 흔한 모습으로 일상생활에서도 잘 볼 수 있다. 예를 들어, 배변훈련 중 어머니가 어린이의 배변에 너무 신경을 쓴 나머지 빈번하게 변기를 가져다주거나, 규칙적으로 훈육 혹은 어린이가 어머니의 뜻대로 되지 않는다고 심하게 꾸중하거나, 어머니 뜻대로 되면 물건을 주거나 해서 어리광스럽게 하는 것에 해당한다.

또한, 밖에서 놀이를 시작한 어린이가 사고나 다른 아이에게 놀림을 당할까 봐 시종 어린이를 꼭 잡고 있는 것, 자녀가 길에서 넘어질 때 어머니가 과도하게 놀라는 모습에 되레 놀라 울음을 터뜨리는 경우 어머니가 달래며 안아 주는 것 등이 이 범주에 속한다.

신체에 어떤 장애가 있는 어린이에 대하여 어머니가 어린이의 손발이 되어 헌신하는 것도 한 예로 들 수 있다.

② 어린이의 현재의 발달단계보다 이전의 보호를 계속하는 것

이 과보호는 어린이를 그의 연령 이하의 어린이로 취급하는 퇴행적인 것이다. 예를 들면, 중학교에 다니는 학생인데도 어머니가 매일 옷을 입혀 주고 주변의 정리를 대신해 주는 것이다. 이러한 과보호는 보통 극단적이라고 주위에서 말하지만, 계속된다.

③ 어린이에게 앞으로 해야 할 보호를 미리 보호하는 것

이러한 태도는 주로 '불면 날아갈 것 같고 놓으면 꺼질 것 같은' 부모 심정이라는 부모의 자기애와 관련되어 있다. 부모가 이루지 못했던 희망이나 욕구를 어린이를 통해서 만족하려고 하거나, 어린이의 조숙(早熟)을 타인에게 과시하고 싶어 하는 심리 등에서 이와 같은 과보호가 생기게 된다.

그러나 어린이의 인격 전체의 발달을 일찍 촉진시키는 것이 어렵기 때문에 어느 특정한 측면, 특히 지적인 측면만을 발달시키려고 하는 경우가 많다.

이러한 경우 어느 특정한 측면에 대해서 발달을 촉진시키려고 과보호를 하는 대신에 다른 측면에는 보상적으로 보다 퇴행적인 과보호가 주어지는 경우가 많다. 사회 장면이나 대인관계에서 부적응을 일으키는 우등생 등은 이와 같은 과보호의 결과라고 볼 수 있을 것이다.

2) 과보호 부모의 양육태도

이상 과보호의 세 가지 유형에 대해서 언급하였는데 이러한 부모의 태도가 곧 어린이에게 장해를 일으키는 것은 아니다. 세 가지 모두가 일반적으로 건강한 부모-자녀 관계 속에서 일시적으로 보이는 것이다.

그것은 부모-자녀 관계를 보다 친밀한 것으로 하거나 어린이의 건전한 자아의 발달을 촉진시키는 작용을 한다.

그러나 이와 같은 태도가 일시적인 것이 아니고 부모-자녀 관계 속에서 지속되는 경우, 즉 부모-자녀 관계가 과보호를 지속적으로 고정화시켜 버리는 경우, 유연성이 결여된 경우에 부모-자녀 관계 자체가 어린이의 자아의 발달에 장해를 주기도 하고, 심적 외상을 주게 되며 어린이의 성격에 기울어진 경향을 만들게 한다.

따라서 우리가 상담 또는 임상 장면에서 과보호라고 할 수 있는 부모의 태도를 볼 때, 그 현상이 어린이의 문제나 병리를 단락적으로 관련시키지는 않는다. 오히려 어린이의 자아 발달 정도나 그 부모-자녀 관계의 모습을 조사하는 것이 당연하다.

또한, 그 부모-자녀 관계를 결정짓는 부모와 어린이, 나아가서 형제자매나 조부모를 포함한 가족구성원 각각의 내적 갈등이나 무의식 공간 및 상호관계, 즉 가족 내의 무의식적 역동관계를 밝혀야 한다.

지금까지 일반적으로 지적되고 있는 과보호하는 부모의 양육태도를 정리해 보면 다음과 같은 몇 가지로 그 공통점을 말할 수 있다.

① 자녀를 독점하려고 한다.

자녀와 항상 같이 있고 싶어 하고 떨어지기 싫어하며, 자녀를 자기 소유물처럼 생각하고 자기 생각대로 독점하려고 하는 부모이다. 이것은 일종의 자기만족이라고 할 수 있다.

② 자녀가 부모에게만 의존하는 것을 기뻐한다.

이러한 부모는 자녀를 항상 아기 취급한다. 그러므로 자녀가 아무리 나이가 많아도 아기처럼 자기를 의지하고 아기와 같은 유치한 행동을 하는 것을 기뻐한다.

③ 자녀의 욕구를 다 만족시켜 주려고 한다.

부모는 자녀를 조금이라도 기분 나쁘게 하지 않으려고 아동이 운다든가, 어떤 요구를 말하면 어떻게 해서든지 그 요구를 만족시켜 주려고 노력한다.

④ 자녀를 신뢰하지 못하고 지나치게 간섭한다.

과보호형 부모는 자녀의 행동에 지나치게 주의하며 간섭하는데 아동이 조그마한 고난에 직면했을 때에도 곧 도와주고 무엇이든 자기가 다 해 주지 않으면 마음이 놓이지 않는다.

⑤ 걱정을 많이 한다.

자녀가 조금만 다쳐도 지나치게 걱정하고 야단법석을 떤다. 어디 아프기라도 하면 지나치게 보호하며 나았을 때도 여전히 아플 때와 같은 습관을 버리지 못한다.

⑥ 자녀를 과대평가(誇大評價)한다.

자녀의 결점을 바로 볼 줄 모르고, 과대평가하며 타인의 충고나 비난을 받아들일 줄 모른다. 다른 사람이 자기 자녀의 잘못을 꾸짖기라도 하면 거기에 대해서 항의하고 화낸다.

제 11 장

수업과 학습에 대한 이해

CHAPTER 11

교육의 핵심을 이루고 있는 부분은 역시 수업이다. 이론적인 면에 있어서 뿐만 아니라 실천적 문제에 있어서도 그러하다. 교육에서 우리가 학습을 논할 때도 실상은 실험적인 사태에서의 학습을 의미하는 것이 아니라 교실에서 일어나고 있는 학습과 수업 사태를 염두에 둘 것이 전제된다.

그러므로 본 장에서는 학교학습, 즉 수업과정에 대한 전반적인 이해를 위해, 우선 학습이론의 학교학습에 대한 적용문제를 기점으로 하여 학교학습의 과정과 질 높은 수업을 위한 수업목표에 대해 알아보기로 하자.

1 | 학교학습과 수업

앞에서 학습이 무엇이며, 학습이 어떻게 일어나는가에 대해서 여러 측면에서 살펴보았다. 그런데 앞서 살펴본 것은 어디까지나 실험실 범위에서 이루어지는 학습현상을 설명해 주고 있으나, 학교에서 일어나는 학습을 설명하는 데 부족하다는 지적을 피할 수 없다.

오늘날의 교육심리학자 대부분이 실험실에서 학습을 논하는 것이 아니라 학교학습을 중심으로 하여 학습을 규명하고 있음도 바로 이러한 이유에서이다.

심리학이 인간과 동물의 행동에 관심을 갖는 과학이기 때문에 인간행동의 변화를 그 목표로 하는 교육이 심리학에서 교육실천을 위한 시사점을 얻으려고 하는 것은 무리가 아니다.

그러나 교사가 학습이론가 또는 심리학자로부터 좋은 충고를 얻으려고 하다 실망만을 갖게 되는 수가 흔히 있다. 여기에는 여러 가지의 이유가 있을 수 있다. 예를 들어, 교육자와 심리학자는 각기 그들의 입장과 강조점에 있어서 차이가 있다는 사실이 그 이유의 하나가 될 수 있다.

그 외 학습이론과 원리가 통일되어 있지 않은 점도 이유로 들 수 있다.

그러나 무엇보다도 가장 설득력 있는 이유는 지금까지 학습이론가들이 논하고 있는 학습과 학교현장에서 다루고 있는 수업의 장면에서 나타나는 학습과는 결코 동일한 것이 아니라는 점이다.

교육심리학자들이 주장하고 있는 공통점은 학교학습에 대한 이해는 실험실에서의 학습이론으로서는 불충분하다는 것이다. 특히 매우 구체적으로 실험실 학습과 학교학습이 구별되는 점을 설명하고 있다.

교육심리학자들은 실험실 학습과 교실학습과의 차이를 다음과 같은 여덟 가지의 기준으로 제시하고 있다(박아청, 2011, pp. 353-357).

① **학습자**: 실험실에서는 흔히 쥐, 개, 고양이와 같은 작은 동물이나 대학생이 피험자가 된다. 전자의 경우는 말할 것도 없고, 대학생의 경우도 대단히 편포된 인간 표집이라는 점에서 학교의 학습현장에서의 모집단을 대표한다고 보기 힘들다.

동물의 경우에는 심리학자들이 때로는 생각까지도 결정하는 통제를 가하지만, 인간을 대상으로 하는 학교학습에서는 학습자에 대한 그러한 통제가 거의 허용되지 않는다. 대학생의 경우도 보통 집단보다 대부분이 IQ가 높고 언어능력이 뛰어나며, 상이한 가정환경을 가지고 있다.

② **과거 경험과의 연속성**: 실험실에서 이루어지는 학습은 대체로 한 시간 미만으로 끝나는 단기학습이다. 심리학자들은 응용보다 원리의 발견에 관심을 두기 때문에 과거의 경험과는 단절된 학습과제를 가지고 실험한다.
이와는 다르게 학교학습의 과제는 과거, 현재, 미래의 경험이 계통적으로 관련된 것이다.

③ **학습의 준거**: 실험실의 과제는 짧고, 무의미하고, 과거의 경험과는 단절된 것일 뿐만 아니라 학습의 정도도 보통 높지 않다. 미로를 두 번 정도 달린다거나 무의미한 철자를 암송하는 정도를 학습이 되었다고 판정할 정도로 학습의 준거가 낮다.
이에 비해 학교에서 요구하는 학습의 준거는 낮은 것도 있지만, 대부분은 대단히 어려운 수준이다.

④ **학습과제의 질**: 실험실에서 작은 동물을 대상으로 할 때는 미로 달리기, 색을 식별하기, 일어서기, 막대기 누르기와 같은 단순과제, 인간을 대상으로 할 때는 무의미 철차 암기, 시의 몇 구절 암기하기 같은 과제이다.
그러나 학교학습에서 이용되는 학습과제는 이처럼 단순한 것이 아니다. 더 복잡하고 수준이 높은 학습과제가 대부분이다.

⑤ **학습통제의 기술**: 실험실 학습에서는 실험자가 학습시간을 간단하게 통제한다. 한 번 시행을 하는데 1초 또는 5초를 엄격하게 지키도록 통제한다. 심지어 학습을 위한 시행 횟수, 학습량까지도 통제하며, 이외에도 실험실에서 일어나는 학습에 영향을 미칠 만한 외적 요인이 엄격히 통제된다. 그러므로 학교학습에서 흔히 보는 가정학습 같은 것은 있을 수 없다.

⑥ **개인차**: 학습에 참여하는 피험자의 개인차를 보는 입장도 다르다. 실험실에서 실험자는 쥐나 사람이나 학습을 행하는 동일한 단위로 간주하며, 학습을

위해 필요한 정도를 넘어서서 학습자에게 친숙해지려 하지 않는다.

가끔 동물을 유순하게 훈련시키지만, 이것은 공포감을 제거하기 위한 수단에 불과하다. 한 피험자와 다른 피험자는 원칙적으로 같다고 보는 것이 실험실 심리학자의 기본가정이다. 개개 피험자 간에 차이가 있다면 그것은 통계적으로 조정된다.

그러나 학교학습에서는 개인차가 있더라도 각자가 충분히 고려된 수업의 개별화가 이상적이다.

⑦ **학습자의 수**: 실험실에서는 실험자가 한 번에 한 피험자만을 상대로 실험한다. 가끔 한꺼번에 많은 피험자를 상대로 하는 수도 있으나, 이 경우에는 자동화된 기계장치를 이용하는 것이 보통이다. 기계가 교사의 노릇을 하고 피험자는 혼자 학습하는 형식을 취한다.

따라서 집단의 다른 피험자가 무엇을 어떻게 학습하는지를 보지 못하고 고립, 격리된 상황에서 학습하며 사회적인 상황에서의 학습은 드물다.

그러나 학교학습은 5~6명의 소집단에서 크게는 60~70명의 학습까지 사회적 관계를 맺으면서 학습한다는 점에서 다르다.

⑧ **목적성과 효용성**: 실험실에서의 학습과제는 본질적으로 무의미하며, 무용하고 인위적이다. 그러므로 이것을 성취하였다고 하더라도 아무런 가치도 없고 다음 학습과 아무런 관련성이 없다. 그런 의미에서 실험실 학습은 장기적인 관련성이 없다.

이에 비해 학교학습에서는 현 단계의 학습은 다음 단계의 학습을 위한 기초로 고려되며, 교실에서의 학습은 실생활에 대한 유용한 적용을 고려한 것이다. 이런 의미에서 학교학습은 실험실 학습보다 목적성과 효율성이 높다.

이상에서 본 바와 같이 학교학습을 실험실 학습과 구별하여 이해하려는 최근의 입장은 학교학습의 장을 중심으로 한 교수이론, 교수공학이 발달하면서 이에 대한 관심이 많아짐에 따라 일어난 동향이라고 볼 수 있다.

그러므로 자연히 학습이론보다는 수업이론으로 관심이 옮겨지게 되었다. 그러면 수업이론을 소개하기 전에 수업에 대한 개념을 밝혀 보기로 하자.

2 | 수업의 개념

1) 수업과 교수

요즘 수업에 관련된 몇 가지 용어가 서로 혼용되고 있음을 본다. 예를 들어, 수업(授業)이란 말과 교수(敎授)란 말이 같은 뜻으로 또는 강조점이 조금 다른 의미로 사용되고 있다. 이에 해당하는 영어 용어도 마찬가지이다.

우리나라에서는 사람에 따라서 'teaching'이 교수 또는 수업으로 번역되기도 하고 'instruction'도 마찬가지로 번역되고 있다. 그러나 최근에는 이 개념을 명백히 구분하여 사용하려는 움직임이 일어나고 있다.

교수(teaching)는 학습자에게 전달하려는 '내용의 성질'이나, 자극하려는 '학습자의 제 특성'의 종류면에서 수업보다 포괄적인 개념이다.

즉, 수업은 학습자의 지적·탐구적 특성을 주로 자극하는 내용을 전달하는 데 적용되는 말임에 대하여 교수는 학습자의 모든 능력을 자극하는 포괄적 내용의 전달을 의미하는 것이다.

교수는 학습자가 보인 변화 중에서 의도적인 것과 비의도적인 것을 모두 포함한다는 점에서는 수업보다 포괄적이다. 그러나 교수는 교사와 학생 간의 인격적 상호작용을 전제하고 있다는 점에서, 그러한 점을 전제하지 않은 수업보다는 덜 포괄적이라는 것이다.

이러한 특성을 종합한다면 수업은 학습자에게서 어떤 변화를 일으키려고 하되 체계적·의도적·계획적인 성격을 띰은 물론 때로는 교사라는 인격체가 직접 나타나지 않고도 이루어지는 것으로 파악된다.

이렇게 볼 때, 교수는 교사에 의한 수업을 말한다고 생각할 수 있다. 그러므로 교수는 어디까지나 교사와 학생 간의 인간적 교류를 전제하는 수업이라고 말할 수 있다.

교사가 행하는 모든 것이 교수라고 한다면, 교수는 학습지도, 생활지도, 학급경영 등 모든 활동을 포함하기 때문에 단일한 통일된 현상이 아닌 매우 포괄적인 개념임이 틀림없다.

한편 수업은 교수처럼 반드시 교사를 전제하지는 않는다. 교사가 수업을 할 수도 있으나, 프로그램 자료나 시청각 매체, 컴퓨터 등으로도 학습자가 학습목표에 달성할 수 있게 수업할 수 있다.

그러므로 수업은 생활지도나 학급경영과 같은 내용이 포함될 수 없으며, 목표도 교수보다 한정된다. 따라서 수업의 설계는 보다 의도적이고 계획적인 성격을 지니고 있다고 볼 수 있겠다.

2) 수업과 학습

수업과 학습과의 관계를 검토해 보자. 왜냐하면, 이들의 관계가 교육의 실패를 가름하는 데 대단히 중요한 역할을 하기 때문이다.

교사는 학습자가 수업목표를 모두 학습하기를 바란다. 가르치고 배우는 과정을 어떤 학자는 물건을 팔고 사는 관계와 같다고 비유하고 있으나, 물건을 파는 장면에서처럼 행위의 결과만을 볼 수 없듯이 수업한 것을 학생은 왜곡하기도 하고 수업한 것보다 더 많이 또는 더 적게 학습하기도 한다.

교사는 학생이 가르친 내용 모두를 학습하기를 기대하나 실제로는 그것이 수

월하지 않다. 수업의 과정과 학습의 과정이 여러 면에서 다르기 때문이다.

김종서(1973) 교수는 수업과 학습을 다음과 같은 몇 가지 기준으로 구분한다.

① 수업에는 일정한 목표가 있어야 하나, 학습에는 목표가 있을 수도 있고 없을 수도 있다. 수업에 목표가 있어야 한다는 말은 수업은 의도적인 작용이라는 것이며, 학습은 외적인 경우도 있고 아무 의도도 없는 상태에서도 이루어진다는 것이다.

즉, 수업이 있는 곳에는 반드시 학습이 있으나 수업이 없는 곳에서도 학습은 이루어진다. 아이는 가정에서, 거리에서, 잡지나 TV에서 많은 것을 배운다. 그러나 그것은 반드시 의도적인 수업의 결과는 아니다.

따라서 수업보다 학습이 넓은 개념임을 알 수 있다.

② 수업은 독립변인이고, 학습은 종속변인이다. 독립변인이라 함은 작용하는 변인이며, 종속변인은 작용하는 결과로 나타나는 변인이다. 수업은 작용하는 것이며, 학습은 작용 결과가 나타나는 행동의 변화를 뜻한다.

좋은 수업이란 독립변인에서 예상되는 종속변인이 나타남을 의미한다. 그러나 흔히 작용하는 목표가 분명치 않거나 작용하는 방법이 잘못되었기 때문에 또는 의도한 것 외의 변인이 너무 강해서 나타난 결과, 즉 학습은 다른 방향으로 가게 되는 수가 많다.

③ 수업은 일의적(一義的)이지만, 학습은 다의적이다. 바꾸어 말하면 교사가 가르치는 것은 하나이지만, 학생은 제각기 다르게 배운다는 것이다.

한 학급에 70명의 학생이 있을 경우에 동일 교사의 행동에서 영향을 받은 학생의 학습은 70개의 다른 것이 있을 수 있다.

학생은 제각기 준비성이나 출발점 행동이 다르기 때문에 교사의 수업을 학생은 모두 달리 학습한다.

④ 수업은 처방적이지만, 학습은 기술적이다. 수업은 학생의 문제점을 찾아내어 고치기 위한 처방적 행동이라고 할 수 있다.

또한, 목표에 접근시키기 위한 처방적 행동이라고 할 수 있다. 그러나 학습은 학생행동의 변화 모습을 있는 그대로 기술할 뿐이다.

⑤ 수업연구는 있는 그대로의 수업 상태를 대상으로 하나, 학습연구는 동물을 대상으로 하는 경우가 많다. 이 점에 대해서는 이미 앞서 학교학습과 실험실 학습에서 논의한 바다.

이렇게 볼 때 수업의 개념을 다음과 같이 정의를 내릴 수 있다. 수업이란 학습자로 하여금 수업목표에 도달할 수 있도록 학습자의 환경을 체계적으로 조정하는 과정이다.

결국, 수업은 목적성, 계획성을 띠고 학습자의 내외적 환경을 조성하는 것이라고 말할 수 있다.

이상적인 관계는 수업한 것은 모두 학습한 것에 포함되는 경우이다. 그러나 실제적인 관계는 수업한 것을 일부만 학습하고 나머지는 수업한 것과는 관계없는 것을 학습한 경우이다. 그래서 좋은 수업은 학습의 밀도를 높게 하여 완전학습에 이르도록 전개되어야 한다.

3 | 수업설계

수업의 목적이 학습 촉진인 이상 좋은 수업행동은 많은 학습이 나타나야 한다. 그러므로 의도적으로 실시되는 수업은 당연히 수업목표의 달성을 위해서는 가르치고 배우는 과정을 보다 체계적으로 설계할 수 있을 것이고, 그렇게 해야 할 것이다.

그렇다면 수업설계란 앞서 검토한 수업과정을 설계하는 것이라고 볼 수 있다. 그러면 수업설계에는 교사와 학습자가 만나는 환경 상황과 학습자의 상호작용, 변화될 행동유형 등 세 가지 핵심적인 변인이 들어 있음을 알 수 있다.

여기에서 행동유형을 구체적으로 지정한다는 것은, 수업과정을 통하여 학생에게 일어나기를 바라는 학습성과이고 이를 수업목표라고 부른다. 환경적 상황이란 학습성과를 낳게 하는 여러 조건(수업사태, 과제자료, 매체, 교사의 수업행동) 등을 마련한다는 것이며, 상호작용이란 학습자가 이와 같은 상황 조건과 더불어 주고받는 여러 활동을 의미한다.

이렇게 볼 때 수업설계란 과제-특성-처우 상호작용(task-trait-treatment interaction)의 모형과 일맥상통한다.

즉, 그들은 수업의 상호작용에서 학습과제(목표), 학습자의 특성과 처우(수업절차)의 중요성을 강조하였다. 그러므로 수업의 효과는 학습과제 또는 목표의 성질과 학습자의 특성을 충분히 고려하여 최적한 수업절차를 마련해야 한다.

이러한 상호작용을 고려하지 않은 수업목표, 학습자의 특성 및 수업절차는 비록 하나 하나의 요소에 대한 주의가 잘 이루어졌다고 하더라도 수업의 효과는 높아지지 않을 것이다.

수업설계에는 이와 같이 구조화된 환경과 더불어 행하는 학생의 상호작용을 관리하는 과정이 포함되며, 설계자는 이와 같은 과정을 통하여 특정 설계의 기능을 확인할 수 있다.

종래의 방식, 예를 들어 수업지도안 또는 학습지가 주로 전통과 교사의 교단경험에서 우러나오는 것이라면, 수업설계는 실제에서 입증된 또는 입증될 수 있는 원리에 토대를 두고 있다고 말할 수 있다(이희도, 1981, p. 246).

4 | 수업에 대한 아동의 참여

학교생활의 대부분을 수업시간이 차지하는 만큼 수업에서의 적극적인 참여는 학교적응에 도움을 주며, 성적 향상에도 효과적이다. 또한, 학생의 참여는 수업과 학습의 질을 높이는 중요한 요소로서 강조되고 있으며, 일방적인 지식의 전달보다 의미 있는 교육이 이루어지도록 한다.

이와 같이 학생의 학업을 예측하는 중요한 변인이자 수업의 핵심요소로 수업참여의 중요성은 다양한 국내의 연구뿐만 아니라 최근 발표된 우리나라의 개정 교육과정(2015)에서도 강조되고 있다.

즉, 새로운 교육과정에서는 학습자 중심의 교육과정을 목표로 하고 있으며, 이를 위해 다양한 학생 참여형 수업의 활성화 방안을 제안하고 있다.

수업참여는 학자마다 다양하게 정의되지만, 최근 연구들은 수업참여를 행동적 측면인 학생의 집중 정도, 수업 태도 등에 제한하여 일차원적으로 정의 내리기보다 수업참여의 다양한 측면을 반영한 다차원적 요인으로 모형화하고 있다.

학자에 따라서는 수업참여를 개념화하는 방식에는 다소 차이가 있지만, 공통적으로 학업활동에 얼마나 적극적으로 참여하는지 행동적 측면을 포함하고 있으며 흥미를 가지고 몰입하는 정서적 측면, 학습의 이해를 위해 자기조절하고 학습전략을 사용하는 인지적 측면을 고려한다.

수업참여의 다차원적 정의는 수업참여 하위요인의 독립적인 기능을 고려하는 것으로 수업참여의 하위요인마다 구별되는 특징을 구체적으로 살펴볼 수 있다는 장점이 있다.

수업참여는 그 자체만으로도 학교교육의 주요한 성과로서 의미가 있지만, 학업성취도를 포함한 다양한 교육적 결과에 미치는 수업참여의 긍정적인 효과도 심도 있게 검증되고 있다. 일반적으로 수업참여가 높은 학생은 학습에 대한 열의가 높고 학습한 내용을 내면화하는 경향이 커서 높은 학업성취를 보이는 경향이 있다(박민애 · 김난옥 · 손원숙, 2018).

또한, 적극적인 수업참여는 인지적 성취뿐만 아니라 학업적 유능감을 높이고 학습에의 만족감을 높이기도 한다.

이처럼 수업참여와 학업성취 간의 관계는 국내외 다양하게 경험적으로 확인되어 이들 간의 상호관련성 영향에 관한 연구는 다수 진행되었으나, 학업성취가 수업참여에 미치는 효과에 관한 연구는 제한적이다.

학업성취가 낮은 학생은 수업에 대한 이해력이 낮아 수업에 대하여 부정적으로 인식하는 경향이 많고 학습의욕이나 자신감이 낮은 편이다. 또한, 학업성취도는 학습동기, 자기효능감 등 학습과 관련한 요소에 영향을 미친다(김세영, 2016, 13-25).

많은 연구를 통해 수업참여에 대한 학업성취도의 영향력을 예측해 볼 수 있다. 교육현장에서 수업참여와 학업성취도는 긍정적인 학습자의 주요한 특성이자 교실수업을 통해 발달시켜야 할 핵심적인 성취로 간주된다. 따라서 시간의 흐름에 따른 이들 각각의 변화 양상뿐 아니라 수업참여와 학업성취도의 종단적 상호 영향을 파악함으로써 보다 효율적인 교수-학습 환경 마련을 위한 시사점을 제공해 줄 수 있을 것이다.

수업공학

수업공학(授業工學, instructional technology)은 대체로 세 가지 의미가 있다. 첫째는 수업체계 설계의 과정을 가리키는 것이고, 둘째는 수업에서 사용하는 시청각적 교구, 교수기계, 컴퓨터 등 이른바 하드웨어(hardware)를 의미하며, 셋째는 위의 두 의미를 함께 내포하고 있다.

5 | 학업성취에 영향을 주는 변인

학업성취에 영향을 주는 변인은 매우 다양하게 탐색되어 왔다. 즉, 학업성취는 지능이나 개인의 능력에 의해서만 결정되는 것이 아니라, 수업 관련 변인, 개인적 환경 변인, 교육적 환경 변인 등의 영향을 받는다(박민애 · 김난옥 · 손원숙, 2018).

초기 청소년기의 학업성취는 개인 내적 요인과 개인 외적 요인, 외부 환경적 요인에 따라 변이가 크므로 이들의 학업성취에 대해 탐색하기 위해서는 다양한 요인을 동시에 고려할 필요가 있다.

우선 가정환경, 학습환경, 교사 변수, 학생 개인의 인지능력과 정서능력 등을 학업성취에 영향을 주는 변인으로 생각할 수 있다. 여러 연구를 토대로 크게 학습자 개인 요인과 환경 요인으로 나누어 본다. 먼저 개인 요인으로는 지능, 자아존중감, 안녕감, 스트레스 수준, 학습동기 등이 있다.

이는 학습자와 관련되는 내적인 요소를 아동이 수용하는 정도에 따라 학업성취가 달라지는지를 살펴본 것이다. 그리고 환경 요인으로는 부모-자녀 관계, 가족 배경, 가족의 사회경제적 배경, 교사 애착, 교사 능력, 학습집단 및 학급 분위기, 학습풍토, 학교문화 등이 있다(송희원 · 최성열, 2012).

이러한 연구는 아동의 학업성취에 직·간접적으로 영향을 미치는 요인을 입체적으로 규명하기 위해 환경적·심리적·사회적·인지적 변인을 골고루 살펴볼 필요성을 보여 준다.

학업성적은 지능, 기초학업 능력과 같은 지적 능력에 의해서 상당 부분 결정되는 것으로 알려졌으나, 학업성적은 지적 능력으로 예측되지 않는 측면이 있다.

예를 들어, 학습과진아는 지능이나 적성에 비해 더 좋은 성적을 얻고, 학습부진아는 지능이나 적성에 비해 좋지 못한 성적을 얻는 경우로, 이는 지적 능력 이외의 다른 측면(예: 학습시간)이 학업성적을 예측할 수 있음을 보여 준다.

블룸은 지적 시발행동이 학업성적에 대하여 50% 설명변량을 갖고, 정의적 시발행동이 학업성적에 대하여 25%의 설명변량을 갖는다는 주장을 하였다. 그리고 다수의 연구자는 청소년의 성격, 성취동기, 정서와 같은 정의적 특성이 학업성적과 유의한 관계가 있다는 것을 보여 주었다(Bloom, 1976).

정의적 특성이란 청소년의 교과목에 대한 태도나 흥미, 학교교육에 대한 태도, 인간 심리의 심층에 자리 잡고 있는 성격적 특성을 뜻한다.

최근에 지적 능력 이외에 정의적 측면에서 좋은 학업성적을 얻는 데 중요한 특성으로 통제력이 거론되고 있다.

좋은 학업성적을 성취하는 것은 아동기부터 성인 초기에 이르기까지 지속되는 장기적인 노력을 필요로 하기 때문에 지금 당장의 욕구충족을 지연하고, 충동성과 같은 정서를 잘 조절한 후 성실한 태도로 학업에 임하는 것을 가능하게 하는 자기통제력은 좋은 학업성적의 획득에 중요성을 갖는다고 볼 수 있다.

아동을 둘러싼 대표적 환경 변인으로는 부모와의 관계를 들 수 있다. 많은 연구가 부모-자녀 관계가 다양한 변인과 함께 자녀의 학업성취에 미치는 절대적 영향을 보여 주었다.

아동은 부모와 최초로 관계를 맺고 상호작용함으로써 사랑과 애착을 경험하고 가치관을 내면화하여 개인의 욕구를 충족시켜 자신의 잠재력을 계발하므로, 부모와의 관계는 매우 중요하다.

특히 아동이 스스로 지각하는 부모와의 관계가 긍정적인 것이 중요하다. 부모가 지각하는 자녀와의 관계보다 자녀와 부모와의 관계를 어떻게 인식하는가에 따라 아동의 자아 수용이 달라지고 다른 변인에 더 직접적으로 작용할 것이다(유은주·최명숙·최성열, 2010).

또한, 부모가 인식한 부모-자녀 관계는 자녀의 인식과 일치하지 않을 수도 있다. 그런데 부모-자녀 관계는 아동이 학습을 할 수 있는 분위기를 조성해 주는 환경적 변인이므로, 다른 매체변인을 통해 아동의 학업성취에 간접적 영향을 미칠 가능성이 크다.

그러므로 아래에서 심리적·사회적·인지적 측면에서 부모-자녀 관계를 아동의 학업성취와 연결시킬 수 있는 매개변인을 찾아보고자 한다.

먼저, 긍정적인 부모-자녀 관계는 아동의 견고한 자아강도(自我强度) 발달과 관련이 있다. 자아강도란 자아의 통합적 기능의 세기를 말한다. 자아강도가 강할수록 고유의 기능을 보다 효율적으로 발휘할 수 있게 되어 심리적·정서적 안정감을 유지하고 현실에 적응적으로 대처할 수 있게 된다(정수정·최나야, 2018).

자아강도는 학교생활 적응, 학업동기, 자기조절 능력, 또래관계 형성 등 학업과 일상 적응은 물론 성인기 이후 삶에도 영향을 미친다. 따라서 부모-자녀 관계가 아동의 자아강도를 통해 학업성취에 영향을 줄 가능성이 제기된다.

자아강도

자아강도(自我强度, ego strenght)란 자아 기능의 전체적인 건전성을 나타내는 개념으로 개인의 내적 충동을 통제하고 사회적 적응을 촉진하는 원동력이 되는 크기의 정도를 말한다.

다음으로, 부모와 친밀하고 편안한 관계를 형성하고 부모를 존경하며 본받고자 하는 아동일수록 학교생활에 원만하게 적응한다. 학교생활 적응이란 성장하고 발달하는 데 필요한 것을 배울 수 있는 상태라고 정의할 수 있다.

아동에게 학교는 새로운 지식을 배우고 부모 이외의 또래 및 교사와의 관계를 통해 여러 가지 사회적 기술을 배울 수 있는 미래를 준비하는 학습의 장이다. 즉, 아동의 학교생활 적응은 폭넓은 인간관계와 다양한 사건을 통해 성장함을 보여주는 사회적 변인이다.

학교생활 적응은 이후 성인기의 사회생활 적응력을 높이는 데에도 큰 영향을 미치므로 중요하다. 학교에서의 생활 자체에 잘 적응한 아동이 학업성취에서도 우수한 경우가 대부분이다(정병삼, 2012).

마지막으로, 부모-자녀 관계는 아동의 인지적 변인에 영향을 줄 수 있다. 부모-자녀 관계가 아동의 자기조절 능력과 관련됨을 많은 연구에서 보고하고 있다(신성철, 2014; 정문경, 2014; 정수정·최나야, 2018).

자기조절학습 능력은 학업성취와 관련하여 큰 설명력을 보이는 인지적·정의적 요인으로, 학습자가 학습활동의 주인이 되어 학습목표와 학습동기를 진단하고 학습에 필요한 인적·물적 자원을 관리하며, 학습의 모든 과정에서 의사결정과 행위의 주체가 되는 능력을 의미한다.

자기조절학습 능력은 학습과정에서 학습자의 적극적인 태도와 책임성을 강조하는 개념인데, 학생의 이러한 능력은 학교교육 이전에 가정교육에서 그 바탕이 이루어진다고 볼 수 있다.

자기조절학습 능력이 있는 아동은 학교생활에 잘 적응하게 되고, 자기조절학습 전략을 많이 사용하는 아동이 높은 수준의 학업성취를 보인다(정수정·최나야, 2018).

이러한 연구결과들은 부모-자녀 관계가 아동의 자기조절학습 능력을 거쳐 학업성취로 이어지는 모형의 설계를 이론적으로 뒷받침해 준다.

6 | 수업과 학습에 영향을 주는 변인

어떤 변인이 수업과 학습에 영향을 미치는가를 엄밀하게 구분할 수는 없다. 앞서 논의한 영향을 미치는 여러 가지 변인은 모든 인간의 심리구조가 그렇듯이 서로 섞여 있기 때문에 엄밀하게 구분할 수 있는 내용이 아니다.

그러므로 여기에서 제시하는 여러 가지 변인 역시 위에서 언급한 변인과 섞여 있음을 전제로 다음과 같은 몇 가지 학업에 영향을 주는 심리적 변인을 제시할 수 있다.

1) 학습동기

학습자의 학습동기는 학습을 일어나게 하는 원동력이자 지속적으로 학습에 임할 수 있게 하는 기제이다. 이러한 학습동기는 행동을 유발시키는 힘의 근원이 어디에 있느냐에 따라 내재적 동기와 외재적 동기로 구별되기도 한다.

학습동기를 외적 동기, 내적 동기, 과제가치, 시험불안, 자기효능감 등으로 세분화하기도 한다. 외적 동기는 타인의 인정이나 외적 보상을 위해 학습에 임하는 동기인 반면, 내적 동기는 학습 자체에 초점을 맞추고 숙달을 목표로 한다.

내적 동기는 흥미, 긍정적 학업행동, 성취도와 정적인 관련이 있는 것으로 보고되고 있으며, 내적 동기가 높은 학생일수록 심층적인 학습전략을 사용하려는 경향이 높다. 과제가치는 학습내용이 얼마나 유익하고 가치 있는지에 대한 판단에 기초한 동기로서, 학습자의 인지전략 사용이나 자기조절 등과 밀접한 관련성을 보인다(조은영 · 양명희, 2018).

2) 시험불안

시험불안은 학업수행을 방해하는 요인 중 하나로 간주되며, 시험불안을 많이 지각할수록 학습자는 과제수행에 어려움을 느끼는 것으로 나타났다. 한편 자기효능감은 학습자가 학습과제를 수행하는 데 필요한 행동을 조직하고 실행하는 자신의 능력에 대한 신념을 말한다.

이러한 자기효능감은 학습에 영향을 주는 동기로 특정한 과제의 수행이나 학업성취를 촉진시키는 중요한 역할을 한다. 자기효능감이 높을수록 불안을 적게 느끼고, 효과적인 학습전략을 사용한다는 연구결과가 보고되고 있다(정윤경 · 송주연, 2018).

동기화된 학생은 더 도전적인 과제나 활동을 선택하고, 이러한 과제에 직면했을 때 효과적인 학습전략을 사용하는 경향이 있다. 이와 같이 학습동기에 관한 많은 연구는 학습자의 동기가 학습전략과 목표의 활용, 도전 과제에 대한 선호, 학업에 관한 태도, 새로운 학습활동의 선택과 참여와 연관되는 것을 밝혔다.

3) 학업적 관여

학업적 관여는 학습자가 달성하고자 하는 학습결과를 위해 얼마나 적극적으로 학습에 참여하는가를 나타내는 것으로 학습에 대한 긍정적인 태도와 동기적 상태를 반영한다. 따라서 학습에 대한 적극적 관여는 학업 수행과 직결되는 중요한 행동으로 성공적인 학업성취와 주로 연관되어 왔다.

학습자의 동기는 학업적 관여에 영향을 미치는 다양한 요인 중 하나로 학업적 관여 수준에 직접적인 영향을 주며 학업적 관여 수준을 촉진하거나 방해하는 요소로 작용한다. 많은 선행연구에서 학습동기 수준이 높을수록 학습에 참여하는 빈도와 시간이 늘어난다고 보고하고 있다(조은영 · 양명희, 2018).

이러한 동기적 특성은 학업적 관여를 결정짓는 요인으로 작용하기 때문에, 이 둘 간의 관계를 학습장면에서 보다 중요하게 다룰 필요가 있다.

4) 학업정서

학습자가 학습상황에서 경험하는 정서가 무엇이냐에 따라 동기, 자기조절학습, 정보처리와 같은 인지적 과정에 미치는 영향도 달라진다. 학생은 학습과정에서 다양한 정서를 경험하며, 이러한 경험은 학생의 학습과 수행 결과에 직·간접적으로 영향을 준다. 학습과정에서 지각하는 정서적 경험은 학습과정과 결과의 질적 차이를 야기하는 중요한 변수가 될 수 있다(안도희, 2018).

따라서 교수–학습 과정의 다양한 측면과 연관된 정서에 대해 이해하는 것은 매우 중요하다. 특히 학업장면에서 정서는 복합적으로 작용하므로 잘 살펴보고 적절히 통제해 나가면 처음의 동기가 지속되고 실제 학습행동으로 이어져 좋은 성취 결과를 얻을 수 있다.

이처럼 학습과정을 논함에 있어 정서가 간과될 수 없다는 여러 학자의 주장은 정서적 측면을 고려하지 않고 학습자의 동기 변화를 이해하기는 어렵다는 것을 시사한다. 따라서 학습자의 다양한 행동양식이나 동기적 측면을 이해하기 위해서는 정서를 함께 고려할 필요가 있다.

5) 학습전략

학습전략은 학습자가 자신의 학습을 촉진하기 위해 스스로 사용하는 정신적 노력이자 목표지향적 행동이다. 즉, 학습자 자신이 효과적으로 학습하기 위해 취하는 사고의 기술로서 학습동기와 밀접한 관계가 있다(김성앙, 2018).

학습전략은 인지전략과 메타인지전략으로 나눌 수 있는데, 인지전략이 학습과제에 제시되어 있는 내용과 관련된 정보를 조작하여 이해하는 방법이라면, 메타인지전략은 문제해결 과정에서 계획, 점검 및 평가의 기능을 수행하는 것을 말한다.

최근에는 인지적 학습전략뿐만 아니라 자기조절이나 동기적 요소까지 학습전략에 포함시키며, 시간 계획이나 공부환경 관리 같은 행동적 요인을 학습전략의 하위 영역으로 함께 다루기도 한다.

7 | 교사의 기대효과

교사가 학습자의 학습에 영향을 미치는 변인은 수없이 많으나 여기에서는 교사의 심리가 중요함을 강조하기 위해 교사의 기대효과에 대해 언급하려고 한다.

교사는 어린이의 능력이나 가능성에 대하여 전혀 다르게 지각할 수 있다. 많은 교육학자와 심리학자는 교사의 이러한 지각은 어린이에 대한 기대에서 비롯된 것이라고 한다.

교사기대효과(教師期待效果, teacher-expectation effects)란 말은 이와 같은 경향을 가리킨다. 자기충족예언(自己充足豫言, self-fulfilling prophecy)이란 용어도 이와 같은 의미로 쓰인다.

이러한 견해에 의하면 다른 사람에 대한 우리의 신념 또는 기대는 그들의 행동 방향에 영향을 주고 있으며, 그들이 해 주기를 기대한 대로 그들이 행동하는 원인이 되는 행동을 우리가 한다는 것이다.

예를 들어, 우리가 친절하게 되기를 기대하는 어린이에게는 그 어린이가 친절하도록 우리가 그 어린이에게 친절하게 대해 주는 경향이 있으며, 우리가 문제아로 그리고 귀찮은 존재로 보는 아이에게는 그가 부정적으로 보며 적대감을 갖는 것처럼 그를 차갑고 귀찮게 대한다는 것이다.

교사의 학업성취에 대한 기대가 높고 낮음이 결과적으로 학생의 성적과 밀접한 관계를 맺고 있다는 것은 로젠탈과 제이콥슨(Rosenthal & Jacobson)의 『교실에서의 피그말리온의 효과』(1968)에 잘 나타나 있다.

이는 교사의 자연 상태에서의 기대 수준이든, 실험처치에서 유도된 기대이든 교사의 기대효과는 학생의 학업성취에 매우 중요한 의미를 갖는다는 것이다. 구체적으로 교사의 기대는 교사의 수업행동, 즉 자료 준비, 자료 제시, 수업투여 시간 및 학생과의 상호작용 과정 등에서 다르게 표출되고, 그것이 특정 학생에게 전달된다는 것이다.

로젠탈과 제이콥슨은 이러한 결과를 담임교사가 '지금부터 신장된 어린이'에게 기대를 품은 결과 생긴 것으로 보고, 그 효과에 대해 '피그말리온 효과(Pygmalion effect)'라고 명명하였다.

피그말리온은 키프로스의 젊은 왕으로, 대리석으로 조각한 여성상에 반하여 결혼을 바란바, 미와 사랑의 여신 아프로디테(Venus)가 그것을 들어주어 조각에 생명을 불어 넣어 결혼시켰다는 그리스 신화에서 유래된 것이다.

피그말리온 효과는 인간행동에서 일반적으로 나타나는 자기충족예언의 역할을 중시한 로젠탈의 연구의 일부이다.

지난 30여 년간 계속된 교사의 기대효과에 대한 연구들의 결과를 보면, 교사의 기대효과는 학생 변인과 상황 변인(학급의 크기, 학기 중 기대가 형성된 시점, 기대하는 영역 등)에 따라 달리 나타나고, 교사 의존도가 높을수록 자기충족예언 효과는 증가한다는 결론을 내리고 있다(강태중, 2011; 김경식, 2006).

제 12 장

여러 가지 학습방법

CHAPTER 12

1 | 모바일 러닝

최근에 우리나라 교육현장에서 많이 활용되고 있는 학습방법 몇 가지를 선정해서 이에 대해서 집중적으로 언급하려고 한다.

1) 모바일 러닝의 개념

모바일 러닝(mobile-learning)은 보통 m-러닝(m-learning), 스마트 러닝(smart learning), 유비쿼터스학습(ubiquitous learning, u-learning) 등의 용어로 혼용되고 있고, 이 중 모바일을 활용한 언어학습을 MALL(mobile assisted language earning)이라는 용어로 통용하고 있다(한혜민, 2018).

학자마다 모바일 러닝의 정의는 조금씩 다르지만, 공통적으로 무선인터넷이

가능하며 이동성이 있는 모바일 기기를 사용하는 학습법으로 볼 수 있다. 에트웰 외(Attewell et al., 2010)는 모바일 러닝을 "손에 들고 사용할 수 있는 기기로 무선 접속이 가능하며 교수-학습을 확장하며 강화할 수 있는 학습"(p. 2)으로 정의하였다.

기술적 개념은 모바일 러닝 구현이 가능한 기술적 요소나 매체적 특징을 강조하는 개념, 교육적 개념은 모바일 러닝을 원격교육(d-러닝, distance Learning)의 관점으로 이해하면서 전자학습(e-러닝, electronic learning)이 모바일 기기의 등장으로 발전하게 된 것을 모바일 러닝으로 파악하는 관점이다.

확장적 개념은 유비쿼터스 컴퓨터 사용 기술의 초기 단계로서 모바일 러닝을 바라보는 입장이다. 맥카티 외(McCarty et al., 2017)는 모바일 러닝을 교육, 교육공학, 교육기관 및 문화, 기술적 관점에서 개념을 정리하였다.

교육기관 및 문화적 관점은 기술을 활용한 교육을 바라보는 대학 및 학교기관의 관점 및 교육기관에서 구현 가능한 기술적 환경을 뜻한다. 스마트 러닝은 e-러닝과 상보적인 개념으로 사용되고 있음을 알 수 있다(김범년 · 김영렬, 2018).

2) 모바일 러닝의 장점과 문제점

모바일 러닝이 지닌 장점에 대해 맥카티 외(McCarty et al., 2017, pp. 149-151)는 편리한 휴대성으로 친밀한 학습 작용이 이루어질 수 있고, 시간과 공간의 제약이 없으며, 학습자 개인의 수준에 맞게 학습자 주도적으로 교육과정이 실현될 수 있다고 하였다. 또한, 목표 언어를 사용하는 사람이나 정보에 온라인으로 접속할 수 있고 학습을 위한 다양한 애플리케이션의 사용이 가능하다고 하였다.

모바일 러닝의 장점은 학습자가 모바일 기기를 소유하고 있으며 이동성이 편리하고, 모바일 기기가 첨단 기술의 집합체여서 다양한 활동에 적합하다는 점이다. 따라서 모바일 러닝은 한국어 노출 시간이나 의사소통 기회가 부족한 해외의 한국어 학습 환경의 문제점을 극복하는 데 상당한 도움이 될 것이다.

수업체계, 수업체제 설계

수업체계(instructional system)는 수업단원, 과목, 교육과정의 목표를 달성하는 데 필요한 학습자료(교재), 사전검사, 진보확인검사, 사후검사, 학습지침, 교사지침 등으로 이루어진 한 세트 또는 한 단위 완성품, 꾸러미(package)이다.
수업체계 설계(instructional system design)는 수업목적의 달성 수단을 계획·개발하는 체계적 시도로서 여러 요소로 구성되어 있고, 이들은 전체 과정 내에서 신축성을 가지고 서로 관계하고 있다.

모바일 러닝의 문제점은 기기의 문제와 교수-학습의 문제로 나눠 살펴볼 수 있다. 모바일 기기의 문제점으로는 한 화면에 담을 수 있는 학습 내용의 길이가 제한적이고 입력에 비해 출력의 기회가 적다는 점 등을 들 수 있다.

교수-학습의 문제는 학습자의 참여를 어떻게 효율적으로 이끌어낼 수 있느냐는 점이다.

2 | 협동학습

1) 협동학습 개념

협동학습은 레윈(Lewin)과 도이취(Deutsch)의 현장 이론에서 파생하여 협력 이론에 기반을 두고, 레윈의 변화모형이론에 기초하여 도이취가 1940년대에 협동학습의 이론적 기초를 형성하면서 미국의 공과대학인 MIT 대학의 심리학 교실 연구결과에 뿌리를 두고 있다. 하지만, 교실 적용에 대한 구체적인 연구는 1970년대부터 시작되었다.

협동학습은 학생 간의 서로 협력하면서 상호작용으로 학습효과를 증진시키기 위한 소그룹 형태로 된 하나의 수업방법으로 이해할 수 있다. 나아가 협동학습이 다문화 사회에서 다양성의 공존을 추구하는 종의 사회화 훈련과정이라고 할 수 있다(김대권 · 박인우, 2018).

2) 협동학습 구성요소

협동학습의 구성요소를 살펴보기 위해 교실에서 흔히 수행되는 학습구조를 세 가지 유형으로 구분할 필요가 있다(김옥중, 2015).

첫 번째 유형의 경우 학습목표보다는 누가 더 잘하는가에 초점을 두는 경쟁학습구조이다.

두 번째 유형은 다른 학습자에 신경 쓰지 않고 자신의 속도에 맞추면서 완성된 과제는 자신이 평가하고 노력에 대한 책임도 자신이 져야 하는 개별학습구조다.

세 번째 유형은 그룹으로 구성된 집단 구성원이 자신은 물론이고 집단 구성원의 학습에 대해서도 책임을 져야 하기 때문에 서로 공유하고 도와주면서 상호작용을 하는 협동학습구조가 있다.

개별학습구조나 경쟁학습구조보다는 협동학습에서 학생은 배운 지식을 서로 공유하면서 반복학습과 체험학습이 일어날 가능성이 크기 때문에 더 효과적이다. 또한, 개인은 새로운 아이디어를 제공할 때에도 개인은 한계가 있으며, 협동하는 팀에서는 '우리는 모두 함께하고 있다.'라는 사실에 도움받을 가능성이 훨씬 크다.

협동학습에서 필요한 구성요소는 개인 간의 상호교류와 개인적 책무성, 구성원 간의 긍정적인 상호의존성, 대인관계 및 사회기술, 집단평가 등 크게 다섯 가지로 보는데 구체적으로 다음과 같다.

첫째, 긍정적인 상호 의존성은 집단 구성원 개개인이 집단 성공을 위하여 자신뿐만 아니라 구성원도 함께 목표를 이루어야 하기 때문에 서로 돕는 관계를 의미한다.

둘째, 개인적 책무성은 과제를 숙달해야 하는 책임이 개인에게 있으며, 집단 구성원으로서 개인의 수행에 대한 평가결과가 그 개인이 속해 있는 집단과 자신에게 적용될 때 개별 책무성이 존재한다.

셋째, 개인 간 상호교류는 집단 구성원이 집단의 목표 성취를 위해 다른 구성원의 노력을 격려하고 촉진시켜 주는 것을 의미한다.

넷째, 소집단 및 사회 기술에서는 집단 내 협동적 노력으로 성공하기 위해 요구되는 기술이다.

다섯째, 집단평가는 구성원 각자가 공동의 목표를 달성하기 위해 얼마나 노력하고 협력했는지에 대한 토론과 평가가 적절히 이루어져야 한다고 보았다.

3 | 토론식 학습

1) 하브루타의 개념 및 교육원리

하브루타 학습법은 유대인의 종교학교 예쉬바 등에서만 다루는 독특한 대화식 방법이다. '하브루타'라는 말은 '친구끼리(friendship)' 또는 '동료끼리(companionship)'라는 뜻을 의미하는 아랍어로서 전통적으로 두 명이 짝을 이루어 탈무드 교재(text)를 함께 공부한다는 뜻에서 나온 용어이다(이제욱·류희수, 2017).

하브루타 학습법은 지금 대학에서 사용하는 대부분의 수업 구조와는 본질적으로 다르게 접근한다. 즉, 배움이 교사에게서 나온다고 하는 전제를 유보하고 배움이 학생에게서 이루어진다고 전제한다. 특히 학생과 학생 사이의 질문과 대화, 토론과 논쟁, 다양한 답변의 탐색 과정을 통해 이루어진다는 사실에 기초한다.

이는 기존의 교수–학습 체제를 부정한다기보다 학습자 참여중심의 수업을 이끌어 나가는 데 효과적임을 보여 준다(곽재호, 2017; 임경미 · 안효진, 2017).

18세기의 이탈리아 학자인 랍비 루짜토가 설정한 탈무드 토론의 일곱 가지 원리를 제시했는데, 이 탈무드 토론의 원리는 질문과 대답을 반복적으로 진행하면서 각자의 주장이나 논리를 발전시켜 나간다는 데 의미가 있다(최현정, 2016).

이를 정리하면 **〈표 12-1〉**과 같다.

〈표 12-1〉 탈무드 토론의 일곱 가지 원리

원리	설명
진술 (statement)	말하는 사람이 사실적으로 이야기한다. 사실을 있는 그대로 간략하게 언급한다.
질문 (question)	진술한 사람의 정보를 듣고 상대방이 그것에 대해 날카로운 질문을 한다.
대답 (answer)	진술한 사람이 질문에 대해 답변을 한다.
반박 (contradiction)	대답에 대해 반박하거나 반대 의견을 댄다. 반박은 싸우는 것, 말다툼하는 것이다. 날카로운 반박일수록 좋다.
증거 (proof)	원래 말한 사람이 자신의 주장에 대해 논리적으로 증거를 대고 증명을 한다.
갈등 (difficulty)	다시 증거를 댄 것에 대해 사실이나 진실이 아닌 것을 현명하게 찾아내어 지적한다.
해결 (resolution)	결론짓기로, 파트너와 함께 갈등 상황에 대한 해결책을 찾고 바람직한 방향을 모색하면서 마무리한다.

출처: 최현정(2016).

하브루타 교육은 유대인의 전통적 토론학습 방식에서 기초하며, 특히 탈무드 토론의 일곱 가지 원리를 학교나 가정교육에서 자연스럽게 습득할 수 있는 환경에 있기 때문에 하브루타 수업 방법이 발전할 수 있었다.

탈무드 교육의 철학적 원리는 모든 사람이 신 앞에 평등하며 각 사람은 서로가 다른 재능을 가졌으므로 상호 존재의 가치를 인정한다는 것이다. 이는 하브루타 학습에도 그대로 반영되어 있다.

제 13 장

학교에서의 적응문제

CHAPTER 13

학교는 학생의 정신건강에 직접적으로 관련되어 있다. 학생은 그들의 성장을 위한 대부분의 시간을 학교에서 보낸다. 그들이 지적·신체적 발달뿐만 아니라 정신적 발달도 학교생활의 여하에 따라 크게 영향을 받고 있음은 두말할 나위 없다. 학교에서의 건강한 경험 여부가 학생의 인격형성에 결정적인 역할을 한다.

학생의 학교생활 적응에 대한 심리적 이해를 깊게 할 필요가 있다.

본 장에서는 학생지도에서 이러한 측면을 중심으로 다루어 보고자 한다.

1 | 적응의 개념과 이론

1) 적응의 일반적 정의

적응(適應, adjustment)이란 용어는 시간에 따라 여러 가지 뜻으로 사용되고 있어 통일적인 개념규정을 할 수 없는 말이기도 하다. 그럼에도 불구하고 이 개념이 교육심리학이나 타 학문, 즉 인간을 대상으로 하는 넓은 연구분야에 걸쳐서 실제로 많이 사용되고 있다. 이는 막연한 점이 있긴 하지만, 인간연구나 이해에 있어서 중요한 테마를 나타내고 있기 때문일 것이다.

적응의 개념의 밑바탕을 이루고 있는 것은 전통적인 균형화 현상(homeostasis)과 긴장해소의 개념이다.

균형화 현상이란 캐논(Cannon, 1932)이 처음으로 사용한 용어로, 궁극적으로는 생명유지를 위한 신체 여러 조직의 복잡한 조화·통일 기능에 의해 에너지 전환을 행하면서 내적인 균형 상태를 보전하는 유기체의 작용을 말한다. 바꾸어 말하면, 심신을 포괄한 동적 평형, 즉 생명과정의 그것을 의미한다(박아청, 2011, pp. 453-454).

본래 내적·생리적 조건 간의 균형을 유지하려는 경향을 말하는 뜻이었지만, 이러한 현상은 심리적인 과정에서도 마찬가지로 설명된다. 퍼스낼리티가 생물학적 기반을 갖추고 있는 이상 균형화 현상의 원리에 의해 지배된다고 본다.

이와 함께 긴장해소의 개념이 있다. 항상 새로운 긴장 또는 불균형이 생기고, 그 상태를 다시 해소하여 평형을 회복해 가는 과정이야말로 환경 속에서 개체의 존속(survival)을 성립시켜 가는 것이며, 적응이란 기본적인 의미에서 이러한 과정이다.

다만, 이러한 경우 강조되는 점은 동적인 평형이고, 회복이나 긴장해소는 본래의 상태로의 복귀를 의미하는 것이 아니라 새롭게 보다 복잡하고 발전적인 단계로 향하는 과정이란 점이다.

적응에 대한 기본적인 생각을 기본적인 평형, 긴장해소 측면으로 이해하려는 입장을 살펴보았지만, 적응은 생물학적 또는 정신적인 존속과정에서 개체 내의 과정을 문제로 할 뿐만 아니라 사회적 가치기준과의 비교 등과 같이 적응을 더 현실적·구체적으로 밝히기 위해서는 더욱더 많은 영역에서 볼 것이 요청된다.

예를 들어, 부적응(maladjustment)이란 개념은 긴장해소의 실패 또는 동적 평형의 과정에서 이른바 실패라고 간단히 설명할 수 없다.

만일 균형(평형)이 유기체 존속의 기본적 원리라고 한다면 부적응이라 불리는 여러 가지 현상도 그 나름대로 하나의 평형과정으로 볼 수 있다. 따라서 자연히 유기체와 환경과의 관계를 논하지 않을 수 없게 된다.

2 | 환경과의 적응 양식

환경이란 흔히 외부로부터 생활체에 부딪혀 오는 물리적·생물학적·사회학적 사상(事象) 전반을 가리키는데, 인간에게 가장 중요한 것은 자연적·물리적인 면보다는 사회적 환경이다.

대인관계를 통하여 전해지고, 대인관계 속에 항상 여러 가지 모양으로 작용하고 있는 사회규범, 사회적·문화적 가치기준이 거기에 속하는 개인행동에 결정적인 영향을 준다. 물론 이런 경우 개인의 발달단계에 맞추어 환경이 주는 자극이 달라지고, 환경 속에서 개인의 중요한 측면이 여러 가지로 다르게 나타난다.

특히 여기에서 문제로 삼는 환경이란 물적 또는 객관적 사실로서의 환경보다는 심리적인 환경, 즉 레윈의 생활공간의 개념에서 볼 수 있는 것과 같은 개인에 의해 이해되고 있는 환경 또는 그 개인에 대하여 기능적인 의미를 갖는 환경이다. 이러한 환경과의 관계에서 생물체가 갖는 양식을 크게 두 가지로 생각해 볼 수 있다(박아청, 2011, pp. 455-456).

첫째, 순응(adaptation), 적합(conformity, fitting in), 자기순응적(autoplastic) 적응이 있다. 이것은 환경에 동조하고 사회적 가치나 규범을 우선적으로 다루면서 그것을 받아들이므로, 그 환경 속에서 존속시켜 가는 것을 가리킨다.

다윈(C. Darwin) 이후의 적자생존(適者生存) 생각이 바로 이러한 것으로 모든 생물은 주로 자연적 환경에 대하여 그 종이 갖고 있는 타고난 방식으로 순응함으로써 개체 또는 종족의 보존을 하는 것이 필요하다는 생각이다.

인간의 경우도 마찬가지다. 즉, 모든 행동이 삶의 욕구와 노력에 관계가 있는 이상, 사회적 또는 자연적 환경에 적합하도록 자기 자신을 조절해 가는 행동양식은 불가결한 것이 된다.

둘째, 이상과 같은 환경에 종속한 모양으로 개체를 조절해 가는 것이 아니라, 환경의 조건을 개체의 기능에 맞도록 변화시키거나 외계의 요청을 정복하여 자신의 요구에 동화(同化, assimilation)시킴으로써, 그 개조된 환경과 조화되게 관계를 맺어 나간다고 하는 능동적인 과정이다.

이것은 동화, 환경적응적 적응으로 불린다. 다른 동물에도 이러한 적응 양식을 볼 수 있으나, 인간에게 특히 강하게 나타나는 것으로, 인간의 진보를 가능하게 하는 특징적이고 중요한 적응 양식이다.

환경 속에 있으면서, 그 규범을 탈피하지 않으면서도 자신의 살길을 지향하는 적응 양식이다.

이렇게 볼 때, 결국 적응은 이 두 가지 양식을 근거로 해서 (어느 한쪽만을 일방적으로 중시하거나 무시하지 않는) 환경과 관련을 맺어 가는 것으로, 환경과 개체 어느 한쪽을 우선하기보다는 양쪽을 상호 적합(fitting together)의 과정으로 다루어야 할 것이다.

따라서 적응이란 결국 개인의 욕구와 환경 사이의 조정과정이다.

3 | 적응의 두 가지 측면

앞에서 설명한 적응해 가는 상태를 보면 다음과 같이 두 가지 적응의 측면을 알 수 있다.

첫째, 외적 적응이다. 어떤 개인의 생활을 외부에서 객관적으로 볼 때, 환경의 사회적·문화적인 규범에 따르면서 그 사회의 가치를 실현하는 방향으로 활동하는지, 이때 타인과 협조하고 타인으로부터 지지받는 관계인지를 보는 것이다.

그러므로 객관적 적응이라고도 볼 수 있다. 사회적 질서를 혼란하게 하거나 타인에게 폐를 끼치지 않으며, 타인에게 도움이 되는 일 또는 타인과의 조화로운 인간관계를 맺는 것이 적응의 질과 정도를 결정한다.

둘째, 개인의 주관적인 세계, 즉 인간의 내적인 측면에서 적응을 보는 것이다. 객관적으로 파악되는 하나의 행동상보다도 어떤 의미에 있어서는 의식되고 있는 적응감이 본인에게 중요할 것이다.

외부로부터의 평가보다 자기 자신의 가치기준이나 요구수준에 비추어서 자기 자신을 긍정 또는 수용하는지에 따라 자기충족감, 자존감정(自尊感情, self-esteem), 행복감을 갖게 된다는 것이다. 이는 적응의 내적 측면으로서 중요하다.

두 측면은 상호의존적으로 관련되며, 항상 똑같은 가치를 가진 관계인 것도 아니다.

정상적인 사람도 때에 따라서는 표면적으로는 즐거운 미소를 띠고 있으나 마음속으로는 심각하게 고민하고 있을 수도 있으며, 외적·객관적 적응의 장애보다도 내적·주관적인 면에서 강한 부적응감을 품고 고민하는 경우도 있을 것이다.

반대의 경우도 생각할 수 있다. 따라서 적응은 적어도 이 두 가지 측면으로부터 상보적으로 이해할 필요가 있다.

4 | 적응의 과정

적응을 다룰 때 논의하지 않을 수 없는 개념이 있는데, 그것은 욕구에 대한 문제이다. 왜냐하면, 적응을 환경에 대한 개체와의 관계로 볼 때 개체의 행동은 바로 그 개체의 욕구에서 시작된 것이라고 볼 수 있고, 이 욕구에 대해 살펴보는 것이 바로 적응의 과정을 이해하기 위한 길이기 때문이다.

적응의 문제와 관련지어 욕구, 갈등 및 욕구좌절에 대해서 검토해 보기로 한다(박아청, 2011, pp. 458-465).

1) 욕구

욕구는 보는 측면에 따라 '외적 욕구'와 '내적 욕구'로 나누어 생각할 수 있다.

환경이 지니고 있는 사회적인 가치와 규범은 거기에 속한 사람에 대하여 외부로부터 요청된 힘으로 작용한다. 이것은 외적 욕구로, 사람은 외부로부터 모든 사회적·문화적 기준에 맞춘 역할이 기대되고, 거기에 따라서 행동할 것이 요구되고 있다.

다만, 사회적인 가치기준이란 사회의 대다수가 따름으로써 구성원의 생활양식이나 태도를 성립시키는 평균치 또는 최빈치적인 것을 가리키고 있으므로, 엄밀하게 끄집어내어 말할 수 없는 폭넓은 개념이다.

또한, 이것은 지역이나 민족에 따라 다르며, 정반대의 것일 수도 있고, 시대에 따라 변동되는 것이기 때문에 절대적인 것도 아니다.

한편 개체 자체 내부로부터 발생하는 욕구를 내적 욕구라 한다. 인간 내부에서 충족을 구하여 개체를 압박하고, 그것에 의해 생긴 긴장을 해소하는 행동으로 치닫게 하는 것이다. 근원적인 욕구로 흔히 기본적 욕구(basic needs)라고 한다.

2) 욕구의 갈등

여러 가지 욕구가 제각기 충족을 원하여 부딪치는 형태를 다음과 같은 세 가지로 생각해 볼 수 있다.

(1) 내적 욕구와 외적 욕구와의 갈등

내적 욕구가 그대로 충족되지 않고 그것과 모순·대립하는 요청이 외부로부터 나타난 상태이다. 성장함에 따라 외적 욕구는 어릴 때처럼 순수한 외적 존재이기보다는 점차 개인 속에 내면화되어 가기 때문에 오히려 이러한 갈등은 내적 욕구 간의 갈등으로 변해 간다.

예를 들어, 주위로부터 가업을 이어 갈 것을 매우 기대받고 있으나, 자기는 집을 떠나 전혀 다른 방면에 종사하기를 바라기 때문에 고민하는 경우이다.

(2) 외적 욕구 간의 갈등

타인에게 양보하고 친절하게 하는 것과 생존경쟁에서 이겨야 하는 것과 같은 두 가지 사회적 가치관에 때로는 실제상 모순이 일어나 어느 기준에 따라 내적 욕구를 실현해야 할지 모르는 경우가 이 상태이다.

(3) 내적 욕구 간의 갈등

앞서 언급한 청년기의 의존과 독립 간의 갈등과 같이 두 욕구 사이의 갈등에는 심각한 것이 매우 많이 있다.

특히 내적 욕구는 외적 욕구보다도 무의식화되어 있기 때문에 파악하기 힘든 경우가 많으며, 갈등상태가 오래 지속됨에 따라 충족되지 못한 채 남은 한쪽의 욕구가 잠재적으로 그를 계속 압박하기도 한다.

3) 욕구불만

욕구불만(또는 좌절: frustration)이란 개념은 프로이트에 의해 처음으로 사용된 것으로 쾌감원칙에 따른 행동이 저지될 때 생기는 '불만으로 끝나는 흥분'이란 뜻이다.

그 이후에도 계속해서 이러한 의미로 쓰였다. 즉, 생활체가 목표반응의 과정에 있어서 어떤 무엇인가의 장애 때문에 그때의 욕구만족이 방해받는다는 뜻이다. 그러나 이것만으로는 정서적 긴장 상태의 전반을 설명하기 곤란하다.

연구자에 따라서는 개념의 내용이 각기 조금씩 다르지만, 대체로 욕구불만이란 갈등이 해결되지 않고 그대로 만성화되어 불안이나 공포와 같은 적응 기능의 장해를 초래한 경우를 말한다. 이 욕구불만의 과정은 욕구불만의 상황과 상태, 반응의 세 가지로 생각할 수 있다.

(1) 욕구불만의 상황

이것은 보통 빈곤 등 결핍 상태, 손실, 상실, 견고한 장벽과 같은 외부적 원인 및 신체적·정신적 결함이나 이상, 강한 내적 욕구(예: 도덕관념 등을 포함), 콤플렉스, 포부수준(抱負水準, aspiration level) 등 내부 원인에 의해 생긴 욕구충족이 강한 저지를 받은 상황을 말한다.

이 상황은 신체적 구속 상태에서 강한 불쾌 자극을 주거나 하여 흔히 실험적으로 이루어진다. 즐겁게 놀고 있는 어린이에게서 장난감을 빼앗거나 시끄럽게 하여 수면을 방해하는 것 등 인간을 대상으로 한 실험도 있다.

(2) 욕구불만의 상태

이것은 반응과 구별하기 어렵다. 표면적으로 나타난 행동으로서는 비교적 파악하기 힘든 정서적·생리적인 긴장 상태를 말한다. 혈압, 피부 전기저항, 맥박 등을 통하여 측정되는 자율신경계의 평형 상태를 욕구불만을 느낄 때의 내적 긴장 상태의 지표로 보고 있다.

(3) 욕구불만의 반응

정상이 아닌 심리적·생리적인 긴장 상태 또는 자율신경의 평형이 무너진 상태는 필연적으로 눈에 띄는 행동의 변화를 동반한다. 이때의 이상행동(異常行動, abnormal behavior)에 대해서는 많은 실험적 연구가 행해져 있다. 일반적으로 다음과 같은 세 가지 종류의 반응이 나타나는 것으로 본다.

① 공격 반응

공격을 항상 욕구불만의 결과로 보는 욕구불만-공격 가설이 있듯이, 실제로 동물이 욕구불만의 실험장면에서 안정되지 않고 불쾌 자극이 오는 방향으로 덤벼들거나 동료를 무는 경우가 흔히 발견된다.

이러한 공격반응은 카타르시스(catharsis)로 불리는 하나의 미분화된 긴장해소법이기도 하다. 이와 같은 공격적 행동은 직접적·간접적 또는 표면적으로 여러 형태로 나타난다. 외부로 향한 공격반응이 금지당하면 자기 자신을 상하게 하는 자기공격의 형태를 취하는 경우도 있다.

한편 좌절된 사람은 좌절시킨 원인에 공격을 표현할 수 없을 때가 있다. 좌절원이 애매하거나 때로는 좌절을 주는 사람이 너무 강력해서 공격은 위험을 수반한다.

이때는 공격이 전위되어 공격행위가 실제 좌절원이 아닌 무관한 사람이나 속죄양에게 돌린다. 상사에게 꾸지람을 들은 사람은 표현하지 못한 분노를 자기 가족에게 터뜨릴 수 있다. 자기 반의 친구에 대한 욕설은 자기가 중간 시험에서 나쁜 성적을 받은 것과 관련되어 있을 수 있다.

② 퇴행 반응

이것은 긴장 상태로부터 도피하는 반응이다. 욕구불만에 의한 긴장이 일어나

인격 전 영역에 퍼져 미분화된 상태를 낳게 된 것이다.

예를 들어, 어린이가 열심히 놀고 있을 때 장난감을 빼앗아서 볼 수는 있으나 만질 수 없는 곳에 두어 욕구불만을 갖게 하도록 하면 그 장면으로부터 도망하려는 아이도 생긴다. 이전에 학습한 행동으로 되돌아가 버리는 경우를 말한다.

그러므로 퇴행은 미성숙한 행동양식이라고 볼 수 있다. 성인도 때로 좌절 상황에 당면하였을 때 미숙한 행동형태에 의존한다.

예를 들어, 욕설질하거나, 고함치거나, 주먹다짐하는 것 등이다. 또한, 대응하는 것을 포기하고 타인이 자기를 위해서 문제를 해결해 주기를 바란다.

③ 고착 반응

이것은 퇴행 반응이라고도 볼 수 있다. 예를 들어, 욕구불만을 일으키는 어떤 자극에 대해 한 가지 욕구불만 해소방법만 무의미적으로 고집하는 반응을 말한다. 또는 무감각으로 나타날 수 있다.

인간행동연구를 복잡하게 만드는 요인 중 하나는 사람들이 비슷한 상황에 대해 다양한 방식으로 반응하는 경향이다. 따라서 욕구불만에 대한 공통적 반응이 적극적인 공격일 수 있지만, 또 다른 반응은 그와 반대인 무감각, 무관심, 퇴각이다. 우리는 같은 상황에 대해서 왜 어떤 사람은 공격으로, 다른 사람은 무감각으로 반응하는지 모르지만, 학습이 하나의 주요한 요인인 것 같다.

욕구불만에 대한 반응은 다른 행동처럼 매우 동일한 방식으로 학습될 수 있다.

아동이 좌절되었을 때 화가 나서 발버둥 치고 그에 따라 그의 욕구가 충족되었다는 것을 알게 되면, 아마 그 뒤에 그들의 동기가 방해받았을 때 또다시 같은 행동을 하게 될 것이다. 공격적 폭발에 실패를 맛본 아동은 자신의 행동에 의해서 욕구를 만족시킬 힘이 없다는 것을 알고, 이후에 좌절 상황에 당면하였을 때 무감각 또는 퇴행에 의존할 것이다.

이러한 세 가지 종류의 반응에 대해서 학자에 따라서는 여러 가지 측면에서 논의하고 있다. 예를 들어, 퇴행이 일어난 역사성의 문제, 욕구불만 상황에서의 불안이나 공포가 학습을 위한 적극적인 동기화 원인의 문제 등이다.

문제는 이러한 반응은 결코 목표로 향하여 동기유발된 적응행동이 아니라 이상행동(異常行動)을 유발시킬 수 있다는 것이다. 그리고 이와 같은 반응의 누적이나 만성화(慢性化)는 인격 전체에 중대한 결함을 가져오게 하는 사실이 예상된다.

욕구불만의 사태는 심리적 긴장과 갈등으로부터 욕구충족을 위한 여러 가지 행동을 제기한다. 이처럼 적응하려고 하는 동기로부터 출발하여 발생한 긴장을 해소하고 개체와 환경 사이의 불균형(불평형)을 회복하여 안정된 적응 상태로 이끌려는 행동양식이 적응기제(適應機制, adjustment mechanism)이다.

5 | 적응기제

적응과정에 있어서 긴장 또는 불균형의 상태를 해소하고 다시 평형을 회복하는 과정을 심리학적으로 상세히 분석한 경우, 주로 무의식적인 수준에 있어서 여러 가지 심리적 조작이 예상된다.

정신분석학은 이 방면의 해명에 크게 공헌하였다. 이 역동적인 심적 조작의 과정을 방어기제(防禦機制, defense mechanism) 또는 적응기제라고 부른다. '방어'와 '적응'이란 말이 적용되는데, 이 과정의 소극적·적극적인 성질을 시사하고 있다.

프로이트는 어떤 방식으로 현실을 왜곡함으로써 사람을 불안에서 방어케 하는 무의식적 과정을 일컫기 위해서 방어기제라는 용어를 사용했다. 이러한 전략은 위험에 대한 객관적 조건을 바꾸지는 못한다.

단지 그 사람이 그에 대해 지각하거나 생각하는 방식을 변화시킬 뿐이다. 따라서 이것들은 모두 자기-기만의 요소를 내포하고 있다.

기제라는 단어는 사실상 가장 적합한 단어라고 볼 수 없다. 왜냐하면, 기제는 어떤 종류의 기계장치를 의미하기 때문이다. 오히려 '방어전략(防禦戰略, defense strategy)'이라고 하는 것이 더 적합할 것이다.

프로이트는 인간을 복잡한 기계라고 생각하는 19세기의 추세에 영향을 받았다. 앞으로 여기에서 검토하려는 것은 사람들이 효과적으로 처리할 수 없는 상황 속에서 불안을 극소화시키는 데 사용하는 것을 배운 전략이다.

그러나 방어기제는 인간행동을 다루는 교육에서도 널리 사용되는 용어이므로 이 용어를 사용하지 않을 수 없다.

제 14 장

교사와의 만남

CHAPTER 14

영유아가 가정을 벗어나 사회로 나가서 가장 먼저 만나는 사람이 교사이다. 그러므로 영유아와 아동에게 올바른 인간교육을 위해서는 무엇보다도 처음에 능력 있고 올바른 교사를 만나는 것이 중요하다.

아동이 성장함에 따라 가정에 있는 시간보다 교육기관에서 보내는 시간이 더 많아진다. 따라서 아동을 다루는 교사는 자기성장을 위해 부단히 노력해야 하고, 역량을 증진시키는 일에 관심을 두어야 한다.

1 | 교사의 역량과 능력

오늘날의 학생은 인터넷과 소셜네트워크 서비스를 기반으로 한 즉문즉답(卽問卽答)의 시청각 시대를 살아가고 있다. 지식의 체계적 전수와 습득을 통한 지력

개발이라는 전통적 학교교육의 목표는 점차 교육의 중심에서 밀려나고 있는 반면, 학생이 수업에서 주체적 역할을 하게 하는 토의·토론 수업, 협동적·문제해결식 프로젝트 학습 등의 비중은 점점 커지고 있다.

평가에 있어서도 지필고사가 아닌 수행평가, 총괄평가보다 과정중심평가가 더 강조되고 있다. 교사는 다양하고 새로운 형태의 수업을 능수능란하게 구현하기를 요구받고 있는 것이다. 다른 한편으로 오랫동안 교사는 교직 현장에서 행하는 업무의 특성에 따라 역할이 규정되어 왔다.

교육과정을 운영하는 교사는 수업뿐만 아니라 생활지도, 인성지도, 진로지도, 상담 등을 행하며, 학급뿐만 아니라 학년, 학교 단위에서 동료, 학부모, 지역사회와 협력하여 교육부, 교육청, 교육지원청을 통해 내려오는 교육정책을 집행해 왔다.

즉, 초·중등교사의 직무나 역할은 학교교육을 운영해 나가기 위해 교사가 기본적으로 수행해야 할 것과 지식정보사회와 같은 시대적·사회적 변화에 따라 새롭게 요청되거나 더욱더 강조된다고 할 수 있다.

직무에 따른 여러 역할을 수행하며 학교 운영의 주체가 되어 온 교사는 학교교육의 긍정적이고 성공적인 변화나 개혁에 있어서 가장 큰 영향을 미치는 요인이 될 수밖에 없다.

교육의 변화는 교사의 생각과 의지에 달려 있으며, 어떤 교육개혁이든 그 진지한 노력의 중심에는 교사의 실천적 행동이 있어야 하기 때문에 교사의 개인적·집단적 전문성과 유능감을 개발하기 위한 방안과 지원은 매우 중요하다(박영주·전주성, 2018).

또한, 전 세계적으로 '핵심역량'이 교육의 새로운 방향을 주도하게 되면서 학생역량 증진을 위한 핵심 요인으로서 '교사역량'이 함께 강조되고 있는 실정이다(신민·안도희, 2016; 정계숙, 2014).

국내외적으로 교사의 전문성 분야와 요소를 곧 교사가 갖추어야 할 핵심역량과 밀접하게 연관시키는 논의가 활발해지고 있으며, 교사가 갖추어야 할 능력과 자질을 역량의 형태로 도출하여 입직 전후 교사교육에 적극적으로 반영하는 추세로 나타나고 있다.

인적자원개발에서 역량은 직업에서의 우수한 역할 수행과 책임에 영향을 미치는 지식, 기능, 태도 등을 포함하며 행동에 의해 드러나는 수행 양상에 따라 특정한 기준을 근거로 측정, 평가가 가능한 능력으로 정의된다(박은아, 2016, p. 434.)

교사역량은 교직에서의 역할과 직무를 성공적으로 수행할 수 있는 행동특성으로 설명할 수 있으며, 그 행동특성은 수행과 관련한 지식, 기능, 태도 등의 총체로서 교사 행동의 성과에 관한 일종의 성취 기준으로 볼 수 있다.

역량이 관찰 가능한 행동을 구명하여 그 행동특성을 지식, 기능, 가치, 태도 등의 요소로 세분화해 줌으로써, 요구되는 역량의 요소를 구체적으로 파악할 수 있게 하지만, 역량은 여러 다양한 요소가 서로 구조적으로 연결되어 총체적으로 작동하는 특성을 지니며, 특정 맥락이나 실제 상황에서 여러 자원을 적절하게 가동시켜 구사할 수 있는 능력이 된다.

즉, 교사역량은 단순히 교사가 습득한 지식이나 숙달한 기능을 확인하는 것을 통해 드러나는 것이 아니라 교사가 처한 환경, 상황, 맥락에서 교사역량을 구성하는 요소가 총체적으로 작동하여 효과적인 행동을 가능하게 하는 능력이라고 할 수 있다.

역량이 환경과 효과적으로 상호작용하는 능력이라는 점을 고려하였을 때 빠르게 변화하는 환경 속에서 변화에 적응 또는 대응 가능한 교사의 능력은 오늘날 교직에서의 전문성과 교사역량을 설명하는 중요한 지표 중 하나로 반영될 필요가 있을 것이다.

1) 유아교육공동체의 교사 역할과 역량

유아교육은 초·중등교육에 비해 학업성취보다 유아의 전인적 성장과 발달을 위한 사랑과 돌봄의 상호작용과 관계를 중요시하여 가정과 기관 간의 협력을 강조한다. 이는 유아교육기관이 교육공동체로 나아가는 데 이점으로 작용할 수 있다.

그러나 실제 유아교육현장에서 부모와 교사 사이의 소통과 관계의 어려움은 오랫동안 지적되어 왔다. 교사는 예의 없는 종속관계로 접근하는 부모, 교사를 억압·통제·감시하며 늘 조심해야 하고 상처를 주는 존재로 인식하는 부모로 인해 피로감을 느끼고 부모와의 관계에서 무기력감을 경험하고 있다(정계숙·윤갑정·박희정, 2017).

또한, CCTV 설치 의무화 이후 교사에 대한 부모의 불신 증가, 열악한 근무조건과 과중한 업무, 원장의 일방적인 의사결정과 지시 및 업무처리 등 원장과의 관계에서 많은 스트레스와 불신을 경험하면서 높은 이직률 문제로 귀결되고 있다.

반면 원장은 교사관리에서 교사 간의 파벌 형성, 교사의 인성 부족, 서로 다른 교육 이데올로기와 핵심가치 등으로 어려움을 경험하는 상황에 놓여 있다. 이처럼 유아교육기관 구성원 간에도 서로를 이해하고 협력해 가는 데 어려움이 있다.

이에 유아교육기관 구성원의 생명성을 회복시켜 유아교육공동체를 형성할 필요가 있다. 이는 생명 존중의 인식을 바탕으로 서로 신뢰하는 동시에 화합하고 소통하고 배려하며 '우리'라는 인식과 정을 나누어 따뜻한 온기를 느낄 수 있는 관계를 맺음으로써 가능하다.

교수자와 학습자 간의 인간적 관계 속에 존재하는 태도의 질이 배움을 가져오게 한다고 보는데, 이 태도의 질은 허용과 감정이입적인 분위기를 포함한다. 허용은 소유적이지 않은 돌봄과 학습자의 능력에 대한 기본적 확신과 믿음이며, 감정이입은 학생의 눈을 통해 세계를 바라보는 태도, 즉 타인의 입장에 서는 태도를 말한다(정계숙·윤갑정·박희정, 2017).

따라서 상호 신뢰, 허용과 감정이입의 공간에서 따뜻한 돌봄의 관계 맺음을 통한 교육공동체 형성이 바로 유아교육기관 구성원의 비생명적인 경험을 치유할 수 있다고 본다.

또한, 21세기 지속가능한 교육의 실천을 위해 유아교육현장을 교육공동체로 형성할 필요가 있다. 지속가능발전교육이란 모든 사람이 질 높은 교육의 혜택을 받을 수 있으며, 이를 통해 지속가능한 미래와 사회 변혁을 위해 필요한 가치, 행동, 삶의 방식을 배울 수 있는 사회를 지향하는 교육이다.

이는 지속가능한 교육을 위해서 협력과 신뢰가 핵심가치인 교육공동체 형성이 필요함을 의미하는 것이다. 개혁의 중심에는 누구보다 교사가 있고, 이러한 질 높은 교사, 즉 교육공동체를 구현해 나갈 수 있는 역량을 가진 교사가 필요하다.

그렇다면 교육공동체를 구현하기 위해 교사에게 필요한 역량과 역할은 무엇인가?

역량은 사회의 변화에 대응하여 그 변화에 적응하는 개인의 능력을 표현하는 개념으로 유아교사의 핵심역량은 유아에게 질적인 환경과 경험, 관계를 제공하고, 유아의 발달적 요구를 충족시키는 데 필요한 지식, 기술, 태도를 맥락과 상황에 맞게 효과적으로 통합하고 조직하며 실천할 수 있는 능력이다(강석주, 2004).

또한, 유아교육공동체 구현을 위한 교사의 역량은 유아교육공동체로의 비전과 목표의 변화에 대응하여 적절한 사회적·행동적 요소와 인지적·실천적 기술을 교사에게 기대되는 역할상의 과제나 스스로의 요구에 성공적으로 동원하는 능력이다.

2) 교사의 스마트교육 역량

우리나라를 흔히 '정보통신기술(ICT) 강국(强國)'이라고 한다. 국내 반도체 기업이 D램으로 대표되는 세계 메모리 시장을 70% 이상 석권하고, 초고속 인터넷이 국토 곳곳에 연결되어 있으며, 각급 학교의 교실은 교육정보화 사업으로 각종 정보화 기기가 빠짐없이 설치되어 있을 뿐 아니라, 2016년 기준으로 스마트폰 보급률이 세계 1위를 차지한다는 사실에서(신성철 · 신연희 · 송희원, 2018) 일면 당연한 듯 보이기도 한다.

반면, 반도체 분야의 첨단기술이 고도로 집약된 마이크로컴포넌트 반도체 기술은 아직 걸음마 수준에 머물고 있고, 하드웨어에서 강점을 보이는 데 반하여 소프트웨어에서는 취약하다는 점을 고려하면 아직 진정한 ICT 강국으로 올라서기 위해서 더 큰 노력이 필요하다고 할 수 있다.

우리 정부는 명실상부한 ICT 강국으로 발돋움하기 위해 다양한 노력을 펼쳐왔으며, 교육 분야에서도 교육정보화 사업을 지속적으로 추진하고 2011년 이후에는 스마트교육 사업을 추진하며 교육의 새로운 패러다임을 주도하고자 노력해 왔다.

우리나라뿐 아니라 여러 선진국에서도 정보통신기술의 발달에 따라 변화하게 될 새로운 교육의 새로운 패러다임을 준비하기 위해 노력하고 있는데, 이것은 정보화사회에 들어선다는 시대적 상황에서 정보통신기술을 활용한 교육환경의 변화는 필연이기 때문이다.

우리나라에서는 스마트교육 사업을 통해 디지털 융합 · 복합 환경의 변화와 학습 형태의 변화, 사회경제적 변화에 대응하려는 노력을 기울여 왔다.

2011년 '인재 대국으로 가는 길, 스마트교육 추진 전략'을 발표하면서 본격화된 스마트교육은, '스마트교육을 통한 교실혁명'을 비전으로 디지털교과서 개발 및 적용과 온라인 수업 · 평가 활성화, 교육콘텐츠 자유 이용 및 예비 초등교사의 스마트교육 역량에 대한 교육요구도 분석, 안전한 이용환경 조성의 세 가지 추진과제와 이에 따른 실천과제를 제시하고 다양한 사업을 추진하였다. 이후 학교 현장에는 스마트교육 환경이 구축되고 있고 다양한 형태의 교수–학습 활동이 촉진되었으며, 정보기기의 활용이 더욱 활성화되고 있다.

스마트교육은 크게 두 가지 축으로 이해할 수 있다. 하나는 정보통신 기반 기술의 활용이고, 다른 하나는 교수-학습 방법의 혁신이다. 스마트교육의 개념과 특징에 관한 연구에서는 공통적으로 스마트교육이 정보통신기술을 바탕으로 한 스마트 인프라를 바탕으로 교육적 목표를 이루어 가는 것으로 인식하고 있다(원지영, 2015).

교육과학기술부(2011)에서는 스마트교육을 21세기 학습자 역량 강화를 위한 지능형 맞춤 학습체제로 교육환경, 교육내용, 교육방범 및 평가 등 교육제제를 혁신하는 동력이라고 정의하고 있다.

이러한 관점은 스마트교육의 성격을 설명하는 S(self-directed: 자기주도적), M(motivated: 흥미), A(adaptive: 수준과 적성), R(resource free: 풍부한 자료), T(technology embedded: 정보기술 활용)에서도 알 수 있는데, 정보통신기술에 관한 항목은 T(정보기술 활용) 하나뿐이고 나머지는 교육환경, 교육내용, 교육방법의 전반적인 혁신 방향을 제시하고 있다.

이것은 교수-학습 방법을 혁신함으로써 미래사회에서의 교육 패러다임을 주도하고자 하는 거시적 관점에서 스마트교육을 인식한다고 볼 수 있다. 이를 종합하면, 스마트교육은 정보통신기술의 발달로 활용이 가능해진 다양한 정보통신기술을 교육현장에 접목하여 교육환경, 교육내용, 교육방법, 교육평가의 전반적인 혁신을 추구하는 것으로 정책, 기술, 현장이 어우러진 총체라고 할 수 있다.

요즘 학생의 생활을 살펴보면 디지털 인간(homo digitalis), 디지털 원주민이라는 말이 과언이 아닐 정도로 디지털기기와 친숙한 것을 알 수 있다. 유아가 투정을 부리면 과거에는 딸랑이로 달래던 것이 요즘에는 디지털기기가 그 역할을 대신한다.

컴퓨터로 공부하고 놀이를 하며, 컴퓨터로 일하고 물건을 구입하는 등 모든 것이 컴퓨터로 움직이고 만들어지는 사회에 살고 있다.

이러한 환경에서 자란 우리나라 학생은 우수한 ICT 능력을 갖추게 되고 PISA 2009 디지털매체읽기검사에서 1위를 하는 등 인터넷에서 필요한 정보를 검색하여 문제를 해결하는 능력이 세계 최고 수준에 이르는 것으로 나타난 바 있다.

그러나 교육현장에서의 ICT 활용은 저조한 상황이다. 김갑수(2009)에 따르면 2006년에 OECD가 발표한 '스킬 PISA 평가'의 데이터를 기초로 분석한 결과 우리나라 학생의 ICT 접근성은 OECD 30개국 중 28위, ICT 활용성은 31개국 중 31위인 것으로 나타났다.

한편 스마트기기의 사용이 청소년의 감성 지능에 부적 영향을 주고, 신체건강 문제, 안전사고 문제, 정신병리 문제, 사이버일탈 및 폭력 문제, 학업 문제 등 다양한 영역에서 역기능이 우려되는 것 또한 사실이다.

이미 정보화사회를 살아가는 디지털 원주민인 청소년에게서 정보통신기기는 필수품이며, 이를 잘 활용할 경우 훌륭한 교육적 경험을 제공하는 수단이 될 수도 있다. 다만, 그 부작용을 최소화하면서 정보통신기술의 열매를 취할 수 있는 교육적 숙고와 노력이 필요하다.

이를 위해서는 무엇보다 현장교사의 스마트교육 역량 함양이 중요하다. 실제로 교육활동이 이루어지는 현장에서 학생과 직접 상호작용하며 교육활동을 실천하는 교사가 충분한 스마트교육 역량을 가지고 교육적인 숙의를 병행함으로써 스마트교육을 통한 교육 패러다임의 변화가 가능한 것이다.

따라서 교사 양성과정에서 예비교사가 충분한 스마트교육 역량을 함양할 수 있도록 하며, 예비교사에게 요구되는 스마트교육 역량이 무엇인지 정확하게 인지할 필요가 있다.

2 | 교사의 직무만족도

1) 직무만족도의 개념

직무만족도에 대한 초기 연구는 1920년대 후반 메이요(Mayor)와 호손(Hawthorn) 등의 연구로, 조직구성원의 직무만족도를 효율화하여 경영 효과를 증대할 수 있다는 결과를 제시하였으며, 산업현장에서 인간관계론의 효시가 되었다.

인간의 태도와 욕구를 직무와 관련시키는 직무만족도는 내가 나의 일에 만족한다고 말할 수 있게 하는 구성원의 심리적·생리적·환경적 상황의 종합적인 상태라고 볼 수 있다(이리자, 2015).

따라서 직무만족도는 개인의 감정이나 신념, 성취감 같은 심리적 상태와 직무환경 및 보상에 대한 인지수준을 전제하여, 조직원이 개인의 직무 자체와 직무수행을 위한 직무환경 간의 상호작용 속에서 획득하는 성과와 다양한 경험에 대한 긍정적인 정서적·감정적 상태라고 정의할 수 있다(이리자, 2015, p. 13).

2) 직무만족도의 구성요소

직무만족도와 관련하여 조직원의 정서적·감정적 상태에 영향을 미치는 직무만족도의 구성요소 또한 개인적인 욕구와 가치, 태도와 신념 등에 따라 다양하게 제시되고 있다. 여기에서는 이리자(2015)의 학위논문에서 실시한 직무만족도를 조사하기 위한 문항요소를 예로 들고자 한다.

〈표 14-1〉 교사직무만족도의 문항구성표

동료관계	동료들과 신뢰감을 형성하고 밀접한 관계형성 정도
원장과의 관계	교사의 직업성장에 대한 원장의 지지와 격려, 교사의 자율성과 원장의 능력 평가 정도
직무 자체	업무경험에 따른 보직과 가치, 업무에 대한 발전적 변화, 업무 처리 시간과 양, 교육의 현장적용에 대한 교사-유아의 요구 충족 정도
근무환경	업무 방침 및 계획, 공간 배열(교구, 휴게실, 환경)과 업무수행 정도
보수와 승진	보수, 승진 및 특별휴가의 공정성과 공평성, 제도적인 장학 기회에 대한 정도

출처: 이리자(2015).

3 | 교사와 교사효능감

1) 교사효능감의 개념

교사효능감의 개념은 초기의 연구에서는 교사의 고정된 성격적 특성으로 인식되었다. 이후 반두라(Bandura)의 사회인지적 이론의 자기효능감을 기반으로 교사효능감 이론이 발전하면서, 교사가 처한 상황과 과제에 따라 각기 다른 수준의 교사효능감을 보일 수 있다는 개인의 과제·상황 특수성으로 인식되었다.

이러한 교사효능감의 개념을 살펴보면 많은 연구자는 학생의 성취와 관련된 교사 개인적 특성 중 하나로 문제 있는 학생까지도 학습하도록 도울 수 있다는 교사의 신념체계라고 포괄적으로 정의하고 있다(김혜정·김혜순, 2015; 권양희·이진희, 2015).

따라서 교사효능감은 교사 자신이 교수 상황에 적절한 교수행동을 취할 수 있으며 자신의 능력을 통하여 학생의 성취와 결과에 긍정적인 영향을 미치게 될 것이라는 신념과 평가로 볼 수 있다.

2) 보육교사의 교사효능감

보육교사는 초·중·고등학교 교사보다 교육과정이 구조화되어 있지 않고 놀이나 활동을 중심으로 하는 보육기관에서의 수업은 아동중심의 비형식적 교육, 주제중심의 통합교육을 추구하고 있다는 점에서 보육교사의 주체적 역할이 강조되기 때문에 보육교사의 신념이나 가치관을 나타내는 보육교사의 교사효능감은 중요한 개념이라 할 것이다.

이러한 보육교사효능감에 대한 개념 또한 다양하게 제시되고 있는데, 이영석·이경민·한석실(2001)은 영유아를 대상으로 교육하는 보육교사가 특정한 장면에서 특정한 활동을 성공적으로 이루어 내는 데 필요한 행위과정을 조직하고 수행해 내는 그 자신의 노력에 대한 신념으로 정의하였다.

엄영희(2017)는 어린이집 교사가 영유아를 보육하고 교육하는 과정에서 보육목표에 맞게 의도하는 방향으로 영유아를 바람직하게 보육을 할 수 있다는 신념으로 정의하였다.

김신애(2018)는 교사 자신의 업무능력에 관련된 믿음을 말하며 구체적인 보육과 교육장면에서 의도한 결과를 이끌어 내는 데 필요한 행위를 조직하고 실행하는 능력에 대하여 교사 개인이 가지고 있는 신념으로 정의하였다.

김영란(2016)은 영유아 보육활동에 대한 교사의 일반적 기대 또는 신념인 동시에 영유아에게 다양한 자료를 제공하고 더 나은 보육활동을 시행하려는 교사 자신의 능력에 대한 믿음으로 정의하였다.

이상에서 살펴본 보육교사효능감의 개념을 종합하여 보면 우선 보육교사의 직무는 영유아를 대상으로 보육과 교육을 위한 상호작용을 통하여 목표에 부합하게 영유아에게 영향을 미치는 것이라 할 수 있다.

보육교사효능감은 영유아와의 긍정적 상호작용을 이끌어 낼 수 있다는 자신의 능력에 대한 자신감, 확신, 믿음 등의 신념과 긍정적 상호작용을 보육과 교육목표에 부합하여 영유아의 전인발달에 의미 있는 영향력을 끼칠 수 있는 것으로 여기는 평가와 기대로 정의할 수 있다.

4 | 교수몰입

1) 교수몰입의 개념

몰입은 시크젠트미하리이(Csikszentmihalyi, 1975)가 "흐름에 몸을 맡기는 것과 같다."라는 몰입의 경험을 표현하면서 처음 제안된 개념이다.

그는 자신이 하고 있는 행위와 의식이 일치되어, 의식이 경험으로 꽉 차 있고 삶이 고조되는 순간에 물 흐르듯 행동이 자연스럽게 이루어지는 느낌을 몰입이라고 표현하였으며, 어떤 행동 그 자체가 목적이 되어 외부적인 보상이 주어지지 않더라도 그 행동을 지속하게 되는 자기목적적 활동에 온 힘을 다 쏟는 행동을 하게 될 때 느끼는 총체적인 기분 및 감정을 몰입이라고 하였다.

교수몰입(teaching flow)은 일반적 몰입의 개념에 '교수(teaching)'를 적용한 것으로서, 교사가 교수활동에 완전히 빠져들어 가르치는 것을 즐기고, 오로지 교수활동에만 집중하여 그 자체가 목적이 되는 최적의 경험 상태를 의미한다는 점에서 두 가지의 특징을 살펴볼 수 있다.

첫 번째는 교수몰입이 몰입의 주체인 개인의 즐거움이라는 내재적 동기의 개념을 포함하고 있다는 것이다(강경민, 2016). 이는 교수행위가 자기목적적 경험이 되어, 내적인 만족과 보람이라는 수업의 내재적 가치를 가장 잘 드러낼 수 있다는 것이다(송주연, 2014).

두 번째는 여기와 지금을 강조하고 있다는 것으로, 몰입은 여기라는 교실에서 지금이라는 교수행위에 집중할 때 일어나기 때문에 고정되어 있지 않으며, 몰입에서 빠져나왔을 때, 결과를 알 수 있으므로 그 결과를 예단할 수 없다는 것이다.

이러한 교수몰입은 오재군(2018) 등의 연구에서 수업 중 교사의 몰입 정도와 학생의 몰입 수준이 정비례하며, 수업 중 교사의 몰입경험은 학생의 수행에 대한 분명한 피드백을 제공하여 학업성취에도 영향을 미칠 수 있다고 보았다.

즉, 교사의 몰입은 교사의 안녕감 및 효능감, 정서조절, 교사 개인의 주관적 행복감 등에 긍정적인 작용을 함으로써 학습자에게 지속적인 피드백 등에 영향을 주어 효과적으로 동기화하도록 돕고, 학습자의 몰입과 인지적 관여를 증진시킨다는 것이다(이정아, 2015; 임수진 · 여은진 · 이혜원, 2013).

따라서 교수몰입은 교육 분야에서 교사가 몰입을 경험함으로써 업무를 즐기도록 돕고 학생의 학업성취에 영향을 주며, 자기목적적 성향을 갖게 하여 교사로서의 행복감을 느끼게 되어 궁극적으로는 교사의 삶의 질을 높여 줄 수 있는 개념으로 주목하고 있다.

2) 교수몰입의 구성요소

교수몰입을 경험하기 위한 조건에 대하여, 연구자들은 교수몰입을 위한 아홉 가지의 구성요소를 제시하고 있으며, 이를 구체적으로 살펴보면 다음과 같다(강경민, 2016, pp. 12-15).

① 사전에 자신이 해야 할 일에 대한 목표를 가능한 한 구체적으로 인식하는

명확한 목표

② 과제수행에 있어서 스스로를 정확하고 신속하게 모니터링하는 즉각적이고 구체적인 피드백

③ 개인이 도전해야 하는 상황과 그 도전에 대응하는 개인의 기술이 균형을 이루는 도전과 기술의 균형

④ 다른 과제에는 관심을 전혀 갖지 않고, 온전히 자신의 과제에만 빠져 있는 상태인 당면 과제에 대한 전적인 집중

⑤ 자신이 하고 있는 행동과 자신이 분리되어 생각되지 않는 상태로, 자신의 행동이 물 흐르듯이 저절로 진행되는 완전한 몰입의 상태인 행동과 지각의 일치

⑥ 자신이 하고 있는 일을 스스로 조절할 수 있다고 믿는 느낌을 의미하는 통제감

⑦ 자신의 존재를 인식하지 못할 정도로 활동에 빠져든 상태를 나타내는 자의식 상실

⑧ 시간을 실제 시간보다 빠르게 혹은 느리게 왜곡해서 지각하는 시간감각의 왜곡

⑨ 결과보다 활동 자체에 목적을 두고 즐거움과 만족감을 느끼는 것을 의미하는 자기목적적 경험

이상에서 살펴본 것과 같이 보육교사의 교수몰입을 영유아와 교육활동이 이루어지는 동안 교사가 오로지 그것에만 집중하여 경험하는 최적의 경험이라고 말할 수 있으며, 대·소집단 활동에서 보육교사가 교수행위에 깊게 몰입하는 심리적 상태, 이러한 상태를 일으키는 조건과 경험한 후의 결과 모두를 포함하는 개념이라고 볼 수 있다.

보육교사의 교수몰입 구성요소를 단계적으로 살펴보면, 몰입 선행단계인 명확한 목표, 즉각적이고 구체적인 피드백, 도전과 기술의 구성요소의 측면으로 볼

수 있다(유은주 · 최명숙 · 최성열, 2010).

첫째, 보육교사는 영유아의 흥미나 관심, 발달수준을 고려한 교육내용 및 방법의 운영을 위하여 매일 교육계획안을 작성하고, 교육 · 활동 목표 및 세부적인 단위 목표를 설정하여 일과 및 활동(놀이)을 통해 이를 수행하므로, 명확한 목표의 조건을 갖추고 있다고 볼 수 있다.

둘째, 교사와 영유아의 상호작용이 중요시되기 때문에, 보육교사는 수업하는 동안 영유아의 언이, 표정, 몸짓, 태도 등을 통해 자신의 교수행위에 대한 끊임없는 피드백을 받게 되고, 자신이 얼마나 잘 교육하고 있는지 스스로 인식하고 판단하게 되어 자신의 교수를 지속적으로 수정하고 보완해 나가는 과정을 반복하게 된다. 이처럼 즉각적이고 구체적인 피드백의 요소 또한 구성요소로 적합하다 할 수 있다.

셋째, 최근 보육교사는 전문성 신장에 대한 높아진 사회적 관심과 더불어 교사 스스로의 개인적 동기 및 질적 성장 등의 이유로 각종 연수 및 세미나, 재교육 등에 참여하고 있는데, 이는 보육교사 스스로 도전과 기술의 균형을 위해 노력하고 있음을 의미하므로, 보육교사의 도전과 기술의 균형의 요소 또한 적합한 구성요소라 할 것이다.

5 | 교사의 민감성

1) 교사민감성의 중요성

현대사회는 전통적인 가족구조에서 벗어나 출산율이 떨어지고, 맞벌이 가정이 증가하며, 다문화 가족 등 다양한 가족구조로 변화되고 있다. 이러한 현대사회가족구조의 변화는 영유아 보육에 있어서 사회적 변화를 가져오게 되었으며, 보육 대상 연령의 하향화와 함께 영아보육기관의 수요 증대와 이용률 증가라는 경향을 만들어 내게 되었다.

특히 어린이집을 이용하는 영아의 경우 어머니보다 더 긴 시간을 교사와 함께 하기 때문에 영아가 정서적 유대감, 즉 애착을 형성해 나가는 데 교사의 민감성은 매우 중요하다(향선, 2018).

양육자와의 애착형성에 있어서 여러 학자에 의해 강조되는 것이 민감성이다. 애착은 다른 사람에게 접근하고자 하는 강하고 지속적인 정서적 결속이며, 민감성은 애착형성에 영향을 미치는 요인으로서 영아가 보내는 신호에 대한 반응성이라고 할 수 있다.

영아는 다양한 감정 신호를 울음을 통해서 표현한다. 울음은 영아의 감정 표현을 위한 한정된 표출방법 중 하나인데, 이러한 신호를 양육자가 읽어 내지 못하면 영아의 욕구불만은 계속되며, 영아와 양육자 간의 애착의 질에 문제를 일으키게 된다.

영아와 양육자 간의 기본적인 신뢰감을 바탕으로 한 애착관계는 추후 영아의 성격형성에 중요한 요소일 뿐만 아니라 이후 사회적 관계에도 긍정적인 영향을 미치게 된다.

영아기 양육의 질은 영아의 성장과 발달에 매우 중요한 영향을 미치는 요소이다. 양육의 질에 있어서 민감성이란 영아의 신체적·정서적 욕구에 적절하고 즉각적으로 반응하는 양육자의 능력을 의미한다.

특히 영아반 교사와 부모의 민감성의 질은 다른 특성을 지닌다. 부모의 민감한 양육은 자녀를 잘 돌보며 감정이입적 신념을 가지고 아이의 안전과 편안함을 위한 환경을 제공하는 것이지만, 부모는 때론 자신의 정서적 흥분 상태나 감정에 따라 아이에 대한 반응이 달라진다.

왜냐하면, 부모는 교사보다 양육과 관련하여 대체로 경험이 적고 덜 전문적이며, 자신의 자녀에 대한 기대치가 아이를 객관적으로 파악하고 적절히 반응하지 못하게 하기 때문이다. 반면 부모보다 양육과 관련하여 경험이 풍부하고 전문적인 교육을 받은 교사는 감정에 의해 영아를 대하는 태도가 변화하지 않으며 일관성 있는 태도로 대하고 정서적으로 공감하며 이해한다.

영아의 신호와 표현에 대해 민감하게 반응하고 일상생활 영역에서 항상 긍정적이며 따뜻하게 대하는 교사의 태도는 영아의 발달과 교육에 있어 매우 중요하다.

영아교사의 민감성과 관련된 연구들(박예영, 2018; 향선, 2017)에서도 영아반 교사의 민감성에 대해서 영아의 표현에 교사가 민감하게 반응해야 한다고 하였다. 영아반 교사는 영아의 관심, 흥미 등을 수용하여야 하기 때문에 영아가 교사에게 보내는 신호를 이해하고, 반응하는 것은 매우 중요하다.

영아반 교사는 영아의 언어적 신호뿐만 아니라 비언어적 신호에 대한 표현을 이해할 수 있어야 하며 긍정적으로 상호작용하고, 개인차에 대해서 존중하고 수용해 주어야 한다. 교사는 영아와 긍정적인 상호작용을 통해 영아의 발달과 학습에 도움을 주는 능력을 갖추고 있는 것이 중요하며, 이러한 능력과 태도를 민감성이라고 한다.

전문적 교육을 받은 영아반 교사와 영아의 관계는 교사의 민감성에 의해 크게 좌우되며, 이는 보육의 질로 연결된다. 교사의 민감성에 영향을 미치는 요인은 내적 특성과 외적 특성으로 나누어 살펴볼 수 있다.

교사의 내적 특성으로는 주관적 안녕감과 심리적 상태, 보편적인 정서 등의 정서적 특성이 포함되며, 외적 특성에는 경제적 요인, 교사가 근무하는 환경이나 업무의 양, 동료관계, 원장과의 관계 등 직무와 관련된 특성이 포함된다.

영아반 교사의 민감성에 영향을 미치는 요인에 대해 살펴본 연구에 의하면 교사의 민감성은 교사의 내적 특성인 정서와 연관이 깊음을 알 수 있다. 교사의 기쁨, 즐거움, 자신감, 열정, 편안함 등과 같은 긍정적인 정서는 교사 자신을 보다 가치 있게 생각하도록 한다.

그리고 교사 간에 서로 배려한다고 느끼게 하여 보육활동으로 인한 소진을 회복하게 할 수 있게 해 주며 영아의 욕구에 대해 더욱 민감하게 반응하도록 한다. 하지만, 우울, 화, 증오, 불안, 실망감 등의 부정적 정서와 스트레스는 영아에게 민감한 반응을 하지 못하게 할 뿐 아니라 학대 및 분노, 무관심으로 표현되기도 한다.

2) 교사의 민감성과 관련된 변인

영아가 행복하게 양육받기를 원한다면 교사 역시 행복해야 할 필요가 있다. 행복이란 인간다운 삶을 살고, 이를 추구함에 있어서 필요한 삶의 가치이다. 교사가 느끼는 행복감인 주관적 안녕감과 만족의 심리적 상태, 보편적·긍정적 정서가 영아에게 긍정적인 영향을 미치게 되므로 교사에게 행복감 향상은 중요하게 다루어져야 한다.

행복감은 같은 환경에서도 사람마다 다르게 느낄 수 있는 주관적인 것으로, 자신의 삶에 대해서 긍정적이고 적극적으로 느끼는 심리 상태이며, 심신의 욕구가 충족되어 만족하게 느끼는 정신 상태로 정의할 수 있다.

영아와 온종일 생활하는 영아반 교사에게 있어서 현재적 행복감과 보육신념이 높으면 영아의 권리를 존중하는 보육을 실행하게 된다. 이처럼 교사의 긍정적인 정서 상태와 생활에 대한 만족감을 나타내는 행복감의 정도는 교사의 역할 수행에 있어서 중요하다.

또한, 영아반 교사의 심리적 행복감이 높을수록 교사효능감 수준이 높고, 교사와 영아의 상호작용 수준도 높다.

삶의 만족, 행복감과 관련이 있는 직무만족도는 교사의 외적 특성 중 하나로 하루 대부분을 직장에서 보내는 보육교사에게 중요한 의미를 지니고 있으며, 이는 교사 스스로의 삶의 질, 행복감과 관련이 있다(김혜정, 2014).

직무만족이란 직무 그 자체나 직무수행 결과로 충족되는 긍정적이고 유쾌한 정서 상태를 말하는 것으로 직무 수행과정이나 결과에서 느끼는 직무의 욕구나 기대에 대한 개인의 주관적 평가 또는 인식이다.

교사의 행복 수준이 높을수록 교사의 직무만족도가 높아지는데, 교사가 어린이집에서 높은 수준의 급여를 받고, 사람들과 긍정적인 관계를 맺으며, 근무하기 좋은 환경에 있는 것은 긍정적인 영유아발달과 연관이 있다. 교사에 대한 높은 행정적인 지원, 낮은 교사 대 영아 비율, 좋은 근무 조건 등 역시 교사의 직무만족도를 높이고 영아에게 민감한 상호작용을 하도록 한다.

반면에 교사는 직무에 대한 스트레스가 많을수록 영아의 행동에 대한 인내심이 적어지고 칭찬에 인색하게 되며 영유아와의 상호작용 빈도가 줄어든다. 바람직하지 않은 근무환경에 의해 과다한 업무가 발생하면 직무 스트레스가 높아지고, 영아의 욕구에 민감하게 반응하지 못하게 되어 교사민감성을 낮게 만든다.

제 15 장

교육목표와 평가의 관계

CHAPTER 15

교육은 의도적인 활동이다. 교사의 수업행동은 처음부터 작성된 교육목표를 달성하도록 계획된 행동인 것이다. 따라서 계획된 대로 잘 진행되었는지를 항상 점검할 필요가 있다.

목표와 평가 활동은 상호 순환적인 관계를 가진다. 어떠한 교육목표를 갖느냐에 따라 평가방법이 정해지는 측면도 있지만, 어떻게 평가하느냐가 목표설정에도 영향을 주게 마련이다.

본 장에서는 이러한 목표와 평가를 중심으로 학교 현장에서 이를 실시할 때 구체적으로 제기되는 문제점을 교육심리학적인 측면에서 다루고자 한다. 특히 요즘 강조되고 있는 이론으로서 현장에 깊숙이 보급된 행동목표이론과 형성평가이론의 문제점도 검토하려 한다.

아울러 최근 현장에서 강조하는 평가법 두 가지에 대해 서로 논의하려고 한다.

1 | 교육과 평가

모든 의도적인 활동은 평가적 기능을 포함한다. 물론, 그것은 명확한 모양을 취한 것만이 아니라 관계자가 의식하지도 못한 채로 행해지는 경우도 있다.

그러나 어떠한 모양이든 평가를 하고, 거기에 따라 지금 하고 있는 활동이나 앞으로 하려고 하는 활동을 조성해 나가려고 하지 않는다면, 그 활동을 통해서 달성해야 할 의도나 목표의 실현은 도저히 불가능할 것이다.

이 점에 대해서 생각해 보기로 하자. 현실에 존재하는 눈앞의 상태(실태)에 대하여 일정한 가치의 방향(목표)으로 향하여 그 가치의 실현을 도모한다고 하는 것이 모든 의도적 활동의 본질을 이루는 과정이다.

평가는 실현해야 할 가치(목표)의 관점으로부터 현실의 상태를 보고 어떤 판단을 내리는 것이다. 이 두 가지 과정은 실태로부터 목표로, 목표로부터 실태로의 상보적 방향성을 갖춘 순환적 관계를 가진다고 말할 수 있다.

두말할 나위 없이 교육이란 의도적으로 행해지는 활동이다. 즉, 교육이란 한쪽 눈으로는 피교육자의 현실 활동이나 능력 실태를 보면서도 다른 한쪽 눈으로는 바람직한 성장·발달의 모습, 기대되는 지식, 기능의 습득을 그리면서 그 방향으로 현실의 피교육자를 한발이라도 가깝게 가게 하려는 활동이다.

교육에 있어서 이러한 활동은 구체적으로는 다음과 같은 두 가지 형태로 행해진다.

① 심리의 발달, 지식 및 기능의 습득을 촉진하고 원조하기 위하여 피교육자에게 제시, 설명 또는 주의하는 '지도'
② 심신의 발달, 지식 및 기능의 습득을 촉진하고 원조하기 위한 상황이나 환경을 조성한다고 하는 '장과 환경의 설정'

그러므로 교육의 목표에 비추어 보아 실태를 판단하고, 그것에 따라서 지도의 방법, 장과 환경의 설정방법을 검토하고 필요한 부분을 개선해 나가는 것이 교육평가에 있어서 중핵적인 기능이라고 할 수 있다.

2 | 평가가 필요한 경우

의도적 활동과 관련하여 평가를 필요로 하는 것은 일반적으로 보아 다음과 같은 네 가지 경우이다.

① 일련의 활동을 개시하기 전에 활동 기획을 가장 적절한 것으로 하는 데 필요한 평가를 행하는 경우로 흔히 '사전평가' 또는 '진단 배치평가'라 불린다.

② 활동하는 과정에서 그 활동을 가장 효과적인 것으로 하고자 활동 자체의 궤도를 수정하는 데 필요한 평가를 행하는 경우로 '형성평가'라 한다.

③ 활동이 일단락된 시점에서 그 활동의 성과를 파악하기 위하여 일정한 평가를 행하는 것을 '총괄평가'라 부른다.

④ 외부에서 일련의 활동을 바라본 후 그 활동에 어떠한 개선을 가져오기 위하여 필요한 평가를 행하는 경우로 '외적 평가' 또는 '외재적 평가'라 부른다.

따라서 학교교육의 경우 중간시험이나 기말시험, 성적표 또는 지도기록부에 있어서의 성적평가, 대학에서의 학점, 진급이나 졸업의 인정 등 평가활동의 대부분은 총괄평가에 속한다.

또한, 상급학교에 대한 입학시험도 형식적으로는 사전평가(事前評價)에 속하지만, 실제로는 총괄적 평가로서의 기능을 많이 갖고 있다.

학급분류를 위한 테스트 등이 일단 사전평가에 해당하고, 매일의 교육활동 가운데 아동의 활동이나 태도를 보고 새로운 지시를 제공하거나 활동재개의 궤도

수정을 도모하는 비형식적인 평가활동은 형성평가에 해당한다. 문교부가 전국적으로 실시하는 학력고사 등은 외적 평가로 볼 수 있다.

그런데 우리나라의 학교교육에 있어서 평가활동은 총괄평가 중심, 좀 더 명확하게 말하면, 교육평가는 총괄평가를 의미하는 경우가 대부분이다. 이처럼 평가에 대해 총결과만을 나타내는 일면적인 활동으로 생각하는 경향이 있다. 이러한 생각은 학교교사뿐만 아니라 학부모, 학생에게도 침투되어 있다.

그러므로 어떤 아동은 자기 능력에 대한 과대한 우월감을, 일부는 심각한 열등감을 가지고 성장해 가는 실정이다. 이러한 문제를 해결하기 위한 한 가지 방법은 우리 사회에서 학교교육이 차지하고 있는 위치와 기능을 전체적 시스템에서 개혁해 나감과 동시에 학교교육 가운데 더욱더 형성적 평가의 기능을 강화해 가는 일이다.

그렇게 함으로써 교육평가가 지금까지 가지고 있었던 총괄평가의 색채를 희미하게 하며, 한편으로는 학교교육 자체가 모든 학생에게 일정한 수준 이상의 학력과 성장을 보존하는 것으로 개혁될 것이다.

1) 교육평가의 과제

교육평가는 어디까지나 '교육의 평가'이어야 한다. 이것이 사실이면서도 현실적으로 그렇지 못한 것에 문제가 있다. 교육평가를 생각할 때 유의할 점을 간단히 제시해 보면 다음과 같다(이재철, 2012).

① 교육평가는 '교육 → 평가 → 교육'의 흐름 속에서 행해진다. 그러므로 목표에 어느 정도 도달하고 있는가를 평가하는 일은 교사 측에 있어서는 목표를 세우는 일이나 지도방법을 검토하기 위한 것이며, 학습자의 측면에서 보면 학습의 태도나 학습방법을 반성하기 위한 것이다.

② 바른 교육평가는 과거 지향적인 것이 아니고 미래 지향적이다. 그것은 피드백하는 것이나 그것에 멈추는 것이 아니다.
다음 교육(학습)의 가능성에 불을 붙이고, 교사에게는 좌절함 없이 지도에 임하는 용기를 주며, 학습자에게는 흥미를 증대시켜 학습에 대한 의욕을 불러일으키기 위해 행해질 필요가 있다.

③ 바른 교육평가는 결과보다도 과정을 중시한다. 예를 들면, 득점의 우열이 아니라, 즉 어린이의 노력이나 진보의 정도를 개별적으로 평가하고자 한 것이다.

④ 바른 교육평가는 상호 신뢰관계를 보다 깊게 하는 것이다. 예를 들어, 필기검사 등을 안일하게 반복하면 학습자와 교사 간의 신뢰관계에 문제가 생기게 되고, 때에 따라서는 대립적으로 되어 버린다. 즉, 테스트가 '걸림돌(방해물)'이 된다.

2) 형성평가의 이론

(1) 형성평가의 기능

형성평가(formative evaluation) 개념은 형성평가의 기능을 중핵으로 한 완전학습(mastery learning)의 수업모델을 여러 가지 형태로 추구해 온 결과라 할 수 있다.

블룸 등이 형성평가를 위한 구체적 전략으로서 제창하는 것은 형성검사의 도입이다. 이 형성검사는 간단히 말하면, 어떤 한 묶음의 교육내용(7~15시간 정도로 나누어지는 내용), 즉 단원에 대하여 필요 불가결한 교수-학습 목표를 명확화하고 상호 관련성을 구조적으로 살펴보고, 그 결과로 제시된 다음 목표분석표를 바탕으로 각 목표에 대응하는 평가항목을 설정한 것이다.

이러한 검사를 실시함으로써 그 단원의 목표 가운데 각 어린이가 이미 달성한 것은 무엇이며, 아직 달성하지 못한 것은 무엇인지를 구조적으로 파악할 수 있게 된다.

이에 따라 만점 중 몇 점과 같은 결과 표시법이 필요하지 않게 되며, 목표 도달의 형태를 나타내는 도식적인 표시를 하게 된다. 이론적으로 말해 형성검사는 상대평가(집단규준 준거검사)가 아니라 절대평가(달성기준 준거검사)의 일종이다.

이 검사에 의해 각 어린이는 자신이 어떤 내용에 도달했는지, 어떤 내용에는 아직 도달하지 않았는지, 곤란점이 어디인지 명확히 알 수 있고, 어린이의 목표 도달 형태에 상관없이 나타나 있는 공통적인 학습곤란점을 이해할 수 있어 교사의 지도방식에 대해서도 반성 또는 개선해야 할 점과 보충지도를 해야 할 점을 파악할 수 있게 된다.

또한, 교사 또는 학습의 차이와는 관계없이 나타나는 일반적·공통적인 학습곤란점에 대해서 많은 데이터를 얻을 수 있으며, 그것에 기초하여 교육과정의 구성방식에도 적절한 수정을 가할 수 있게 된다.

이러한 방식은 현재의 교육활동이 일단락된 이후의 지도방법에 대한 계획을 세울 수 있게 된다. 교사는 학생에게 알맞은 지도방법으로 가능하면 많은 학생이 자신의 학습 목표에 도달할 수 있도록 계획할 수 있다.

형성평가를 행할 때의 시간 전망, 즉 교육활동 → 평가 → 교육활동과 같은 피드백 사이클의 시간적 길이에서 볼 때 적어도 다음과 같은 세 가지 종류로 구별할 수 있다.

(2) 형성평가의 종류

① 수업과정에서의 형성평가

이것은 어린이의 표정, 태도의 관찰 등에 의하여 교육활동 도중에 즉시적인 피드백하기 위한 형성평가이다. 여기에서는 주로 제한된 수업시간 내에 목표를 달성하는지, 학습의 진전이나 전개의 방향이 학습자의 능력이나 관심 등에 맞는지 등을 본다. 즉, 지도 전개의 제도를 수정하기 위한 것으로 보면 타당하다.

② 단원을 단위로 한 형성평가

이것은 앞서 언급한 형성검사를 사용함에 있어서 한 개의 단원 내에서 한 번 혹은 여러 번 피드백하기 위한 것이다.

구체적으로는 형성검사의 기능으로, 그 단원에 대하여 최저 이것만은 반드시 익혀야 할 것으로 생각된 난원 목표군의 달성 상황을 파악하고, 만일 전원이 달성하지 못한 목표가 있다면 전 학생에 대하여 또는 일부의 학습자만이 특정한 목표를 달성하지 못한 것이 있다면 그 일부 학생을 상대로 필요한 보충지도를 행하고, 최종적으로는 학습자 전원에게 목표를 달성시키는 것이다.

이와 함께 다음에 시행할 교육활동의 전개방식이나 그 단원에 관한 교과과정(curriculum)의 구성, 교재내용 등에 대해서도 목표 달성 상황에 맞추어 구체적인 개선책을 마련할 수 있다.

③ 학기, 학년을 단위로 한 형성평가

학기 또는 학년에서 1회 내지 수회 정도의 대체적인 피드백을 하기 위한 것이다. 구체적으로는 중간시험이나 기말시험, 성적표 등에 기록되는 성적평정과 같은 전형적인 총괄평가와 형성평가의 기능을 합한 것이다.

예를 들어, 중간시험이나 기말시험을 성적평정한 후에 수일간의 특별 지도시간을 설정하여 검사결과나 성적평정을 통하여 밝혀진 학습자 개개인의 학습결함에 대하여 보충적 또는 교정적 지도를 행하는 것을 생각할 수 있다.

물론 특별시간에 모든 학력 결함에 대한 충분한 조치를 취할 수 있는 것은 아니므로 학기와 학기 사이, 학년과 학년 사이의 방학기간에 시험 결과나 성적평정에 의거한 특정한 학습과제가 학습자 개개인에게 숙제로 제공될 수도 있을 것이다.

이와 같은 세 가지 종류의 수준에서 나타나는 형성평가는 학교교육에서 반드시 추구해야 할 것이다. 그러나 교과의 특질 또는 어린이의 발달 단계나 학년 단계에 의해 각 수준의 형성평가가 갖는 중요성이 달리 나타나기도 한다.

예를 들어, 단원수준이나 학기, 학년수준의 형성평가가 특히 커다란 효과를 발휘하는 것은 중학교나 고등학교의 수학, 자연, 영문법 등 체계성이 강한 교과의 경우이며, 체육이나 음악, 미술 등의 경우에는 기본적인 수업과정에서의 형성평가가 중심이 된다고 할 수 있다.

초등학교 저학년 단계에서는 어떠한 교과의 경우에는 어린이의 학습달성 문제로서는 학기, 학년수준의 형성평가만이 아니라 여기에 덧붙여 수업전개의 방향이나 진도의 조정을 위하여 수업과정에서의 형성평가를 활용하면 좋을 것이다.

3 | 새로운 평가방법의 모색

1) 수행평가

(1) 수행평가의 정의

세계적으로 1980년대까지만 해도 수행평가라고 하면 직업 관련 분야나 예체능 분야에서 이론시험이 아닌 실기시험이라는 의미로 매우 제한적으로 사용되었다(백순근, 1999).

그러나 1990년부터 수행평가라는 말을 전통적인 평가체제와는 대비되는 새로운 대안적 평가체제라는 의미로, 선택형 시험이 아닌 다른 평가방법을 포괄적으로 지칭하는, 즉 서술형이나 논술형, 실기시험 등 다양한 형태의 평가방법을 모두 포괄하는 매우 넓은 의미로 사용되기 시작하였다.

따라서 최근에는 수행평가라는 용어를 대안적인 평가, 실제 상황에서의 평가, 직접적인 평가, 실기시험, 포트폴리오법, 과정(중심)평가 등이 가지는 주요 특성을 모두 포괄하는 의미로 사용하고 있다.

넓은 의미의 수행평가와 그와 유사한 용어와의 상호 관련성을 살펴보면 〈표 15-1〉과 같다. 예를 들어, 학습의 결과가 아니라 과정을 평가의 주요 대상으로 설정하고자 하는 과정(중심)평가는 결과뿐만 아니라 과정도 평가의 주요 대상으로 삼아야 한다는 것을 강조하는 수행평가의 중요한 측면 중 하나만을 부각시킬 따름이다.

이처럼 포괄적인 의미에서 수행평가를 '교사가 학생이 학습과제를 수행하는 과정이나 결과를 보고, 학생의 지식이나 기능, 태도 등에 대해 전문적으로 판단하는 평가방식', 즉 '학생 스스로 자신의 지식이나 기능, 태도를 나타낼 수 있도록 답을 작성(서술 혹은 구성)하거나, 발표하거나, 산출물을 만들거나, 행동으로 나타내도록 요구하는 평가방식'이라고 정의할 수 있다(백순근, 1999).

참고로, 여기서 말하는 '행동'이란 단순히 신체를 움직이는 것만을 의미하는 것이 아니라 자신의 지식이나 기능, 태도 등을 드러내기 위해 말하거나, 듣거나, 읽거나, 쓰거나, 그리거나, 만들거나, 더 나아가서 그것을 계획하고 준비하는 과정까지도 포함하는 인간의 모든 활동을 의미한다.

결국, 평가방법의 다양화·전문화·특성화를 지향하는 수행평가란 단순히 하나의 평가방법이 아니라 정보화시대, 세계화시대를 맞이하여 종래의 교육평가 체제를 재구조화하기 위해서 교육평가가 나아갈 방향을 제시하는 하나의 새로운 관점이라 할 수 있다.

〈표 15-1〉 수행평가와 관련하여 사용되는 유사 용어

유사 용어	주요 특성
대안적 평가	• 한 시대의 주류를 이루는 평가 체제와 성질을 달리하는 평가 체제 • 선택형 문항을 사용하는 표준화된 검사의 대안적인 평가 • 대학수학능력시험과 같은 1회성 시험에 대한 대안적인 평가 • 결과중심의 평가에 대한 대안적인 평가 • 수행평가는 대안적인 평가의 한 사례임
실제 상황에서의 평가	• 평가 상황이나 내용이 가능한 한 실제 상황이나 내용과 유사해야 함 • 도덕 성적이 높은 것과 도덕성이 높은 것은 별개라는 입장과 유사 • 교사의 주도 능력을 평가하기 위해 직접 가르치도록 하는 것과 유사 • 수행평가 방식 중의 하나로, 특수한 사례라고 할 수 있음
직접적인 평가	• 간접적인 평가방법보다는 직접적인 평가방법을 중시 • 정답을 선택할 수 있는 것보다 정답을 구성할 수 있는 것을 중시
실기시험	• 지필식 시험보다 실기시험 중시 • 단순히 하는 것보다 실제로 할 줄 아는 것이 중요함을 강조 • 실기평가는 수행평가의 한 유형임
포트폴리오법	• 시험이 아닌 학생이 쓰거나 만든 작품집, 서류철 등을 이용한 평가 • 결과가 나오게 된 과정 및 변화에 대한 평가를 중시함 • 성취도 자체도 중요하지만, 학생의 노력이나 향상도 중요 • 1회적이고 단절적인 평가가 아닌 지속적·통합적인 평가를 중시 • 수행평가의 대표적인 한 유형임
과정(중심)평가	• 학습의 결과가 아닌 학습의 과정을 평가의 주요 대상으로 설정함 • 과정(중심)평가는 수행평가가 강조하는 중요한 측면 중의 하나임

출처: 백순근(1999).

(2) 수행평가와 전통적인 평가 체제와의 차이

선택형 시험과 같은 전통적인 평가 체제와 비교하여 수행평가의 특성을 요약하면, 선택형 시험을 주로 사용하여 학생을 서열화하여 선발하거나 분류하기 위한 전통적인 평가 체제를 '선발형 평가' 혹은 '양적 평가'라고 한다면, 수행평가와 같은 새로운 평가 체제를 친한 친구에게 충고하듯 학생의 성장·발전을 위해 지

도·조언하는 '충고형 평가' 혹은 '질적 평가'라고 할 수 있다(백순근, 1999).

그리고 흔히 사용되는 수행평가 방법으로는 서술형(주관식) 검사, 논술형 검사, 구술시험, 토론법, 실기시험, 실험, 실습법, 면접법, 관찰법, 자기평가법, 동료평가법, 연구보고서법, 포트폴리오법 등이 있다.

이러한 평가방법은 수행평가의 본질을 구현하기 위한 하나의 도구이며, 수행평가가 전제하고 있는 특성이 평가 상황에서 제대로 구현될 때 비로소 수행평가가 시행되고 있다고 할 수 있다.

따라서 어떤 평가방법이 수행평가 방법에 속하느냐 속하지 않느냐의 문제는 그 평가가 어떤 상황에서 어떠한 방식으로 시행되느냐에 달려 있다고 해도 과언이 아니다.

결국, 개별 평가방법이 수행평가의 본질을 어느 정도 구현할 수 있느냐의 문제는 '정도의 문제'라고 할 수 있으며, 개별 평가방법이 수행평가의 본질을 구현할 수 있는 정도를 연속선상에서 제시할 수 있다. 다만, 동일한 평가방법도 교과목의 특성이나 평가하고자 하는 능력의 특성에 따라 수행평가의 본질을 구현하는 정도가 달라짐을 주지해야 할 것이다.

2) 포트폴리오 평가

(1) 포트폴리오 평가의 의미

포트폴리오는 장기간에 걸친 학생의 성장과 학습을 나타내며, 이것은 하루아침에 만들어지거나 이용될 수 없으며, 하나 또는 그 이상의 항목을 가지고 있다(임혜정, 2007, p. 13).

황재문(1998)은 포트폴리오 평가의 가치와 의의에 대해, 첫째 학습자의 변화와 발전을 파악하기에 용이하며, 둘째 학습의 실제 상황을 중심으로 실제적 평가가 가능하고, 셋째 교사와 학생에게 반성의 기회를 제공할 수 있으며, 넷째 학습자의 자기주도성을 향상시킬 수 있다고 하였다.

즉, 포트폴리오 평가는 학습의 성장을 목적으로 하는 평가이며 교사와 학생에게 반성의 기회를 제공되는 평가로, 그 결과는 반드시 가르침에 환류되어야 한다. 그러나 실제 교수과정에서는 여러 가지 이유로 포트폴리오 평가 결과가 환류되지 못하고 평가하는 그 자체로 그치는 경우가 발생하기도 한다.

여기에서는 타일러(Tyler)의 평가이론과 윗긴스(Wiggins)와 맥티게(McTighe)의 백워드(backward) 교육과정 설계이론[3]의 관점에서 포트폴리오 평가에 대해 재탐색하고 포트폴리오 평가와 교수에서의 과제를 살펴보고자 한다(백순근, 1999, pp. 5-23에서 재인용).

(2) 타일러의 평가이론

타일러는 일찍이 그의 저서 『교육과정과 교수의 기본원리(*Basic principles of curriculum and instruction*)』(1949)에서 교육과정을 논리적이면서 체계적으로 개발할 필요가 있다고 하며 모든 교육과정을 개발하는 데 있어서 다음과 같은 네 가지 기본적 문제를 살펴보아야 한다고 하였다(백순근, 1999, pp. 7-12에서 재인용).

첫째, 학교에서 달성해야 할 목표는 무엇인가? 둘째, 목표를 달성하기 위한 학습경험은 어떠한 것이어야 하는가? 셋째, 학습경험을 어떻게 효과적으로 조직할 수 있는가? 넷째, 이 교육목표가 달성되고 있는지를 어떻게 평가할 수 있는가?

이러한 네 가지 질문은 교육목표의 설정, 학습경험의 선정, 학습경험의 조직, 평가로 요약될 수 있다. 타일러는 먼저 교육목표가 자료를 선정, 내용 결정, 수업절차 개발, 평가문제 준비의 기본이 되므로 다른 무엇보다도 중요하다고 하였으며, 목표의 설정 자원으로써 학습자, 현대사회에 관한 사실, 교과전문가의 견해를 제시하였다.

3) 국내에서는 백워드 교육과정 개발을 '거꾸로 설계하는 교육과정'이라고 번역하기도 한다.

이와 같은 원천으로 추출된 잠정적인 교육목표는 다시 교육철학의 학습심리라는 두 가지 체(스크린)에 의해 걸러져서 최종 교육목표로 설정된다. 타일러의 교육과정 개발모형의 마지막 단계는 평가로서 교육목표로 설정했던 행동의 변화가 어느 정도 이루어지고 있는가를 판별하는 과정이다.

지금까지 살펴본 타일러의 교육과정 개발절차를 모형화하면 **[그림 15-1]**과 같다.

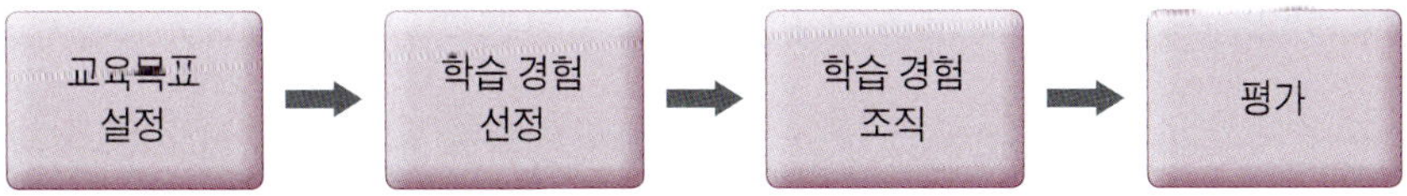

[그림 15-1] 타일러의 교육과정 개발 모형

[그림 15-1]의 모형에서 타일러는 교육목표와 학습경험의 선정, 학습경험의 조직, 학습성과의 평가를 순차적인 과정으로 제시하며, 직선형의 모습으로 나타내었다. 이 모형에서 평가는 교육목표의 도달 정도를 판단하는 수단이 되며, 그 결과에 의해 목표가 수정되거나 조정되는 환류관계가 있음을 알 수 있다.

(3) 윗긴스와 맥티게의 백워드 교육과정 설계

이 모형은 윗긴스와 맥티게에 의해 개발된 것으로 성취기준 중심의 교육개혁 운동 후 학생과 교사를 대상으로 한 교육과정개발 과정에 사용된 모형이다.

백워드란 단어는, 예를 들어 부산에서 서울에 가기 위한 여러 가지 방법을 계획하겠지만, 백워드 접근방식에서는 서울에서 봐야 할 가장 중요한 용무를 제일 먼저 제시한 후 이를 위해 필요한 일을 거꾸로 대전, 대구, 부산 순으로 제시하는 방식이라 할 것이다.

백워드 교육과정 설계 모형의 구조는 **[그림 15-2]**와 같다.

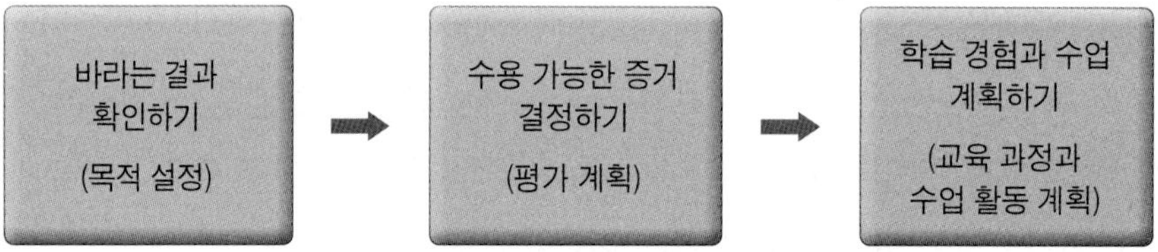

[그림 15-2] 백워드 교육과정 설계 모형

[그림 15-2]에서 제시한 모형을 좀 더 자세히 살펴보면 다음과 같다.

첫 번째, '바라는 결과 확인하기'이다. 이 과정에서는 핵심 아이디어를 결정하고 이해의 측면을 고려하고 본질적인 질문을 도출하는 과정이 이루어진다. 백워드 교육과정은 교육목적이 단순한 활동의 '흥미'에 초점을 두어서는 안 되며, '영속한 이해'가 될 것을 요구한다.

'영속한'이란 단어의 의미는 학문의 중심부에 있는 기본적이고 중요한 아이디어, 개념 혹은 원리를 가리키며 시간이 지나도 그 가치가 그대로 있는 불변의 지식을 말한다.

또한, '이해'란 단어는 학습자가 교과내용을 이해한다고 했을 때 어떤 실질적이고 응용적인 수행을 직접 보여 줄 수 있고 평가자인 교사는 학습자가 그 교과내용을 이해했다는 판단준거 선정이 단원 목적 설정의 핵심이 된다.

두 번째 단계는 '수용 가능한 증거 결정하기'이다. 이 단계는 평가 계획과 관련된 단계로서 다른 설계방법과 차별화되는 백워드 설계의 특징적인 단계이다.

세 번째 단계는 '학습경험과 수업 계획하기'이다. 이 단계는 첫 번째, 두 번째 단계에서 설계한 내용에 근거하여 학습경험과 수업을 계획하는 단계이다.

백워드 교육과정 설계에서 평가는 교육목표 다음으로 중요한 단계로서 목표의 도달을 살펴보기 위해 필요한 증거의 종류가 무엇인지 결정하고 평가 단계에서 검사해야 하는 학생의 반응, 결과물 혹은 수행에서의 구체적 특징이 무엇인지를 파악한다.

백워드 교육과정 설계는 기존의 활동중심의 평가가 학생에게 영속적으로 의미 있는 것을 이해시키는 데 초점을 두기보다 '이번 활동에서 재미있거나 흥미로운 것을 무엇이었는가?', '활동이 얼마나 잘 이루어졌는가?'와 같은 것을 평가했다고 지적한다. 평가는 학생이 학습목표를 이해했다는 증거를 수집하는 것이다.

(4) 포트폴리오 평가의 수업에서 과제

과거의 상대주의적 평가관, 규준중심의 평가관에 대한 반성에서 시작된 포트폴리오 평가는 그 특징으로 다음과 같이 몇 가지를 들 수 있다.

① 장기간의 기록으로 개인의 변화와 발전을 파악하기에 용이하다.
② 학습의 실제 상황을 중심으로 한 참평가(authentic)가 가능하다.
③ 교사와 학생에게 교수-학습 정보와 반성의 기회를 제공해 줄 수 있다.
④ 학생선택의 기회가 많아 학생 스스로 학습의 평가에 대한 책임감을 가지게 된다.
⑤ 복합적 개념, 사고와 표현기술을 사용하여 실제적 학습기회를 많이 제공해 준다.
⑥ 공동작업의 기회를 많이 주어 협동심과 공동체 의식을 함양하기 용이하다.
⑦ 학업성취도의 정보를 학교, 교육청, 학부모에게 알려 주기 용이하다.

이와 같은 포트폴리오 평가가 교육현장에 올바로 정착하기 위해 다음과 같은 것이 재고되어야 할 것이다.

첫째, 포트폴리오 평가의 설계에 대한 재고가 필요하다. 타일러 평가이론에서는 평가가 목표설정, 내용선정, 학습활동의 조직 후에 실시되어 평가는 목표의 도달 여부를 판단하는 것으로 제시되었으나, 윗긴스와 맥티게의 이론에서 설명하는 백워드 교육과정 설계에서는 '바라는 결과의 확인' 작업이 끝나면 두 번째로 '수용 가능한 증거 결정하기'로 이루어져 평가가 타일러 평가이론보다 더 강조되고 있음을 알 수 있다.

또한, 이 과정에서 선정된 이해에 대한 점검, 관찰과 대화, 검사와 퀴즈, 학술적 단서, 수행과제와 같은 평가방법이 선정되고 그 후에 학습활동이 설계되어 평가가 학습활동 조직의 중요한 단서가 됨을 보여 주고 있다.

타일러 평가이론에서 평가를 실시하기 위해서는 평가의 평가목적의 확인이나 내용의 선정, 방법의 결정, 시행을 위한 계획 수립 등의 단계를 두어 평가를 계획적·의도적으로 실시하고 있으나, 백워드 교육과정 설계에서는 목표와 평가계획의 수립이 바로 연결되어 평가의 의도성, 계획성이 보다 강조되고 있다.

둘째, 포트폴리오 평가의 의지에 대한 재고가 필요하다. 포트폴리오 평가를 단지 활동 산물의 수집으로 볼 것이냐, 목표의 도달을 확인할 수 있는 전략으로 볼 것이냐에 따라 그 과정과 결과에 차이가 있을 것이다.

포트폴리오 평가를 단순히 자료의 수집으로만 접근할 경우 포트폴리오는 폴더와 구분이 되지 않을 것이다. 포트폴리오 평가는 수집해야 할 대표적이고 개선 가능한 내용을 지속적으로 수집하는 데 비해 폴더는 자료를 임의로 선택한다. 포트폴리오 평가에서는 증거자료에 학생의 반성이 포함될 필요가 없다.

포트폴리오 평가가 학습의 성장을 돕고 교수와 학생에게 반성의 기회를 주기 위해 제공되는 평가가 되기 위해서는 포트폴리오 평가의 의미에 대한 재탐색이 필요할 것이다.

셋째, 포트폴리오 평가의 환류에 대한 것이다. 타일러 평가이론에서도 평가 이후 평가결과가 목표에 환류됨을 설명하고 있으나, 백워드 교육과정 설계에서는 평가 후에 학생이 자신의 이해와 작업을 재고하고 개정할 기회를 제공하여 학생 스스로 자신의 작업과 그것의 함축적 의미를 평가할 수 있도록 하고 있다.

현재 국내의 포트폴리오 평가 연구는 교과에 포트폴리오 평가방법을 적용하거나 교육평가 방법으로 포트폴리오 평가에 대한 연구 등이 이루어지고 있다. 김송희(2007)는 포트폴리오 평가방법을 적용하여 학생의 영어 쓰기에 대한 자신감과 성취도 향상의 결과를 얻었다.

임혜정(2007)은 과학과 지구과학 분야에 포트폴리오 평가방법을 적용하여 학업성취도의 향상과 과학에 대한 태도 변화를 기술하였다. 장은미(2000)는 초등학교 영어수업에 포트폴리오 평가방법을 적용하여 학습자의 참여도, 만족도 및 성취감의 향상이 있었다고 보고하였다.

황재문(1998)은 포트폴리오 평가가 중학교 영어학습자의 독해 능력 향상에 미치는 영향을 보고하였다.

제 16 장

정신건강을 위하여

CHAPTER 16

1 | 정신건강의 특성

1) 정신적 건강의 개념

갈등이나 욕구불만 상황의 적응적 해결 및 전체적인 적응성을 규정하는 것은 무엇인가, 적응은 어떻게 평가되어야 할 것인가를 문제로 삼을 때 자연히 정신적 건강의 개념이 필요하게 된다.

지금까지는 부적응, 즉 적응의 장애 또는 이상(異常)으로부터 연구가 시작되어 주관적인 행복감이나 자기 수용적인 적응감의 장애, 사회규범으로부터 행동이 이탈하거나 신체 기능의 장애를 동반하는 객관적인 이상의 두 가지 부분에서 검토되었다.

그러나 최근에는 적응장애를 없애는 것뿐만 아니라 적응성을 더욱 높이려는 정신위생(精神衛生, mental hygiene)의 입장에서 외적·내적으로 단지 스트레스가 없는, 즉 정신적 병이 없는 소극적인 면에서가 아니라, 자신의 가능성을 충분하게 발휘하는 목적 추구성도 고려한 적극적인 정신적 건강과 '가장 적절한 인격(optimal personality)'을 생각하려는 움직임이 일어나고 있다.

즉, 인간 퍼스낼리티의 병든 면(심리적인 병) 대신에 건강한 면(심리적인 건강)에 관심을 쏟는다.

여기에서는 지금까지 여러 심리학자가 제시하고 있는 건강한 인간이 나타내고 있는 특성을 살펴보기로 한다. 먼저 올포트는 건강한 성격의 특별한 특징에 대해 다음과 같은 일곱 가지 측면에서 언급하고 있다(박아청, 2011, pp. 478-481).

① 자아감(sense of self)의 확장: 인간능력의 어떤 중요한 국면에 있어서 자신의 진정한 참여를 말한다.
② 타인과 우호관계를 가진 자아: 타인에 대하여 친밀력(capacity for intimacy)과 연민력(capacity for compassion)을 가진다.
③ 정서적 안정감: 자아수용(self-acceptance)과 좌절에 대한 관용(frustration tolerance)을 가진다.
④ 현실적 지각(realistic perception): 그들의 세계를 객관적으로 본다.
⑤ 기술과 연구과제: 일에 대한 능력과 책임감이 있다. "삶을 지속하는 유일한 방법은 완수할 과업을 지는 일이다."
⑥ 자아객관화(self-objectification): "너 자신을 알라."
⑦ 일관성 있는 생의 철학: 미래지향적이고 긴 안목의 목표와 계획에 의해 동기가 유발된다.

로저스는 정신적으로 건강한 성격이란 하나의 고정된 상태가 아닌 '되어 가는 과정'으로 본다. 그가 주장하고 있는 자아실현은 계속 진행하는 것으로 완료되었거나 정체된 상태가 아니다. 미래지향적인 것으로 인간에게 자꾸 앞을 내다보게 하여 자아의 모든 국면이 더욱 분별되고 개별되게 한다.

그가 쓴 책의 서명에도 이러한 중심사상이 잘 나타나 있다. 예를 들어, 1961년에 출간된 『한 인간이 성숙되는 것에 관하여(*On Becoming a Person*)』가 대표적이다.

그는 건강한 인간이 갖는 특징을 다음과 같은 다섯 가지로 설명하고 있다.

① 경험에의 개방성(openness): 삶이 제공하는 경험을 수용하고, 지각과 경험의 새로운 길을 열기 위해 활용하는 데도 융통성이 있다.

② 실존적 삶(existential life): 순간순간 일어나는 모든 일에 대해 개방되어 있고 적응이 있다.

③ 자신의 유기체(one's own organism)에 대한 신뢰: 상황에 대한 유기체적 감각 전체를 신뢰할 수 있다.

④ 자유감(a sense of freedom): 선택이나 행동에 자유로움을 경험한다.

⑤ 창조성(creativity): 자기실존의 모든 영역에서 독창적 사고력과 창조적 삶으로 스스로를 표현한다.

에릭 프롬(E. Fromm)은 건강한 성격을 올포트의 '성숙한 성격(mature personality)'과 매슬로의 '자아실현하는 사람(self-actualizing person)'과 유사한 개념인 '생산적 방향(productive orientation)'으로 부른다.

그것은 인간 잠재력을 완전히 활용하고 실험함을 의미한다.

생산력은 인간의 능력과 잠재력을 모두 발휘하는 것을 의미한다. 물건이나 예술작품 또는 사상 등 어떠한 것을 만들어 낸다는 뜻이다.

따라서 프롬이 말하는 '생산적'이란 이것 이상의 것을 의미하며, 충분한 기능(full functioning), 자아실현, 사랑, 개방성, 경험과 동의어로 생각하면 될 것이다.

매슬로는 정신적으로 건강한 사람을 자아실현을 하는 사람(self-actualizers)으로 보았다. 그 특징은 다음과 같이 열다섯 가지로 설명된다.

① 효율적인 현실지각(perception of reality): 주변 세계에 있는 물체와 사람을 객관적으로 지각한다. "신경증이 있는 사람은 정서적으로 병이 난 것이 아니라 인지적으로 잘못된 것이다."

② 본성, 타인 그리고 자신에 대한 일반적 수용(general acceptance): 약점과 장점을 포함하여 자기 자신을 불평이나 걱정 없이 받아들인다. "인간은 물이 축축하다고, 바위가 단단하다고 혹은 나무가 푸르다고 불평하지 않는다."

③ 자발성, 솔직성, 자연스러움: 삶의 모든 측면에서 가식 없이, 솔직하고 직접적인 방식으로 행동한다. "보통 사람의 동기는 기본욕구의 만족을 위한 것이지만, 자아실현자에게 있어서 동기란 성숙하고 발전일 따름이다."

④ 자기 밖의 문제에 관심을 집중: 스스로 열중하며, 온 정열을 쏟는 사명에 대한 의식이 있다. "하기야 원하는 일이 아니라 오히려 자신이 해야 한다고 느끼는 일을 하는 사람이야말로 건강하다."

⑤ 사실적 생활과 독립에의 욕구(privacy and indepence): 자아중심적이고 자아주도적이다. "결정론(determinism)에 따르기보다는 자유의지(free will)를 풍부히 가진 자이다."

⑥ 자율적 기능(autonomous functioning): 자신의 특혜와 능력으로 사회물리 환경에 자율적으로 기능한다. "건강한 인간은 자아내포적(self-contained)이며, 위기나 결핍으로 그를 무감각하게 한다."

⑦ 계속적인 신선한 감상력(freshness of appreciation): 경험이 아무리 반복되어도 즐거움과 경외와 놀라움과 같은 신선한 감각으로 느낀다. "모든 일에 감사한다."

⑧ 신비로운 경험, 절정 경험(peak experiences): 종교적 경험과 비슷한 강렬하고 저항할 수 없는 황홀경과 경의를 경험한다. "수년간 나는 연구를 통해 인간을 '절정자(peakers)'와 '비절정자(nonpeakers)'로 구별할 수 있음을 배웠다."

⑨ 사회적 관심(social interest): 모든 인간에 대하여 강하게 옮겨진 감정과 애정을 느낀다.

⑩ 대인관계(interpersonal relations): 타인과 확고한 인간관계를 갖는다.

⑪ 민주적 성격구조(character structure): 모든 사람에게 관대하고 수용적이다.

⑫ 수단과 목적, 선과 악의 구별: 수단과 목적을 구별하고, 목적 혹은 목표가 그에 도달하는 수단보다 훨씬 중요시된다. 정리된 윤리적·도덕적 기준을 갖고 있다.

⑬ 적대감 없는 유머감각(sense of humor): 인간성 전체에 대하여 조소하기는 하지만, 특정한 개인을 조소하지 않는 철학적인 재치를 나타낸다.

⑭ 창의력(creativeness): 독창적이며, 창작적인 재능이 있으며 혁신적이다.

⑮ 문화적 동질화(enculturation)에 대한 저항: 타인에 의하기보다는 스스로가 방향을 정하고 문화로부터 내적으로 이탈하여 초연함을 유지한다.

칼 융(C. Jung)은 다른 심리학자들처럼 건강한 인간의 특성을 나열한 적은 없었다. 그러나 그가 제시한 인간의 건전성을 생각해 볼 때 대체로 다음과 같은 특성을 제시할 수 있을 것 같다.

① 자아(self)에의 인식: '자신답게 되는 것(coming to selfhood)' 혹은 '자아인식(self-realization)'으로 생각할 수 있다.

② 성격의 여러 가지 측면(예: 외향성 또는 내향성 같은 것, 감각, 사유, 직관)의 균형이다.

③ 자아의 통합(integration of self): 성격의 일부분이 전체와 통합되고 조화를 이룬다.

④ 자기표현(self-expression)이다.

유대인이라는 사실 때문에 아우슈비츠 수용소에서 3년간 세월을 "어처구니없도록 헐벗은 생명 이외에는 잃을 것조차 없었던" 처참한 경험 속에서 지냈던 독일 정신과 의사 빅톨 프랭클(V. Frankl)은 정신적으로 건강한 사람의 특성을 제시하지는 않았지만, 일련의 그의 연구를 정리해 보면 다음과 같은 사람이 그러한 사람임을 알 수 있다.

① 자기행동과정을 자유롭게 선택한다. "인간은 상황에 대한 태도를 선택할 자유를 가지고 있다."

② 자기가 살아가며 행하는 운명을 보는 태도에 개인적 책임의식이 있다. "인간의 실존에 문제가 되는 것은 우리를 기다리고 있는 운명이 아니라, 그 운명을 받아들이는 방법이다."

③ 자기 외부의 힘에 의해 제한받지 않는다.

④ 자기에게 적합한 삶의 의미를 가지고 있다. "왜 사는지 이유를 아는 사람은 거의 모두 어떻게 살아야 하는지를 알 수 있다."

⑤ 자기 생활에 의식적 통제력이 있다.

⑥ 창조적·경험적·태도적 가치를 포함할 수 있다.

⑦ 자신으로 향하는 관심을 초월한다. "미래를 보아야 살 수 있는 것이 인간의 특성이다."

2 | 정신건강을 위한 지침

지금까지 몇 명의 학자가 제시하고 있는 정신적으로 건강한 인간의 모습을 단편적으로나마 살펴보았다. 여기에서 우리는 심리적인 건강을 유지하기 위한 보편적인 지침을 시사할 수 있다. 물론 모든 사람에게 같은 방법으로 작용하는 심리적 건강에 관한 보편적인 규정이 존재하지는 않을 것이다.

그리고 신경증이나 정상적인 행동이 모두 서로의 사본이나 복사품이 아니라는 사실도 안다. 모든 사람에게 맞는 심리적인 건강에 대한 하나의 의견이나 접근방법은 없다. 똑같은 약이라도 사람에 따라 효과가 있어 건강이 증진될 수도 있고, 효과가 생기지 않거나 유해할 수도 있다.

이러한 사실을 고려하면서 지금까지 밝혀진 경험의 결과를 종합해 볼 때 다음과 같이 요약할 수 있을 것이다(박아청, 2011, pp. 483-485).

① 자기 스스로의 감정을 인정한다.

강한 정서는 불안을 일으킬 수 있다. 분노, 슬픔, 공포, 자신의 이상에 못 미친다는 느낌은 매우 불쾌하며, 우리는 그러한 감정을 부정함으로써 불안에서 도피하려고 한다. 때로는 상황을 비정서적으로 당면하려는 욕망은 파멸적일 수도 있는 초연이니 냉담과 같은 가식을 일으키게 한다.

우리는 모든 정서를 억압하고, 다른 사람에 대한 인간적인 관계 중의 일부가 되는 기쁨과 슬픔을 정상적인 것으로 인정하는 능력을 잃게 될 수 있다.

불쾌한 정서는 많은 상황에 대해서 정상적인 반응이다. 이와 같은 정서는 자연적이고, 그것을 부정하기보다는 긍정하는 것이 더 낫다. 정서를 직접 표현할 수 없을 때, 긴장을 배출시키기 위한 다른 배출구를 찾는 것이 도움이 된다. 오래 걷기, 공차기, 마음이 맞는 친구와 그 상황을 논의하기 등은 긴장을 해소하는 데 크게 도움이 된다.

② 자신의 취약점을 안다.

자신을 당황시키거나 과도한 반응을 하게 만드는 상황의 종류를 알아내는 것은 긴장 방지에 도움을 줄 수 있다. 여러 사람 앞에서 이야기하거나 논문을 제시해야 할 때 매우 불안해질 수 있다.

이럴 경우에는 그러한 상황을 피하거나 훈련을 받음으로써 자신감을 얻을 수 있다. 또한, 상황을 재해석할 수 있다. '사람들은 내가 입을 열자마자 나를 비평하려고 기다리고 있다.'라고 생각하는 대신에 '사람들은 내가 말하려고 하는 것에 흥미가 있을 것이고, 설사 약간의 실수를 저지르더라도 나는 걱정하지 않겠다.'라고 스스로 말할 수 있다.

이것은 융이 말하는 자신의 수용을 의미한다. 자기 자신의 본성, 즉 장점과 약점, 성스러운 면과 악마적인 면을 받아들인다.

각각 다른 상황에서 다른 얼굴을 쓰지만, 오로지 사회적 편의를 위해서일 뿐이다. 심리적으로 건강한 인간은 연기한다는 것을 알면서도 그 역할을 진정한 자신(self)과 혼동하지 않는다.

③ 자신의 재능과 흥미를 개발시킨다.

생활에 지쳐 있거나 불행한 사람은 많은 흥미를 갖는 일이 드물다. 오늘날의 대학과 사회교육 프로그램은 모든 연령의 사람이 여러 분야에 대한 자신의 재능을 탐색하도록 해 주는 무한정한 기회를 제공해 준다.

흔히 한 대상에 관해서 알면 알수록 그것은 더욱더 재미있게 된다. 이에 덧붙여 기술의 발전에서 오는 능력감은 자신의 자존감을 크게 높여 줄 수 있다.

④ 다른 사람과 함께 어울린다.

고립과 고독감은 대부분 정서 문제의 핵심을 이룬다. 우리는 다른 사람이 제공하는 지원, 위안 및 보장을 필요로 하는 사회적 존재이다. 우리의 모든 주의를 자신의 문제에 쏟는 것은 자신에 대해 건강하지 못한 편견을 일으킬 수 있다.

다른 사람과 함께 관심을 나누는 것은 자신의 문제를 더 나은 관점에서 보도록 해 준다. 나와 마찬가지로 문제가 있고 고독한 다른 사람의 복지에 관심을 가짐으로써 우리의 가르침을 증진시킬 수 있다.

⑤ 도움받을 때를 안다.

자신의 문제에 대한 통제력, 해결력을 얻는 데 거의 진전이 없다고 느낄 때는 전문적인 도움, 예를 들면 정신과 의사나 훈련된 상담가의 원조를 받을 뿐만 아니라 이웃, 동료, 친구에게도 도움을 받는다.

도움을 찾으려는 자발성은 정서적 성숙의 신호이지 약점의 신호가 아니다. 필요할 때 심리학적인 도움을 받는 것은 이가 아플 때 치과에 가는 것처럼 극히 당연한 일일 뿐이다.

참고 문헌

강경민(2016). 유아교사의 교수몰입촉진프로그램 개발 및 효과. 강남대학교 박사학위논문.

강석주(2004). 중등학교 담임교사역량 탐구. 교육학연구, 제42권 제4호, 한국교육학회, 237-264.

강윤형(2016). 학교폭력 치유프로그램 참여 청소년의 임상적-신경심리학적-뇌구조적 변화. 서울대학교 박사학위논문.

구본용(1997). 청소년의 집단따돌림의 원인과 지도방안. 서울: 청소년대화의광장.

구본용 · 이정아(2015). 초등학생이 지각한 부모역할, 교사의 지도성 유형, 학습동기와 학습몰입의 관계. 청소년학연구, 제22권 제6호, 355-387.

구태림(2016). 학교폭력 청소년을 위한 강점활용 프로그램 개발과 효과분석. 서울대학교 박사학위논문.

권기남 · 성미영(2010). 유아의 행복감이 행동문제 및 대인간 문제해결 전략에 미치는 영향. 한국생활과학회지, 제19권 제2호, 257-270.

권석만(2008). 긍정심리학: 행복의 과학적 탐구. 서울: 학지사.

권양희 · 이진희(2015). 유아교사의 교사-유아 상호작용과 교사신념, 직무만족도 및 교사효능감간의 관계. 아동교육, 제24권. 제2호, 한국아동교육학회, 93-107.

권정해 · 최은희 · 최성열(2015). 대학생활을 경험한 만학도의 생활만족도가 행복감에 미치는 영향. 상담심리교육복지, 제2권 제1호, 한국상담심리교육복지학회, 65-74.

고기홍(2017). 상담전문가 심층면접을 통한 성격변화 요인 및 상담가설 유형 연구. 교육치료연구, 제9권 제1호, 한국교육치료학회, 39-55.

곽재호(2017). 하브루타식 토론수업이 초등학생의 창의적 문제해결 향상에 미치는 효과. 숭실대학교 석사학위논문.

김갑수(2009). 초, 중등학교에서 컴퓨터교육의 문제점과 필요성. 정보과학지, 제27권 제2호, 34-42.

김경미 · 박범혁 · 김영희(2005). 과보호적 양육행동에 관련된 어머니와 아동의 특성. 놀이치료연구, 제9권 제1호, 놀이치료학회, 23-37.

김경식(2006). 교사기대형성과 변화가 학업성취에 미치는 영향. 중등교육연구, 제54권 제2호, 95-121.

김대권 · 박인우(2018). 초등학생의 협동학습팀빌딩 프로그램 참여경험에 대한 질적 사례연구. 교육문제연구, 제31권 제1호, 고려대학교, 87-120.

김도진 · 최성열(2011). 몬테소리 수 교육 프로그램이 만5세 유아의 경제개념, 소비행동, 수 연산 능력에 미치는 효과. **아동교육**, 제20권 제4호, 한국아동교육학회, 307-317.

김명숙(2010). 초등학교 고학년 학생의 영어학습동기 탐색: 목표지향성, 학업정서 및 교사의 자율성지지와의 관계를 중심으로. **초등교육연구**, 제23권 제2호, 335-360.

김미점 · 조한익(2017). 초등학교 교사의 성취목표지향성, 교사정서, 수업참여 및 수업의 질의 구조적 관계. **교육심리연구**, 제31권 제1호, 162-194.

김미정 · 이경님(2011). 영아기와 걸음마가 유아의 기질과 어머니의 양육효능감이 양육행동에 미치는 영향. **한국보육지원학회지**, 제7권 제4호, 한국보육지원학회, 253-271.

김미진(2015). 성격 강점에 기반한 유아교사의 행복증진프로그램 개발 및 적용. 부산대학교 박사학위논문.

김범년 · 김영렬(2018). 스마트 러닝 학습성과 향상을 위한 학습 동기 전략 요인들 간의 구조적 관계 연구. **한국산업정보학회논문지**, 제23권, 53-61.

김병년(2013). 청소년의 스마트폰 중독이 사회성발달에 미치는 영향. **한국콘텐츠학회**, 제13권 제4호, 208-217.

김상곤 · 배진형 · 한정숙 · 김희영(2013). 영국, 미국, 노르웨이, 독일의 학교폭력 예방과 문제해결을 위한 대처방안 분석연구. **학교사회복지**, 제25권, 333-364.

김성숙(2013). 유아가 인식하는 행복의 의미 탐색. **유아교육연구**, 제33권 제3호, 377-400.

김성일 · 조규판(2018). 여고생의 학업적 자기효능감과 학업성취도 간의 관계에서 학습전략의 매개효과. **학습자중심교과교육연구**, 제18권 제1호, 456-472.

김세영(2016). 자아강도, 실패내성 및 수행불안이 학령기 아동의 학교수업적응에 미치는 영향. **아동학회지**, 제37권 제2호, 13-25.

김소야자 · 서미아 · 남경아 · 이현화(2008). 흡연청소년을 위한 학교중심의 집단금연프로그램 개발 및 효과. **정신간호학회지**, 제11권 제4호, 462-473.

김송희(2007). 포트폴리오 평가에 대한 예비영어교사의 관심도 분석. 한국외국어대학교. 석사학위논문.

김신애(2018). 보육교사의 전문성인식, 교사효능감, 직무스트레스가 영유아 권리존중실행에 미치는 영향. 가톨릭대학교 석사학위논문.

김아영 · 차정은(2010). 모의 양육행동이 아동의 양육행동지각, 학업적 자기효능감 및 학업성취도에 미치는 효과 분석. **교육심리연구**, 제24권 제3호, 563-582.

김안나(2018). 유아교사의 직무스트레스와 프로그램 질의 관계에서 자기탄력성의 매개효과. **학습자중심교과교육연구**, 제18권 제2호, 319-339.

김연희 · 신인숙 · 최성열(2013). 예비유아교사 임용직전 교육프로그램 개발 및 교사역량에 미치는 효과. 아동교육, 제22권 제3호, 한국아동교육학회, 69-89.

김예정 · 안재진(2015). 사춘기 성숙시기에 따른 여자청소년들의 적응에 관한 연구. 청소년문화포럼, 제41권, 한국청소년문화연구소, 38-63.

김원중(2004). 청소년 문제행동의 변화추이. 상담학연구, 제5권 제4호, 한국상담학회, 1169-1190.

김은빈 · 김정섭(2016). 고등학생이 지각한 교사의 동기부여방식과 자기조절학습 간의 관계에서 자기결정동기의 매개효과. 학습자중심교과교육연구, 제16권 제3호, 859-878.

김은정 · 김인경 · 정태연(2001). 집단 괴롭힘을 당하는 집단의 심리적 취약성. 한국심리학회지: 임상, 제20권 제2호, 245-257.

김태명 · 이은주(2017). 지각된 부모의 자기통제력과 양육태도가 청소년의 적응에 미치는 효과. 교육심리연구, 제31권 제1호, 121-144.

김태완 · 이규민 · 최명숙 · 엄우용 · 최성열(2006). 대학에서의 인문학 수업에 대한 교수와 학생의 인식과 우수 인문학 강의 사례 분석. 교육과학연구, 제37권 제1호, 이화여자대학교 교육과학연구소, 101-128.

김한나 · 서소경(2012). 영아기 자녀를 둔 어머니의 애착과 영아 발달 간의 관계 연구: 어머니의 양육효능감 매개효과 검증. 미래유아교육학회지, 제19권 제1호, 미래유아교육학회, 307-329.

김 현(2016). 예비유아교사의 교사동기와 교직열정이 교직헌신에 미치는 영향. 학습자중심교과교육연구, 제16권 제12호, 103-121.

김현주(2003). 집단 따돌림에서의 동조집단 유형화 연구. 숙명여자대학교 박사학위논문.

김혜정, 김혜순(2015). 유아교사의 애착실형 모델과 교사민감성이 교사효능감에 미치는 영향. 교사교육연구, 제54권 제4호, 교사교육연구회, 748-760.

김희화(2001). 청소년의 집단 괴롭힘과 학교생활 특성에 관한 연구: 일반집단, 가해집단, 피해집단 및 가해-피해집단 중심으로. 청소년학연구, 제9집 제2호, 119-142.

류관열 · 엄우용 · 최성열(2010). 중 · 고등학생의 학업적 자기효능감, 타인기대와 학업성취도 관계에서 자기조절학습전략의 효과. 교육심리연구, 제24권 제3호, 한국교육심리학회, 661-685.

류세인 · 조인숙(2015). 초등학생의 스마트폰 중독에 미치는 영향요인. 한국산학기술학회논문지, 제16권 제9호, 6180-6189.

류정민(2018). 취업모의 분리불안, 직업만족도 및 과보호적 양육행동이 유아의 분리불안에 미치는 영향. 한국보육지원학회지, 제14권 제1호, 한국보육지원학회, 1-20.

류현강 · 이숙(2007). 어머니의 양육행동 및 유아의 성과 기질이 부적응행동에 미치는 영향. 대한가정학회지, 제45권 제6호, 대한가정학회, 89-100.
류혜원 · 최은희 · 최성열(2014). 체험중심 다문화 유아교육 프로그램 효과 검증. 아동교육, 제23권 제1호, 한국아동교육학회, 159-174.
문종수(2016). 중학생의 학교적응과 학교폭력에 영향을 미치는 학교조직건강 요인에 관한 연구. 우석대학교 박사학위논문.
문태형(2018). 예비유아교사의 공감하기-체계화하기 능력과 사회적 성숙도와의 관계. 아동교육, 제27권 제1호, 한국아동교육학회, 103-118.
민윤희 · 최성열 · 장성화(2017). 보호관찰 청소년의 가족건강성, 학교적응, 자아탄력성, 문제행동 간의 구조적 관계 분석. 교정복지연구, 제47권, 한국교정복지학회, 21-46.
박경원 · 김경신(2015). 중학생의 스마트폰 중독성 정도에 영향을 미치는 관련 변인 연구. 한국가족관계학회지, 제20권 제1호, 51-74.
박민애 · 김난옥 · 손원숙(2018). 수업참여와 학업성취도의 종단적 상호 관계와 변화 양상. 교육평가연구, 제31권 제1호, 202-224.
박병기(2015). 아이들의 행복, 행복교육, 그리고 행복사회. 2015 한국아동교육학회 연차학술대회, 1-22.
박상란 · 최성열(2017). 청소년의 역기능적 신념과 공격성의 관계에서 긍정 정서 및 부정 정서의 조절효과. 상담심리교육복지, 제4권 제1호, 한국상담심리교육복지학회, 31-43.
박순우(2007). 청소년 흡연예방 및 금연정책 방향. 보건복지포럼, 제129권, 한국보건사회연구원, 22-34.
박아청(1982). 교육심리학의 접근방법. 대구: 학문사.
박아청 옮김(1983). 제3세력의 심리학. 대구: 계명대학교 출판부.
박아청(1993). 청소년교육의 실상과 방향. 교육학연구, 제31권 제4호, 한국교육학회, 299-312.
박아청(1998). 과보호 발달심리학적 의미에 대한 일고찰. 인간발달연구, 제5권 제1호, 53-73.
박아청(2000). 사춘기의 이해. 서울: 교육과학사.
박아청(2001). 성격심리학의 이해. 서울: 교육과학사.
박아청(2006). 교육심리학적 아동연구에서 사례연구 도입의 필요성. 아동교육, 제15권 제3호, 199-210.
박아청(2008). 청소년과 아이덴티티. 서울: 교육과학사.
박아청(2011). 교육심리학의 이해. 서울: 교육과학사.
박아청(2015). 아이들이 행복하기 위한 초등교육의 방향. 2015 한국아동교육학회 연차학술대회, 81-91.
박아청 · 이기영 · 최성열(2003). 초등학교 고학년의 어머니-자녀관계의 질' 척도 타당화. 교육심리연구, 제17권 제4호, 한국교육심리학회, 1-15.
박아청 · 최성열(2007). 초등학생의 자기효능감 및 학습동기 수준에 따른 학교적응 차이. 교육심리연구, 제21권 제4호, 989-1005.
박영숙(2013). 학교폭력의 실태 및 대책에 대한 연구. 교정복지연구. 한국교정복지학회, 제28호, 81-104.
박영주 · 전주성(2018). 초등학교 교사의 직무수행 준비도, 학습민첩성, 직무자율성, 학교조직문화, 학교조직몰입과의 구조적 관계 분석. 교원교육, 제34권 제3호, 143-166.
박용한 · 한수연 · 김은예(2017). 초등학교 고학년이 지각한 교사행동, 학급풍토, 학생의 성취목표지향과 도움찾기 행동 간의 구소적 관계. 교육심리연구, 제31권 제3호, 563-586.
박은아(2016). 성취평가체제에서의 교사역량 지표 개발 및 타당화. 교육평가연구, 제29권 제3호, 한국교육평가학회, 433-456.
박정임(2015). 외모를 강조하는 대중매체의 과다노출이 여자청소년의 신체이미지와 자기존중감에 미치는 영향. 경기대학교 석사학위논문.
박철원 외(2012). 2012년도 전국학교폭력 실태조사 보고서. 청소년폭력예방재단.
박향진(2015). 유아교사의 자아개념과 교사효능감과의 관계. 숭실대학교 석사학위논문.
백순근(1999). 수행평가의 이론과 실천방안. 열린교육연구, 제7권 제1호, 한국열린교육학회, 5-25.
배지아 · 도현심 · 박보경 · 김민정(2016). 모-자녀 애착 및 공유시간과 자아존중감이 학령 후기 아동의 주관적 안녕감에 미치는 영향. 아동학회지, 제37권 제2호, 111-125.
백선화(2004). 우리나라 초중고 여학생의 초경 실태에 관한 연구. 경희대학교 석사학위논문.
보건교육포럼(2010). 전국 초중고 여학생의 초경 현황 연구 결과. 보건교육포럼 보도자료.
서미정(2006). 또래괴롭힘의 완화요인의 탐색: 주변또래의 유형 분석을 중심으로. 부산대학교 박사학위논문.
서정아(2013). 사회자본과 사회지출이 청소년의 주관적 복지감에 미치는 영향: OECD 16개국을 중심으로. 서울대학교 박사학위논문.
손상희 · 유연옥 · 최성열(2014). 유아의 기질과 어머니의 양육태도가 유아의 낙관성에 미치는 효과: 어머니의 부정적 정서표현을 매개로. 아동교육, 제23권 제3호, 한국아동교육학회, 347-363.
손상희 · 최성열(2015). 유아교육에서의 낙관성 방향. 상담심리교육복지, 제2권 제1호, 한국상담심리교육복지학회, 51-64.
손은경(2015). 초등학생의 스마트폰 중독 위험성이 정신건강에 미치는 영향: 회복탄력성의 매개효과를 중심으로. 대구대학교 박사학위논문.

송명자(1987). 초기경험과 지적 발달. 교육심리연구, 창간호, 한국교육심리학회, 7-40.

송명자(1995). 한국 중, 고등 및 대학생의 심리, 사회적 성숙성 진단 및 평가. 한국심리학회지: 발달. 한국심리학회, 7(2), 53-73.

송미정 · 유영의(2018). 텃밭 가꾸기 활동이 유아의 행복감과 사회, 정서 능력에 미치는 영향. 학습자중심교과교육연구, 제18권 제12호, 291-313.

송민정 · 한세영(2011). 어머니의 신경증적 성격특성과 양육스트레스 및 유아의 스트레스가 문제행동에 미치는 영향. 대한가정학회지, 제49권 제5호, 대한가정학회, 117-127.

송병국 · 박근수 · 신성호 · 이혜정(2016). 청소년의 발달 단계에 따른 대인관계, 성취압력, 부모지원이 학습동기에 미치는 영향. 청소년학연구, 제23권 제5호, 265-287.

송주연(2014). 유아교사 교수몰입척도 개발 및 타당화. 부산대학교 박사학위논문.

송현옥 · 박아청 · 최성열(2010). 청소년의 가정환경, 지각된 사회적 지지, 자기효능감과 자아정체감 간의 관계 분석. 청소년학연구, 제17권 제2호, 한국청소년학회, 109-129.

송희원 · 최성열(2012). 빈곤 여부, 지각된 부모양육태도, 학업동기, 심리적 안녕감과 청소년의 학교적응 간의 구조적 관계. 교육심리연구, 제26권 제3호, 한국교육심리학회, 651-672.

신민 · 안도희(2016). 영재교사역량강화척도(The GATE Scale) 개발 및 타당화. 한국교원교육연구, 제33권 제1호, 한국교원교육학회, 97-117.

신성대(2015). 학교폭력의 영향요인과 대처방안에 관한 연구: 학교 및 경찰차원 예방활동의 조절효과 분석을 중심으로. 영남대학교 박사학위논문.

신성철(2014). 초등학생의 스마트폰 중독이 학교생활적응과 공격성에 미치는 영향에 대한 적응유연성의 조절효과. 아동교육, 제23권 제1호, 199-214.

신성철 · 신연희 · 송희원(2018). 초등학생의 스마트폰 과다사용이 학교부적응과 스트레스에 미치는 영향에 대한 자아존중감의 조절효과. 아동교육, 제27권 제2호, 한국아동교육학회, 85-98.

신성철 · 이기영 · 최성열(2008). 초등학생의 인터넷 중독이 정신건강 및 신체증상, 학업성취도에 미치는 영향. 미래청소년학회지, 제5권 제1호, 미래청소년학회, 141-162.

신연희 · 정현희 · 최성열(2010). 아동의 주의력결핍 과잉행동장애(ADHD) 증상, 어머니 양육스트레스와 양육행동, 아동의 사회적 유능감 및 자기 유능감 간의 구조적 관계 분석. 아동교육, 제19권 제3호, 한국아동교육학회, 143-158.

신지혜 · 최혜순(2014). 유아행복 관련 연구동향의 분석. 유아교육연구, 제34권 제1호, 5-28.

안도희 · 김누리(2014). 초등학교 교사의 직무환경이 교사효능감에 미치는 영향: 교사역량의 매개효과와 직급간 다집단분석. 한국교원교육, 제31권 제4호, 한국교원교육학회, 251-274.

안선미 · 최성열(2010). 치료놀이 기법을 적용한 미술치료 프로그램이 유아의 문제행동 감소에 미치는 효과. 아동교육, 제19권 제3호, 한국아동교육학회, 305-322.

안영태(2000). 사춘기 신체성숙시기와 남녀 조숙아와 만숙아의 심리사회적 발달비교. 대구대학교 석사학위논문.

안용수 · 이기수 · 남종현 · 강윤구(2009). 신장의 사춘기 성장 동안 초경 발생 시기와 성장 곡선의 형태에 관한 연구. 대치교정지, 제39권 제3호, 159-167.

안은미(2008). 사춘기 신체적 변화와 심리 사회적 특성 및 학교적응도와의 관계. 광운대학교 석사학위논문.

엄영희(2017). 보육교사가 지각한 어린이집의 조직풍토가 교수효능감 및 교수몰입도에 미치는 영향. 총신대학교 석사학위논문.

오동근 · 김종성 · 최성열 · 여지숙 · 박상후(2007). 어린이도서관 및 공공도서관 어린이서비스를 위한 평가지표의 개발과 적용. 한국문헌정보학회지, 제41권 제4호, 한국문헌정보학회, 365-385.

원지영(2015). 교사들의 스마트교육 교사연수 및 교사학습공동체 경험유무에 따른 스마트교육 실천수준비교. 한국교원교육연구, 제32권 제4호, 한국교과교육학회, 381-401.

유민상(2016). 아동의 주관적 행복감에 영향을 미치는 요인: 생태체계 이론의 적용을 중심으로. 서울대학교 박사학위논문.

유숙경 · 김진숙 · 박영진(2018). 부모양육태도, 정신건강, 학교생활적응이 초등학생의 스마트폰 중독에 미치는 영향. 아동교육, 제27권 제2호, 한국아동교육학회, 145-162.

유은주 · 최명숙 · 최성열(2010). 청소년이 지각한 학급풍토, 가정의 도전과 지원, 학습동기, 자기주도적 학습능력과 학습몰입간의 관계. 교육심리연구, 제24권 제3호, 한국교육심리학회, 707-732.

유지혜 · 이한샘(2014). 우리나라 중학생의 학교수업적응 영향요인 분석연구. 교육논총연구, 제35권 제1호, 79-101.

윤미라(2014). 유아교사의 애착과 교사효능감 및 심리적 안녕감의 관계. 충남대학교 석사학위논문.

윤서희 · 성지현(2014). 어머니의 양육효능감이 유아의 정서조절력에 미치는 영향: 어머니가 지각한 아버지 양육참여도의 역할. 아동학회지, 제35권 제4호, 아동학회, 199-222.

오재건(2018). 교사의 교수몰입과 정서조절이 교사효능감에 미치는 영향. 인천대학교 석사학위논문.

여종일(2015). 가족관계와 부모와의 의사소통이 청소년의 스마트폰에 미치는 영향: 자아존중감과 충동성의 매개효과. 열린부모교육연구, 제7권 제1호, 101-112.

이강훈 · 서원석(2018). 교사가 지각한 기관장의 리더십, 교사효능감, 아동의 행복감 간의 관계에 대한 종단연구. 교육혁신연구, 제28권 제1호, 147-173.

이강훈 · 황해익(2017). 유아교사의 행복감에 영향을 미치는 변인들 간의 위계적 선형모형. 아동교육, 제26권 제2호, 247-270.

이경민(2009). 유아행복교육의 가능성 탐색 연구. 어린이미디어연구, 제8권 제1호, 165-181.

이경혜(2018). 빈곤, 자율적 학습행동역량, 스마트폰 의존이 아동청소년의 정서행동문제 형성에 미치는 영향: 초등학생 및 중고등학생의 비교분석. 아동교육, 제27권 제1호, 한국아동교육학회, 5-22.

이기영 · 고윤희 · 최성열(2004). 유아의 애착표상과 또래관계. 아동교육, 제13권 제2호, 한국아동교육학회, 303-314.

이기영 · 최성열(2002). 청소년이 지각한 가정과 학교에서의 사회적 지지정도와 자아정체감간의 관계. 아동교육, 제11권 제1호, 한국아동교육학회, 201-213.

이기영 · 최성열(2003). 정서 지능 검사의 타당화 연구. 아동교육, 제12권 제2호, 한국아동교육학회, 297-306.

이기영 · 최성열 · 신성철 · 장성화(2008). 초등학생의 인터넷 중독이 초등학생의 학교적응 및 또래관계와 공격성에 미치는 영향에 대한 자아존중감의 조절효과. 미래청소년학회지, 제5권 제4호, 미래청소년학회, 111-133.

이기영 · 최성열 · 신성철 · 장성화(2010). 청소년의 사회적 지지와 학습동기가 학교생활적응에 미치는 영향. 한국교육논단, 제9권 제1호, 한국교육포럼(아시아태평양교육학회), 251-270.

이기영 · 최성열 · 장성화 · 신성철(2010). 다문화교육에 대한 교사와 부모의 인식. 아동교육, 제19권 제1호, 한국아동교육학회, 115-132.

이미나 · 김선희(2018). 정서그림책을 활용한 행복감 증진 프로그램이 공감 및 정서에 미치는 효과. 예술인문사회융합멀티미디어논문지, 제8권 제6호, 인문사회과학기술융합학회, 427-436.

이미리(2012). 사춘기 진입 시기 일상생활경험의 초경 여부에 따른 차이 및 우울증과의 관계. 청소년복지연구, 제14권 제3호, 121-139.

이미애 · 최명숙 · 최성열(2011). 고등학생이 지각한 가족기능, 자아정체감, 심리적 독립감과 진로결정수준 간의 구조적 관계. 교육심리연구, 제25권 제4호, 한국교육심리학회, 739-761.

이미현 · 김정규(2012). 청소년의 신체상이 사회불안에 미치는 영향: 자기효능감의 매개효과. 청소년문화포럼, Vol. 31. pp. 61-83

이병일(2016). 학교폭력종합대책(2012-2014) 정책결정과 정책집행 간 연계성 분석연구. 중부대학교 박사학위논문.

이봉주 · 신원영(2017). '아동권리지수' 적용을 통한 아동권리 비교연구. 한국아동복지학, 제58권, 171-203.

이성진(1996). 교육심리학: 그 학문적 성격과 과제. 교육심리연구. 한국교육학회 교육심리연구회, 제10권 제1호, 25-43.

이순복 · 최성열(2012). 유아영재 대상자 선발을 위한 행동특성 평정 척도 개발. 아동교육, 제21권 제3호, 한국아동교육학회, 113-128.

이신동(1994). 교육심리학 교재에 내한 내용분석 및 한 · 미 비교. 교육심리연구, 제8권 제2호, 한국교육심리학회.

이영미 · 조영구 · 최성열(2017). 대학생의 비합리적 신념과 학교생활적응과의 관계에서 긍정 정서 및 부정 정서의 조절효과. 상담심리교육복지, 제4권 제2호, 한국상담심리교육복지학회, 68-79.

이옥(2003). 아동연구의 윤리적 관점. 아동권리연구, 제7권 제3호, 1-18.

이원영(1983). 어머니의 자녀교육관 및 양육태도와 유아발달과의 관련성 연구. 이화여자대학교 박사학위논문.

이위환 · 최성열(2005). 명화감상 활동이 유아의 미술능력에 미치는 영향. 아동교육, 제14권 제1호, 한국아동교육학회, 273-283.

이은아(2009). 아동의 신체상 및 자아존중감과 사회불안과의 관계. 숙명여자대학교 석사학위논문.

이인학 · 박지은 · 김도진 · 최성열(2011). 초등학생의 정서지능, 학습동기, 자기효능감, 사회성이 학교적응에 대한 상대적 예측력. 아동교육, 제20권 제3호, 한국아동교육학회, 21-31.

이인학 · 박지은 · 송희원 · 최은희 · 최성열(2013). 어머니 변인과 교사 변인이 유아의 사회적 능력에 미치는 상대적 예측력. 아동교육, 제22권 제4호, 한국아동교육학회, 63-75.

이인학 · 박지은 · 최성열(2010). 영아를 둔 어머니의 양육스트레스와 양육행동 간의 관계에 대한 양육효능감의 매개효과. 아동교육, 제19권 제4호, 한국아동교육학회, 81-91.

이인학 · 최성열(2009). 초등학생의 정서지능, 자기효능감, 사회성이 학교적응에 대한 상대적 예측력. 아동교육, 제18권 제4호, 한국아동교육학회, 47-56.

이인학 · 최성열 · 송희원(2013). 어머니의 양육스트레스, 양육효능감, 양육행동과 유아의 사회적 능력 간의 구조적 관계. 아동교육, 제22권 제1호, 한국아동교육학회, 69-81.

이정아(2015). 교사의 변혁적 지도행동이 초등학생의 학습동기와 학습몰입에 미치는 영향. 강남대학교 박사학위논문.

이재경 · 조혜정(2012). 학령기 아동의 행복감에 미치는 요인에 대한 종단 연구. **한국아동복지학**, 제40권, 41-71.

이재우(2002). 포트폴리오평가의 교육적 효과 및 양호도 분석. 고려대학교 박사학위논문.

이주연 · 최성열 · 임경숙 · 장성화(2018). 초등학생이 지각한 가족건강성이 학교생활적응에 미치는 영향: 자아탄력성의 매개효과를 중심으로. **아동교육**, 제27권 제2호, 한국아동교육학회, 183-198.

이준기 · 최웅용(2011). 청소년 인터넷 중동의 위험요인과 보호요인에 대한 연구. **상담학연구**, 제12권 제6호, 2085-2104.

이제욱 · 류희수(2017). 하브루타 학습법이 PIRSO요소 변화에 미치는 영향. **학습자중심교과교육연구**, 제17권 제24호, 학습자중심교과교육학회, 49-74.

이지인 · 서현아(2016). 유아 어머니의 삶의 만족도와 양육태도 간의 관계에서 정신건강의 매개효과. 학습자중심교과교육연구, 제16권 제1호, 학습자중심교과교육학회, 847-867.

이춘옥(2017). 어머니의 양육효능감, 교사효능감, 유아의 정서지능과 자기효능감 간의 관계. **아동교육**, 제26권 제1호, 한국아동교육학회, 311-322.

이춘재 · 오가실 · 정옥분(1991). 사춘기 신체성숙시기와 심리사회적 발달. **한국심리학회지: 발달**, 제4권 제1호, 89-102.

이하나(2016). 청소년의 스마트폰 과다사용 구조모형 구축. 강원대학교 박사학위논문.

이혜련(1999). 사춘기의 여성심리. **신경정신학**, 제31권 제1호, 3-7.

이혜영 · 김영철(1999). **학생의 집단따돌림에 대한 대책연구**. 한국교육개발원.

이희도 외(1981). **현대수업원론**. 서울: 교육과학사.

임경미 · 안효진(2017). 수학동화를 활용한 하브루타 수업이 유아의 수학적 문제 해결력 및 자아존중감에 미치는 영향. ***Family and Environment Research,*** 제55권 제2호, 193-204.

임수진 · 여은진 · 이혜원(2013). 영유아교사의 직무만족, 교사효능감, 조직몰입이 행복에 미치는 영향에 대한 연구. **유아교육연구**, 제33권 제3호, 301-318.

임혜정(2007). 포트폴리오 평가를 통한 문제해결 능력신장. 인하대학교 일반대학원 박사학위논문.

임효진(2018). 초가 청소년기 성장신념과 수업참여의 공존발달에 관한 연구. **아동교육**, 제27권 제1호, 한국아동교육학회, 23-42.

장명자(2016). 유아교사의 인성 및 교사효능감과 행복감 간의 관계분석. 가천대학교 박사학위논문.

장성화 · 김순자 · 최성열 · 이주연(2013). 초등학생의 자아존중감, 학교적응, 정신건강이 휴대폰 중독에 미치는 영향. **아동교육**, 제22권 제4호, 한국아동교육학회, 243-256.

장성화 · 권경 · 변길희 · 최성열 · 박영진(2012). 보육교사의 역할갈등, 셀프 리더십이 심리적 복지에 미치는 영향. 한국콘텐츠학회논문지, 제12권 제11호, 한국콘텐츠학회, 539-548.

장성화 · 최성열 · 함성수(2014). 가족건강성과 학교적응 간의 관계에 대한 학업적 자기효능감의 매개효과. 아동교육, 제23권 제2호, 한국아동교육학회, 183-196.

장성화 · 황윤미 · 최성열 · 박영진(2013). 부모-자녀간의 의사소통, 또래관계가 청소년의 인터넷 문화에 미치는 영향. 한국사상과 문화, 제67권. 한국사상문화학회, 313-337.

장언효(1997). 학습자의 인지적 특성에 관한 최근의 연구 동향과 현장 적용의 문제점과 과제. 교육심리연구, 제11권 제1호, 한국교육심리학회, 19-32.

장은미(2000). 초등영어 수행평가가 영어 하습 성취도와 태도에 미치는 영향. 인천교육대학교 석사학위논문.

전혜진 · 유미숙(2015). 청소년의 행복에 영향을 미치는 자아존중감, 진로성숙도 및 미시체계 변인의 경로분석. 청소년복지연구, 제22권 제6호, 75-104.

정계숙 · 윤갑정 · 박희정(2017). 유아교육공동체 구현을 위한 교사역량 척도개발. 학습자중심교과교육연구, 제17권 제9호, 1-28.

정문경(2014). 청소년의 스마트폰 중독에 미치는 영향요인 분석: 스트레스의 조절효과 분석을 중심으로. 교정복지연구, 제34권, 199-223.

정민정 · 이신영 · 신지연(2016). 유아교사의 사회인구학적 요인, 건강인식, 교직에 대한 열정, 교사효능감이 행복감에 미치는 영향. 예술인문사회융합멀티미디어논문지, 제6권 제11호, 23-36.

정병삼(2012). 부모, 교사, 친구관계에서 지각하는 지지가 초기 청소년들의 학업성취에 미치는 종단적 효과. 한국청소년연구, 제23권 제2호, 131-159.

정선아 · 이혜경(2003). 관찰 및 조사연구 참여에 대한 아동의 권리. 한국아동권리학회 2003 춘계학술대회 자료집, 19-34.

정수정 · 최나야(2018). 초등학교 고학년생의 부모자녀관계, 자아강도, 학교생활적응, 자기조절하습능력, 학업성취 간의 구조적 관계. 인간발달연구, 제25권 제1호, 한국인간발달학회, 121-145.

정옥분(2014). 발달심리학: 전생애 인간발달. 서울: 학지사.

정은영(2008). 과보호 척도 개발 및 타당화 연구. 가톨릭대학교 박사학위논문.

정휘경 · 손선주(2018). 부모의 정서적 학대를 경험한 아동의 자아존중감이 주관적 행복감에 미치는 영향. 학교사회복지, 제41권, 195-219.

조영옥(2015). 유아교사의 의사결정 참여도와 정서지능이 교사효능감에 미치는 영향. 가톨릭관동대학교. 박사학위논문.

조재식(2005). 백워드 교육과정 설계 모형의 고찰. 교육과정연구, 제23권 제1호, 63-94.

조주연·강문선(2017). 자기결정동기와 학습전략, 자기관리능력, 학업성취의 구조적 관계. 교육심리연구, 제31권 제1호, 105-120.

조한익(2015). 한국 아이들의 행복수준. 2015 한국아동교육학회 연차학술대회, 23-38.

최병연(2014). 교사-학생관계, 자기결정성동기 및 학업성취간의 관계분석. 초등교육연구, 제25권 제2호, 499-509.

최미정·허명(2013). 포트폴리오평가와 교수에서의 과제. 한국엔터테인먼트산업학회 2013춘계 학술대회 논문집, 81-85.

최성열(2001). 청소년이 지각한 사회적 지지와 자아정체감 간의 관계. 아동교육, 제10권 제1호, 한국아동교육학회, 119-132.

최성열(2015). 유아행복 관련변인. 2015 한국아동교육학회 연차학술대회. 67-80.

최성열·최은희·권정해(2015). 전래동요를 활용한 노랫말 바꾸기 활동이 유아의 언어 및 사고능력에 미치는 영향. 아동교육, 제24권 제2호, 한국아동교육학회, 109-122.

최성열(2016). 유아행복 관련변인 연구동향. 아동교육, 제25권 제4호, 한국아동교육학회, 1-10.

최은희·최성열·권정해(2014). 보육교사가 지각하는 원장의 감성리더십이 교사직 지속이유와 이직이유에 미치는 영향. 상담심리교육복지, 제1권 제2호, 한국상담심리교육복지학회, 1-10.

최은희·권정해·최성열(2015). 유아의 정서조절과 공격성이 게임중독 경향성에 미치는 영향. 아동교육, 제24권 제4호, 한국아동교육학회, 367-379.

최은희·최성열·권정해(2015). 유치원과 어린이집 교사의 직무분석을 통한 교육과정의 방향성 제고. 상담심리교육복지, 제2권 제2호, 한국상담심리교육복지학회. 1-13.

최현정(2016). 이스라엘 하브루타 원리에 기초한 온라이 토론활동이 토론수행기술과 상호작용에 미치는 영향. 국민대학교 박사학위논문.

최혜영·김수영(2018). 보육교사의 교직에 대한 열정과 행복감 간의 관계에서 교사효능감의 매개효과: 직장보육시설을 중심으로. 아동교육, 제27권 제2호, 한국아동교육학회, 273-286.

하정윤·박성남·김진화·한정현(2018). 보육교사의 직무착근도가 직무만족과 조직몰입을 매개로 탈진에 미치는 영향에 관한 연구. 미래교육연구, 제31권 제1호, 89-109.

하창순·김시현·최희철·유현실(2006). 청소년의 자기통제력, 학교수업 참여도, 개인학습시간과 학업 간의 관계. 한국청소년연구, 제17권 제1호, 181-200.

한혜민(2018). 모바일 러닝을 활용한 KFL 교수-학습 사례 연구. 학습자중심교과교육연구, 제18

권 제6호, 519-535.

허승희 · 최태진 · 박성미(2009). 초등학교 폭력예방을 위한 집단상담 프로그램의 적용과 그 효과: 피해성향의 아동을 대상으로. 아동학회지, 제30권 제1호, 149-163.

홍경선 · 박남희 · 김연옥(2018). 프로젝트 학습 활동경험이 유아의 사회, 정서능력에 미치는 영향. 아동교육, 제27권 제1호, 한국아동교육학회, 43-62.

홍국진 · 이은주(2017). 부모의 자율성 지지와 통제적 양육이 청소년의 학업성취와 또래애착에 미치는 영향. 교육심리연구, 제31권 제2호, 305-326.

홍애선(2017). 예비유아교사의 교사효능감, 자기주도학습능력, 사회적 지지 및 심리적 독립 간의 관계구조 분석. 아동교육, 제26권 제1호, 한국아동교육학회, 359-376.

황동국 · 길영재 · 이건남(2017). 예비초등교사의 스마트교육 역량에 대한 교육요구분석. 한국실과교육학회지, 제30권 제3호, 17-32.

황연덕 · 이진숙(2012). 아버지 의사소통과 아동의 주관적 행복감의 관계: 부정적 자동적 사고의 매개역할. 아동학회지, 제33권 제1호, 223-236.

황재문(1998). 포트폴리오 평가가 중학교 영어학습자의 독해능력 향상에 미치는 영향. 이화여자대학교 석사학위논문.

황해익(2013). 유아교사의 행복감과 교사효능감의 관계에서 직무만족도의 매개효과. 생태유아교육연구, 제12권 제2호, 157-180.

황해익 · 이강훈(2017). 유아교사의 행복 증진을 위한 다중체계모델 개발연구. 창의융합형 인재양성을 위한 유아교육의 과제와 전망. 2017 한국열린유아교육학회 춘계학술대회 자료집, 639-664.

Allport, G. W. (1961). ***Pattern and Growth in Personality.*** New York: Holt, Rinehart & Winston.

Attewell, J., Savill-Smith, C., Douch, R., & Parker, G. (2010). Modernising Education and Training: Mobilising Technology for Learning. ***Guy Learning and Skills Network, 2010.***

Bee, H. L. et al.(1984). Predicting intellectual outcomes: Sex differences in response to early environmental stimulation. ***Sex Role, Vol.10***, 783-803.

Bloom, B. S. (1964). ***Stablity and change in human charcteristics.*** New York: Wiley.

Brown, A. L. et al. (1983). Learning remembering and undersatnding: In P. H. Mussen(Ed.), ***Handbook of child psychology: Vol. III. Cognitive development.*** New York: Wiley, 77-166.

Brown, A. L. & French, L. A. (1979). The zone of potential development: Implications for intelligence testing in the year 2000. ***Intelligence, 3***, 255-273.

Campbell, J. D. (1990). Self-esteem and clarity of the self-concept. ***Journal of Personality and Social***

Psychology, Vol 59(3), pp. 538-549

Case, R. (1985). ***Intellectual development: Birth to adulthood***. New York: Academic Press.

Clarke, A. M. & Clarcke, A. D. (Eds.). ***Early experiences: Myth and evidence***. New York: Free Press.

Cohen, L. B. & Cashon, C. H. (2003). "Infant perception and cognition". ***Handbook of psychology: Developmental psychology***, ***6***, 65–89.

Cronbach, L. L. (1977). ***Educational Psychology.*** New York: Harcourt Brace Jovanovich, Inc.

Gage, N. L. & Berliner, D. C. (1998). ***Educational Psycharology***. Chicago: Rand McNally.

Graves, P. H. & Sunstein, B. S. (Eds.)(1992). ***Portfolio portraits.*** portsmonth, NH: Heideman Education Books.

Greenough, W. T. & Black, J. E. (1987). Experiences an brain development. ***Child Development***, ***58***, 539-559.

Hass, G. S. & Lindzey, G. (1975). ***The theories of personality***. New York: Wiley.

Herman, J. L., Aschbacher, P. R., & Winters, L. (1992). ***A practical guide to alternative assessment.*** Alxanderia, VA: ASCD Publishers.

Hess, R. D. & Shipman, V. C. (1987). Early Experiences and the socialization of cognitive modes in children. ***Child Development***, ***36***, 869-886.

Hunr, J. M. (1982). Toward solutions for problems of early childhood edcuation. In N. Nir-Janiv, B. Spodek & E. Steg(Eds.), ***Early childhood***. New York: Plenum Press.

Jensen, A. R. (1969). How much can we boost IQ and scholastic achievement? ***Harvard Educational Review***, 1-116.

Kagan, J. & Kagan, N. (1987). Individual variation in cognitive processes. In Mussen, P. ed. ***Carmichael's Manual of Child Psychology*** (4th ed.). New York: Wiley.

Lerner, R. M.(1984). ***On the nature of human plasticity***. London: Cambridge University Press.

McCarty, S., Obari, H., & Sato, T. (2017). ***Implementing Mobile Language Learning Technologies in Japan***. Springer.

MacDonald, K. (1986). Early experience, relative plasticity and cognitive development. ***Journal of Applied Developmental Psychology***, ***7***, 101-124.

Mahler, M. S. (1981). Aggression in the service of separation-individuation. Case study of a mother-daughter relationship. ***The Psychoanalytic quarterly***, 50(4), pp. 625-638.

Martin, K. (2016). "***Reflecting on Progress since the Coleman Report, 50 Years Later***". Michigan State University.

Miller, E. M. (2018). The first Seriatum study of growth by R. E. Scammon. ***American Journal of Physical Anthropology***. ***March 2018***, ***165***(3), pp. 415-420.

Neville, H., Pakulak, E., & Stevens, C. (2015). Family-based training to improve cognitive outcomes for children from lower socioeconomic status backgrounds: emerging themes and challenges. *Current Opinion in Behavioral Sciences*, *4*, pp. 166-170.

Nugent, J. K. (2011). *Neonatal behavioral assessment scale*(4th ed.). London: Mac Keith Press.

Paget, J. (1977). The role of action in the development of thinking. In Overton, W. F. & Gallagher, J. M.(Eds.), *Knowledge and development, Vol. 1: Advances in research and theory.* New York: Plenum Press, 17-42.

Paloutzian, R. F. (1981). Purpose in life and value changes following conserion. *Journal of Personality and Social Psychology*, *41*, 1153-1160.

Piontelli, A. (1992). *From Fetus to Child: An Observational and Psychoanalytic Study*(p. 31). London.

Portmann, A. (1982). *A zoologist looks at humankind.* New York: Columbia University Press.

Ridley, M. (2003). *Nature via Nurture: Genes, Experience, & What Makes Us Human.* Harper Collins.

Scarr, S., & Weinberg, R. A.(1983). The minnesotra adoption studies: Genetic differences and malleabilitym, *Child Development*, *54*, 260-267.

Shackeford, R. L. (1996). Student portipolios: A process/product learning and assessment strategy. *The Technology Teacher*, 55(8). 31-36.

Tanner, J. M. (1990). *Foetus into man: physical growth from conception to maturity.* Cambridge, Mass.: Harvard University Press.

Titchener E. B. (2014). Introspection and empathy Dialogues in Philosophy. *Mental and Neuro Sciences*, *7*, 25–30.

Watson, J. B. (1930). *Behaviorism* (Revised edition). Chicago: University of Chicago Press.

White, B. L. (1976). *The first three years of life.* Englewood Cliffs. New York: Prentice-Hall.

Yarrow L. J. (1964). Personality Consistency and Change: An Overview of Some Conceptual and Methodological Issues. *Vita Humana*, *7*, Infant Research Project. Family and Child Services, 67–72.

지은이 소개

박아청 계명대학교 교육학과 명예교수

저서

『청소년과 아이덴티티』, 『사춘기의 이해』, 『교육심리학의 접근방법』
『성격심리학의 이해』, 『현대교육심리학의 이해』, 『성경의 교육사상』
『교육학의 원조 구약성경』, 『예수교육학의 세계화 신약성경』

최성열 경북과학대학교 유아교육과 교수

저서

『자살예방론』, 『최신교육의 이해』, 『교육심리학』
『상담심리학』, 『수업심리학』, 『아동생활지도』
『내가 직접 실행해보는 SPSS, AMOS 통계분석』

교육심리학의 세계

초판 1쇄 인쇄 2019년 3월 15일
초판 1쇄 발행 2019년 3월 19일

지 은 이 | 박아청 · 최성열
펴 낸 이 | 김기섭
편 집 인 | 김민수
펴 낸 곳 | 창지사 www.changjisa.com
08589 서울시 금천구 가산디지털 1로 83 파트너스타워 1차 9층
전화 (02)719-2211~3
팩스 (02)701-9386
등 록 | 1977년 4월 28일 · 제1-421호

ISBN 978-89-426-1181-2 (93370)

값 19,000원

「이 도서의 국립중앙도서관 출판예정도서목록(CIP)은 서지정보유통지원시스템 홈페이지(http://seoji.nl.go.kr)와 국가자료공동목록시스템(http://www.nl.go.kr/kolisnet)에서 이용하실 수 있습니다.(CIP제어번호: CIP2019009938)」